Hans-Jochen Gamm
Das Judentum

Hans-Jochen Gamm wurde 1925 in Jörnstorf/Mecklenburg geboren und legte 1943 die Reifeprüfung in Schwerin ab; von 1943–1945 war er Soldat. Die Jahre 1945–1949 verbrachte er in amerikanischer, sowjetischer und polnischer Kriegsgefangenschaft. Nach der Heimkehr studierte er zwischen 1949 und 1953 an den Universitäten Rostock und Hamburg geistes- und sozialwissenschaftliche Fächer. Von 1953–1959 war er Lehrer und betrieb daneben weitere Studien. 1959–1961 Dozent am Pädagogischen Institut der Universität Hamburg, 1961–1967 an der Pädagogischen Hochschule Oldenburg, zeitweise deren Rektor; seit 1967 Professor für Pädagogik an der Technischen Hochschule Darmstadt.

Letzte Buchveröffentlichungen: *Einführung in das Studium der Erziehungswissenschaft* (1974); *Umgang mit sich selbst. Grundriß einer Verhaltenslehre* (1977). *Allgemeine Pädagogik. Erziehung und Bildung in der bürgerlichen Gesellschaft* (1979)

Hans-Jochen Gamm

Das Judentum

Eine Einführung

Campus Verlag
Frankfurt/New York

Die Abbildung auf dem Umschlag zeigt den Löwen von Juda, fotografiert an der Synagoge in Frankfurt/M.

CIP-Kurztitelaufnahme der Deutschen Bibliothek

Gamm, Hans-Jochen:
Das Judentum : e. Einf. / Hans-Jochen Gamm. –
Frankfurt/Main, New York : Campus-Verlag, 1979.
Frühere Ausg. u.d.T.: Gamm, Hans-Jochen: Juden=
tumskunde.
ISBN 3–593–32616–7

ISBN 3–593–32616–7

Produktion: Buchteam Frankfurt
Umschlaggestaltung: Eckard Warminski, Frankfurt/Main
Satz, Druck und Bindung: Pustet, Regensburg
Printed in Germany

Inhalt

Vorwort 11

Annäherung 13

Kapitel I
Geschichtlicher Längsschnitt 17
1. Hauptlinien Alt-Israels 18
2. Das zerstreute Judentum. Die Diaspora 30

Kapitel II
Religion und Lebensformen des Judentums 36
1. Die Heilige Schrift und der Talmud 36
2. Die religiöse Lehre des Judentums 39
3. Der Festkalender 43
4. Die Synagoge 48
5. Kultische Reinheitsgesetze 51

Kapitel III
Der Begriff Antisemitismus und die geschichtlichen Erscheinungsformen der Judenfeindschaft 57
1. Antike 58
2. Die christlich-mittelalterliche Welt 61
3. Antisemitismus in der Neuzeit 67

Kapitel IV
Zur Geschichte des deutschen Judentums 81
1. Von den Anfängen bis zur Emanzipation 81
2. Von der Emanzipation bis zum Faschismus 92
3. Die Juden unter dem Faschismus 96

Kapitel V
Der neue Staat Israel 105
1. Vorgeschichte des Zionismus 105
2. Die Staatsgründung 112

Kapitel VI
Die Judenfeindschaft als sozialpsychologisches und pädagogisches Problem 118

Kapitel VII
Einige Fragen zur Unterrichtspraxis 128

Kapitel VIII
Die Deutschen und die Juden 134

Anmerkungen 140

Anhang
Zur Geschichte und Religion des Judentums
Abrahams Geschlecht. Stammtafel der Erzväter 157
Zeittafel zur Geschichte Alt-Israels und des Judentums 158
Der jüdische Kalender 165

Statistik
Zahl der Juden in Deutschland 166
Antisemitische Abgeordnete im deutschen Reichstag 166
Zahlen jüdischer Opfer im Faschismus 167
Bevölkerung des Staates Israel 168
Israels Juden und Weltjudenheit 168
Jüdische Gemeinden in der Bundesrepublik und in der DDR 169

Die Juden und die Kultur
Jüdische Dichter, Schriftsteller und Gelehrte im deutschen Sprachraum 170
Jüdische Künstler 170
Jüdische Nobelpreisträger 171
Hebräisches Alphabet 172
Hundert Wörter Hebräisch 173

Karten
Der vordere Orient und seine antiken Völkerbewegungen 175
Der vordere Orient 2000 bis 1700 176
Der vordere Orient 1700 bis 1500 177
Das alte Palästina mit den Idealgrenzen der 12 Stämme 178
Israel und Juda zur Königszeit 179

Jüdische Diaspora im Römischen Reich 180
Vertreibung der Juden zwischen 1000 und 1500 181
Jüdische Auswanderungen aus Osteuropa 1881–1914 182
Jüdische Auswanderungen aus Europa 1915–1939 183
Die deutschen Konzentrationslager 184
Die Grenzveränderungen des Staates Israel seit dem 2. Weltkrieg . . 185

Auswahlbibliographie 186
Register 190

Für Cordula
zu Beginn des Studiums

Tempelherr: *Wenn aber nun das Kind,*
Erbarmte seiner sich der Jude nicht,
Vielleicht im Elend umgekommen wäre?
Patriarch: *Tut nichts! Der Jude wird verbrannt. – Denn besser,*
Es wäre hier im Elend umgekommen,
Als daß zu seinem ewigen Verderben
Es so gerettet ward. – Zudem, was hat
Der Jude Gott denn vorzugreifen? Gott
Kann, wen er retten will, schon ohn' ihn retten.
Tempelherr: *Auch trotz ihm, sollt' ich meinen, – selig machen.*
Patriarch: *Tut nichts! Der Jude wird verbrannt.*
Tempelherr: *Das geht*
Mir nah! Besonders, da man sagt, er habe
das Mädchen nicht sowohl in seinem als
Vielmehr in keinem Glauben auferzogen
Und sie von Gott nicht mehr nicht weniger
Gelehrt, als der Vernunft genügt.
Patriarch: *Tut nichts!*
Der Jude wird verbrannt . . .

G. E. Lessing: Nathan der Weise(1779)
Vierter Aufzug. Zweiter Auftritt.

Es ist vergeblich, das Volk der Dichter und Denker im Namen seiner Dichter und Denker zu beschwören. Jedes Vorurteil, das man abgetan glaubt, bringt, wie Aas die Würmer, tausend neue zutage.

Es ist vergeblich, die rechte Wange hinzuhalten, wenn die linke geschlagen worden ist. Es macht sie nicht im mindesten bedenklich, es rührt sie nicht, es entwaffnet sie nicht: sie schlagen auch die rechte.

Es ist vergeblich, in das tobsüchtige Geschrei Worte der Vernunft zu werfen. Sie sagen: was, er wagt es aufzumucken? Stopft ihm das Maul.

Es ist vergeblich, beispielschaffend zu wirken. Sie sagen: wir wissen nichts, wir haben nichts gesehen, wir haben nichts gehört.

Es ist vergeblich, die Verborgenheit zu suchen. Sie sagen: der Feigling, er verkriecht sich, sein schlechtes Gewissen treibt ihn dazu.

Es ist vergeblich, unter sie zu gehen und ihnen die Hand zu bieten. Sie sagen: was nimmt er sich heraus mit seiner jüdischen Aufdringlichkeit?

Es ist vergeblich, ihnen Treue zu halten, sei es als Mitkämpfer, sei es als Mitbürger. Sie sagen: es ist der Proteus, er kann eben alles.

Es ist vergeblich, ihnen zu helfen, Sklavenketten von den Gliedern zu streifen. Sie sagen: er wird seinen Profit schon dabei gemacht haben.

Es ist vergeblich, das Gift zu entgiften. Sie brauchen frisches.

Es ist vergeblich, für sie zu leben und für sie zu sterben. Sie sagen: er ist ein Jude.

Jakob Wassermann: Mein Weg als Deutscher und Jude.
Berlin 1921. S. 122f.

Vorwort

Wer die Absicht hat, jüdische Geschichte und Lebensformen darzustellen, sieht sich alsbald der Schwierigkeit einer für den einzelnen nicht zu bewältigenden Literatur und zudem unzähligen Deutungsmodellen gegenüber. Zieht man die in Jerusalem 1971/72 in englischer Sprache erschienene 16-bändige »Encyklopaedia Judaica« zu Rate, ergibt sich immenses Datenmaterial, das den Stand des Judentums nach seiner Katastrophe zwischen 1933 und 1945 verzeichnet.

Als die in Berlin 1928 aufgelegte und auf 15 Bände berechnete »Encyklopaedia Judaica« zu erscheinen begann, war sie in deutscher Sprache abgefaßt, 1934 wurde der 10. Band in Berlin gedruckt und endete mit dem Stichwort »Lyra«. Die Wörter mit den übrigen Anfangsbuchstaben konnten nicht mehr abgehandelt werden, weil die faschistischen Herrenmenschen dem Verlag Eschkol – damals von *Nahum Goldmann* mitgeleitet – die notwendigen redaktionellen Planungen verwehrten. Das Werk war »last monument of the intellectual greatness of German Jewry«, wie die neue »Encyclopaedia« rückblickend feststellt. Nach *Franz Rosenżweig* ist die Weltgeschichte manchmal auch dem Wörterbuch zu entnehmen. Das Schicksal der Erstausgabe und das weitergeführte englischsprachige Lexikon bestätigen es. Die in der Bundesrepublik lebenden noch etwa 30 000 Juden sind eine kaum wahrnehmbare Minderheit. Das deutsche Judentum mit seinem Begabungsreichtum, wie es sich, zuletzt in der Weimarer Republik zeigte, existiert nicht mehr.

Wer daher als Deutscher über das Judentum schreibt, muß die Entwicklung herauszuarbeiten versuchen, die längst vor dem Faschismus die Verhältnisse zwischen Christen und Juden, Deutschen und Juden vergiftete und über Jahrhunderte eine Geschichte der Diskriminierung vorantrieb. Eine solche Geschichte muß lehrbar gemacht, sie muß *didaktisch* erschlossen werden, um für die Nachwachsenden Exempel herzugeben.

Die zentrale Aufgabe dieses Buches besteht folglich darin, innerhalb der verwirrenden Vielfalt einer Volksgeschichte die persönliche Geschichte von Menschen verständlich zu machen, Herkommen, Brauchtum, Glauben, Weltbild und Hoffnungen derer aufzuzeigen, die in jenen Epochen ihre Lebenszeit verbrachten.

Die kleine Schrift hat als Taschenbuch bereits während der sechziger Jahre unter dem Titel »Judentumskunde« vorgelegen. Sie war lange vergriffen, weil die Reihe, in der sie erschien, vom Verlag eingestellt wurde. Viele Anfragen an mich, warum dieses kleine Kompendium des Judentums nicht mehr zugänglich sei, haben mich zu der Neubearbeitung bewogen, zumal es, soweit ich sehe, gegenwärtig kein anderes pädagogisch orientiertes Werk unter solcher Themenstellung in der Bundesrepublik gibt. Ich habe mich bemüht, die Erfahrungen der vergangenen Jahre dabei zu berücksichtigen.

Darmstadt, im März 1979 Hans-Jochen Gamm

Annäherung

Unbehagen und Ratlosigkeit sind in der Bundesrepublik spürbar, sobald die Presse über judenfeindliche Äußerungen oder Handlungen berichtet, denen sich die Öffentlichkeit viele Jahre nach den faschistischen Greueln an den Juden ungern gegenübergestellt sieht. Die kollektive Gestimmtheit wehrt Erinnerungen ab, die sich mit dem Selbstbild einer geordneten Gesellschaft schwerlich vereinbaren lassen und eine identitätsbedrohende Wirkung ausüben. Es sind Jahrzehnte vergangen, seit die Massendeportationen jüdischer Menschen aus ganz Europa zumeist in die Vernichtungslager des damaligen »Generalgouvernement« erfolgten (vgl. Karte S. 184). Bis in die siebziger Jahre fanden Prozessse gegen die Schinder und Henker von einst statt, die nun wieder als »ordentliche Menschen« ihrer zivilen Beschäftigung nachgegangen waren, zum Teil Ansehen unter ihren Mitbürgern genossen, bis sie sich plötzlich unter Anklage wegen unvorstellbarer Grausamkeiten, vielfacher Mordtaten vor den Schranken bundesdeutscher Gerichte fanden.

Die Frage nach der Identität oder der Einheit des Selbstbewußtseins stellt sich damit für die bürgerliche Geschichte mit unerhörter Dringlichkeit. Dies geschieht um so mehr, als der Gedanke der Humanität ja selbst ein Ergebnis des bürgerlichen Befreiungskampfes gegen die Willkür eines Feudalsystems ist. Die großen Freiheitspostulate des 18. Jahrhunderts, die sich aus der amerikanischen Unabhängigkeitserklärung und der Menschenrechtserklärung im Zusammenhang mit der Französischen Revolution ergaben, sprachen von der Würde des Menschen, gleich welcher Religion, Nation oder sonstigen ihn charakterisierenden Gruppe er zuzurechnen sei. Das Licht der Vernunft sollte allenthalben leuchten, Aufklärung wirksam, Freiheit hergestellt werden. Der Bildungsprozeß war daraufhin angelegt.

Die Humanitätsidee und das Christentum haben gleichermaßen daran gewirkt, die Kostbarkeit und Würde des Menschen jeder neuen Generation einzupflanzen, den Schutz des Lebens als Richtmaß allen Erziehungsprozessen vorzugeben. Welche Erklärung sollte nun für die absolute Perversion dieser Werte dienen? Wie findet sich das gekränkte bürgerliche Bewußtsein damit ab, daß es sich ohne eigentlichen Rückhalt erwies, daß es zutiefst nichtig war? Sobald die dünne Wand mühelos verfügbarer und beliebig vermehrbarer Entschuldigungen durchstoßen ist, bleibt eigentlich nichts als die Scham. *Theodor Heuß,* erster Präsident der Bundesrepublik, hat in den fünfziger Jahren, als noch die These von der deutschen Kollektivschuld vielfach umlief, die Hoffnung auf eine *Kollektivscham* gesetzt. Das ist freilich eine harte Zumutung an Erinnerungsfähigkeit, Gewissen und subjektive Redlichkeit, die sich in einem Sozialverband nur dann durchhalten lassen, wenn die Gesellschaft ihren eigenen Bildungsprozeß unnachsichtig betreibt, wenn Wahrheit und Gerechtigkeit als oberste Werte gelten, vor denen alle weiteren sich ausweisen müssen.

Man wird sich rasch darüber verständigen können, daß ein solch anspruchsvoller gesellschaftlicher Erkenntnisprozeß nicht stattgefunden hat, daß die Anforderungen der Alltäglichkeit die Oberhand behielten. Ungeklärt ist daher die Frage, warum die Mörder von gestern sich wieder als brave Kleinbürger verhielten, einige sogar als Krankenpfleger (!) Lob ernteten und warum sich heute etwa junge Offiziere der Bundeswehr zu judenfeindlichen Äußerungen hinreißen lassen. Der gesamte Komplex bereitet Unbehagen, löst jene zuvor genannten psychischen Bedrohtheitsvorstellungen aus, läßt Identität instabil werden.

In dieser Lage finden wir uns vor. Will man nicht seine Zuflucht zur These von pathologischen Dauerexistenzen nehmen, von einem gewissen prozentualen Anteil sadistisch veranlagter oder auch nur stumpfer Individuen in jedem Verband ausgehen, so bleibt nichts, als am gesellschaftspädagogischen Auftrag festzuhalten, Kenntnisse und Erkenntnisse zu vermitteln, Bildungswege zu öffnen. Die sogenannten *Milgram-Experimente*[1] über Gehorsamsbereitschaft und Autoritätshörigkeit unter dem Auftrag, anderen Menschen Schmerzen zuzufügen, sind kein Gegenbeweis. Sie zeigen nur die tiefe Zerrissenheit unter den Individuen, belegen, was eine sich selbst entfremdete Gesellschaft ist und welcher ungemeinen Anstrengungen es bedarf, die Menschen einander zuzuführen, das Glück der Kommunikation zu erschließen, sich in fremdes Leid einfühlen zu lernen.

Freilich sollen diese Forderungen nicht als idealistischer Höhenflug mißdeutet werden, als könne es zu einer neuen Erweckungsbewegung kommen. Dagegen stehen die Anonymität eines modernen Lebensvollzugs, eine Arbeitswelt, die entpersönlicht ist, das Streben nach steigender Teilhabe am Konsum, Unbehagen an den politischen Verhältnissen, Staatsverdrossenheit und die Angst, den Sozialstatus zu verlieren, bzw. in der Dauerarbeitslosigkeit keine Lebensperspektive zu gewinnen. Wer dazu noch die fast perfekte mentale Außensteuerung durch Werbung, Propaganda, Medien und immer geschickter angesetzte Stimulanzien der unterschiedlichsten Art erwägt, der mag sich nicht sehr hoffnungsvoll an die Autonomie der Person halten.

Dies alles ist unbestritten. Und doch bleibt die Forderung nach Bildung für alle die einzige Möglichkeit zu qualitativer Änderung, nicht nur zur Abhilfe für gegenwärtiges Unbehagen, wie es eingangs skizziert wurde. Wird diese Forderung nicht erhoben und durchgehalten, so können auch keine prinzipiellen Entscheidungen getroffen, keine ethischen Regulative verbindlich gemacht werden, und das Verhalten steuert sich allein nach Opportunität. Dann ist auch das Kommen und Verschwinden faschistischer oder faschistoider Regime keine moralische Katastrophe mehr, sondern gehört in die Schwankungsbreite politischer Überzeugungen und ihrer konkreten Auswirkungen.

Wer diese Auffassung nach den Erfahrungen der deutschen Zeitgeschichte ernstlich vertritt, löst sich von der gemeinsamen sittlichen Grundlage, auf der allein humaner und politischer Konsens möglich und durchführbar ist, und man kann nur an ihn appellieren, auch um seiner selbst willen auf diese Grundlage zurückzukehren. In diesem Buch soll es darum gehen, den Dissens in seinen historischen Ursprüngen und in seinen Verlaufsformen darzustellen, durch den das Judentum als religiöse Minderheit innerhalb christlicher Mehrheiten definiert worden ist, wie Minorität und Majorität in eine Geschichte der Mißverständnisse verklammert sind, aus der schließlich mörderische Konsequenzen erwuchsen. Die Majorität hat sich dabei immer das Recht zugesprochen, auch in der jahrhundertelangen Demütigung der Juden. Der moderne Antisemitismus – darauf wird später einzugehen sein – ist die schlimmste Variante des christlichen Antijudaismus.

Mit der Reformation des 16. Jahrhunderts war die Spaltung in zwei etwa gleichgroße Bevölkerungsanteile vermacht. Die Religionskriege hatten bekanntlich darin eine ihrer Ursachen. Die Juden aber stellten im vor- wie nachreformatorischen Deutschland die einzige Minderheit dar, nur sie boten den Deutschen die Möglichkeit, sich in praktischer Toleranz zu üben. *Martin Luther* zum Beispiel hat sich in seinen Spätschriften mit dem Pathos des religiösen Eiferers geradezu vernichtend über die Juden ausgesprochen. In seiner furchtbaren Schrift »Von den Juden und ihren Lügen« (1543) forderte der in seinen Missionsbemühungen enttäuschte Reformator, man solle die Synagogen verbrennen, die Rabbiner vertreiben und der jüdischen Bevölkerung Zwangsarbeit verordnen. Vor dem Internationalen Militärgerichtshof in Nürnberg 1945/46, der die faschistischen Kriegsverbrecher zur Verantwortung zog, stand auch *Julius Streicher*, Gauleiter und Herausgeber des antisemitischen Hetzblattes »Der Stürmer«. Er hatte den Haß auf die Juden mit allen Mitteln geschürt und berief sich nun auf Martin Luther; er, Streicher, habe lediglich dessen dringende Mahnungen in die Tat umgesetzt.[1a]

Die Lektion in Toleranz ist, wie man heute weiß, schlecht angeeignet worden. Obwohl kaum ein sogenanntes christliches Volk Ursache hat, sich seines Verhältnisses zu den Juden zu rühmen, vielleicht bilden die Holländer eine Ausnahme, so ist das Verhältnis von Juden und Deutschen, das im Untergang des deutschen Judentums 1933/45 gleichsam mit einem Schlußstein versehen wurde, die exemplarische Geschichte eines Scheiterns. Daraus Erkenntnis zu gewinnen, ist die Aufgabe, denn das Leben geht weiter, der geschichtliche Prozeß verlangt neue qualifizierte Entscheidungen. Soll das Blut nicht vergeblich geflossen sein, so muß diese exemplarische Geschichte analysiert und in ein kritisches Verständnis eingebracht, muß gelernt werden, wie Konkurrenzangst, Verfolgung und Mord entstanden.

Der erste Teil des Buches wird sich daher mit der Geschichte Alt-Israels beschäftigen, es folgen Darstellungen über Brauchtum und Lebensform der Juden, sowie des sogenannten Antisemitismus. Die Geschichte des deutschen Judentums und die Gründung des Staates Israel führen bis zur Gegenwart weiter. Schließlich soll nach sozialpsychologischen und pädagogischen Maßnahmen zum Abbau judenfeindlicher Vorurteile gefragt werden. Der Anhang umfaßt statistische Materialien, Dokumente, Karten und bibliographische Hinweise, damit der Interessierte die aufgezeigten Probleme selbständig weiterverfolgen kann.

Kapitel I
Geschichtlicher Längsschnitt

Die Geschichte Israels beginnt in der frühen Antike und führt bis in die Gegenwart. Etwa dreieinhalb Jahrtausende werden damit überspannt, eine Zeit, auf die kein anderes Volk zurückblickt. Durch die Tatsache, daß es im 20. Jahrhundert in das Land zurückkehrte, aus dem es im Altertum vertrieben wurde, wird Israel zu einem historischen Phänomen. Es stellt sich immer faszinierender dar, je tiefer man in seine Überlieferungen eindringt. Die mächtigen Königreiche der Antike: Ägypten, Assur, Babylonien, Persien, Mazedonien und Rom, haben auf jener Landbrücke zwischen Afrika und Asien geherrscht. Unsere christlich-europäischen Ahnen, die Kreuzfahrer, konnten im Mittelalter das arabische Palästina für kurze Zeit erobern und halten, um es dann endgültig an die Sultane zu verlieren. Palästina war finstere türkische Provinz, ab 1920 auf Anordnung des Völkerbundes britisches Mandat mit zunehmenden inneren Konflikten, und die Juden haben schließlich 1948 den neuen Staat Israel dort ausgerufen. Die Hoffnung auf die Heimkehr nach Jerusalem war in ihre Gebetsformeln eingegangen und hatte ihnen als unverlierbare Hoffnung vorangeleuchtet. Dazwischen lagen Zeiten der Verfolgung und Heimsuchungen, die ihresgleichen nicht haben. Einer der Begründer der Wissenschaft vom Judentum, *Leopold Zunz* (1794–1886), hat diese historischen Erfahrungen in eine Frage gekleidet: »Wenn es eine Stufenleiter von Leiden gibt, dann hat Israel die höchste Staffel erstiegen; wenn die Dauer der Schmerzen und die Geduld, mit welcher sie ertragen wurden, adeln, so nehmen es die Juden mit den Hochgeborenen aller Länder auf. Wenn eine Literatur reich genannt wird, die wenige klassische Trauerspiele besitzt, welcher Platz gebührt dann einer Tragödie, die anderthalb Jahrtausende währt, gedichtet und dargestellt von den Helden selber?«[2]

Man muß sich die Geschichte des alten Israel an der biblischen Urkunde vergegenwärtigen, denn es existieren daneben nur wenige andere differenzierte Zeugnisse, die von außen Licht auf die Geschichte dieses Volkes werfen können. Die religiöse Quelle ist zugleich sein geschichtliches Lehrbuch, ein Umstand, der für den Unterricht in den Schulen des heutigen Staates Israel eine pädagogisch wichtige Vorgabe enthält. Während bei vielen modernen Völkern im Zuge der sogenannten Säkularisation religiöse Überlieferung und soziales Selbstverständnis auseinandertraten, blieb für Israel beides innerlich verknüpft. So muß die Geschichte des alten Israel zunächst in seinen wesentlichen Stationen der Bibel nacherzählt werden.

1. Hauptlinien Alt-Israels

Den biblischen Urkunden zufolge beginnt die Geschichte des alten Volkes Israel mit einem *Ruf* und wird an Wendepunkten von einer neuerlichen Botschaft gelenkt. Auf der einen Seite steht der Mensch wie eh und je, auf der anderen ein geheimnisreiches Wesen, das niemand sah und bei Todesstrafe niemand sehen darf (2 Mos. 33, 20). Doch geschieht eine personale unüberhörbare Anrede. Wohl mag der Berufene aufbegehren und leiden unter der Last, abwerfen aber kann er sie nicht (Jer. 20, 9). Er hat es mit Jahwe oder JHWH, dem Gott Israels, zu tun.[3] Die Gemeinschaft der Berufenen versteht sich als »auserwähltes« Volk, abgehoben von der Umwelt der »Völker«, den Gojim, begnadet mit Verheißung und Last, selbst im vielfältigen Versagen unaufhörlich im Bundesverhältnis mit Gott. Der Prophet *Amos* charakterisiert dieses Schicksal, wenn er aus dem Geiste Jahwes verkündet: Euch allein habe ich erwählt vor allen Geschlechtern der Erde; darum suche ich an euch heim alle eure Schuld.

Das 11. und 12. Kapitel der Genesis, so heißt griechisch das 1. Buch Mose, eröffnet die Frühgeschichte der Hebräer. Aus der südbabylonischen Stadt *Ur* sollen sie gekommen und als Halbnomaden im Zuge einer Wanderungsbewegung ihrer Stämme zunächst nach Haran im nordwestlichen Mesopotamien gelangt sein (vgl. dazu die Karte S. 177a/b). Ausgrabungen ergaben, daß sich dort gegen Ende des 2. Jahrtausends v. Chr. ein blühendes Gemeinwesen befand. Inmitten seines Sippenverbandes wird der herdenreiche *Abraham* von dem Ruf des unbekannten Gottes erreicht. Weidegründe und Sippe soll er preisgeben, um im fernen Land Stammvater eines großen und »auserwählten« Volkes zu werden.[4]

Alle Gegebenheiten und Erfahrungen scheinen der Verheißung zu widersprechen, denn *Abraham* und seine Frau *Sarah* sind alt und kinderlos, und von der Zusage der Geburt des Sohnes bis zu deren Erfüllung verstreicht ein Vierteljahrhundert. Diese schwerwiegende Geduldsprobe wird dem Patriarchen abgefordert, auf dem persönlichen Akt eines Trotzdem des Glaubens beruht die Geschichte Israels, und von diesem Ausgangspunkt her erinnert sich das Volk seines Auftrages. Abraham wird zum Typos des Glaubenden und Gehorsamen; bis ins Neue Testament strahlt sein Vorbild (Hebr. 11, 8ff.).

Nach mühsamer Wanderung konnte *Abraham* im »gelobten«, d. h. zugesprochenen Lande Fuß fassen. Die archäologische Forschung datiert die

Wanderung der Patriarchen in das Mittel-Bronzezeitalter. Im 19. Jahrhundert war Palästina von einzelnen kleinen Stadtstaaten bedeckt und sehr dünn besiedelt. Diese Stadtstaaten standen unter Kontrolle der 12. ägyptischen Dynastie – ca. 2000 bis 1780 –, die lebhafte Handelsbeziehungen zu den Nachbarn unterhielt. *Abraham* hat meistens im Südland, dem Negev, gelebt; damals muß es fruchtbar gewesen sein. Heute ist es die Südwüste des neuen Staates Israel. »Wir haben hier das Bild einer Gestalt, die einem Scheich ähnelt, der durch Palästina von Norden nach Süden zieht – mit seinen Herden und Zelten, mit seinem Weib und seinen Nebenfrauen. Der Hunger trieb ihn einmal dazu, in Ägypten Zuflucht zu suchen. Das ›Land Kanaan‹ hatte ihn aber schon in seiner Gewalt und bei erster Gelegenheit kehrte er dahin zurück. Er war jedoch der Ansicht, daß er einer höheren Zivilisation angehörte als die übrigen Einwohner des Landes, und er ließ das Weib für seinen Sohn Isaak aus seinem eigenen Stamme, aus seinem Geburtsland Mesopotamien holen.« [70, 13]

Die Patriarchen *Abraham, Isaak* und *Jakob* gehören in die »aramäische Wanderung« des 2. Jahrtausends. Die Überlieferung vom »Gott der Väter« geht auf sie zurück. Fortan konnte sich Israel auf diesen Bundespartner berufen und damit auch ein Recht auf das versprochene Land begründen, in welchem jene Taten geschahen, die die Erzvätergeschichten unvergeßlich machen (Eine Tabelle über die Familienzusammenhänge findet sich im Anhang S. 157). Die zweite große Wanderbewegung der Vorgeschichte Israels richtete sich nach Ägypten, wahrscheinlich um die Wende vom 18. zum 17. Jahrhundert. Man bringt diese Bewegung in Zusammenhang mit dem asiatischen Volk der Hyksos, es war vielleicht semitischen Ursprungs, das damals für eine Weile die Herrschaft in Ägypten errang (vgl. Karte S. 176). Die Bibel erzählt (1. Mos. 46), daß *Jakob* während einer großen Hungersnot mit seiner Sippe nach Ägypten zog, um dort unter der Fürsorge seines Sohnes *Joseph*, des Großwesirs des Pharao, in der Provinz Gosen im östlichen Nildelta zu wohnen. Jakob war es übrigens auch, der dem ganzen Volk den Namen gab. Als er bei der Rückkehr aus der Fremde den Jabbok, den »blauen Fluß«, überschreiten wollte, rang des nachts ein unheimliches Wesen mit ihm. Da er nicht unterlag, wurde ihm bei Anbruch der Morgenröte der Würdename *Israel*, d. h. »Gottesstreiter« oder »der, für den Gott streitet«, verliehen (1. Mos. 32, 22ff.). Die Wortwurzel ist jedoch nicht eindeutig.

Die Hyksos-Monarchie in Ägypten endete im Jahre 1583 v. Chr. Dieses Ereignis muß die Stellung der Israeliten ungünstig beeinflußt haben, was die Bibel entsprechend umschreibt (2 Mos. 1,8). Von freien Beisassen wurden sie zu Sklaven erniedrigt, als mit der 18. Dynastie die Ägypter die Herrschaft wieder antraten. Gleichzeitig vermehrten sich die Sippen stark. Es entstand eine Volksgruppe, in der die Tradition der Vergangenheit lebendig blieb. Um so unerträglicher mußte den bedrückten Israeliten die Lage erscheinen, je häufiger sie die Freiheiten der Väter und das »gelobte« Land mit den eigenen Umständen im »Diensthause« Ägypten verglichen. Daraus wuchs die Sehnsucht nach einem Retter und Erlöser. Diese Gestalt wurde ihnen in *Mose* zuteil, der wiederum eine Berufungsvision empfing (2. Mos. 3). Die Sage seiner Kindheit war bereits Hinweis auf die kommenden Ereignisse.

Ägyptisches Bewußtsein wurde ihm durch Hoferziehung erschlossen, aber stärker band ihn sein Volk, dessen Not er zur eigenen machte. Der Pharao »verhärtete« sich, als Mose und Aaron ihn um Freigabe der Bedrängten baten, und so verhängte Jahwe die »ägyptischen Plagen« (2. Mos. 7,14 ff.), die ihn auch als Herrscher über die Natur auswiesen. Der Auszug (Exodus) geschah spätestens um die Mitte des 13. Jahrhunderts. Vermutlich war damals Ramses II. Pharao. Mit dem Auszug verknüpfte sich zugleich ein erstes völkisch-religiöses Fest, das *Passah* (2. Mos. 11 ff.), das den nach Auffassung der Tradition vierhundertjährigen Aufenthalt in Ägypten abschloß (1. Mos. 15, 13).

Während der Wüstenwanderung sollte dem Volk erneut deutlich werden, daß die Gottheit selbst die wandernden Sippen mit einer Schutzsphäre umgab und die ägyptischen Streitkräfte im Roten Meer umkommen ließ, daß Israel im dürren Lande buchstäblich aus der Hand Gottes gespeist wurde und es keine Ursache hatte, angesichts solcher »Zeichen« sich nach den »Fleischtöpfen Ägyptens« zurückzusehnen. Das Zentralgeschehen für die murrenden Familien wurde der Bundesakt vom Sinai (2. Mos. 19). Die Lage des Berges Sinai ist heute nicht mehr sicher zu bestimmen. Die Israeliten legten so wenig Wert auf eine genaue Lokalisierung, daß sie in den Quellenschriften verschiedene Bezeichnungen zuließen, nämlich Sinai und Horeb. Fest aufgezeichnet aber steht das Ereignis im Gedächtnis des Volkes und bedarf nicht eines stützenden Lokalwissens. Auch die Forscher sind sich heute weithin einig, daß ein tatsächlicher Vorgang dem biblischen Bericht zugrunde liegt.

Auf dem Berggipfel empfing Mose unter schrecklichen Naturerscheinungen die Volloffenbarung. Er durfte dem Volk das Gesetz, die *Thora*, verkünden; sie sollte für alle Zeit die Magna Charta des hebräischen Bewußtseins bilden. Nun kam es nämlich zur reinen Gestalt des Monotheismus und zur ethisch-religiösen Konzeption. Was heute noch als humanistische Gesinnung in der Welt lebendig ist oder erweckt werden soll, hat seine Quelle vor allem in den Zehn Geboten, auch Dekalog genannt, die zur Grundstruktur der abendländischen Rechtsauffassung wurden.

Es ist allerdings bezeichnend, daß Israel während der Bundesschließung in zäher Widerspenstigkeit die Geduld Gottes herausforderte und damit schon das geheime Thema seiner Geschichte anschlug. Während Mose auf dem Gipfel des Sinai die schauerliche Begegnung mit dem Heiligen erfuhr, formte sein Bruder *Aaron* am Fuße des Berges für das nach massivem Götzendienst begehrende Volk ein »Goldenes Kalb«[5]. Israel stand in der Spannung zwischen dem ihm abgeforderten reinen Monotheismus und einer polytheistischen Begehrlichkeit, zu sein »wie die Völker« (1. Sam. 8,20). Trotz aller Unzulänglichkeit des von ihm auserwählten Zwölf-Stämme-Verbandes blieb Jahwe jedoch in souveräner Freiheit und Treue Bundespartner.

Während der 40jährigen Wüstenwanderung vermochte Mose die Sippen völkischer Einheit näherzubringen. Als Organisator, Führer und Seelsorger trug und überwand er immer wieder die Verzagtheit und den Kleinglauben der Dahinziehenden. Von einer Bewährung und sittlichen Festigung des Volkes während dieser Spanne ist jedoch kaum zu reden, denn Israel drohte, Jahwe aufzukündigen und den Weg in Sklaverei und Polytheismus zurückzugehen. Mose mußte stets erneut in den Riß zwischen Gott und seinem Volk treten und die Sünden der Gemeinschaft auf sich nehmen. Als das murrende Israel endlich die Grenze des »gelobten« Landes erreichte, durfte Mose noch vom Berge Nebo aus das Land schauen, dann starb er nach jüdischer Tradition durch einen »Kuß Gottes«.[6]

Unter Moses Nachfolger, *Josua*, begann die Landnahme. Sie hat der Archäologie und der Geschichtswissenschaft manche Rätsel aufgegeben. Voraussetzung für die Einwanderung nach Kanaan war zunächst die Tatsache, daß zwischen der 19. und 20. ägyptischen Dynastie (die 1197 beginnt) das Kanaan beherrschende Ägypten anderthalb Jahrzehnte lang durch Thronkämpfe erschüttert wurde. Während dieser Schwächeperiode Ägyptens konnten sich die Israeliten im Hügelland von Westpalästina festsetzen. Die Eroberung des Landes war ein mühevoller und von manchen Rückschlägen betroffener Prozeß. Keineswegs konnte Israel sogleich bis zum Mittelmeer durchstoßen; dies gelang ihm erst viele Generationen später. Wohl vermochte es einzelne Städte zu erobern (Jericho, Beth-Schemes, Bethel, Lachisch, Hazor u. a.) und sich dort anzusiedeln. Gleichzeitig aber fand auch eine Verschmelzung mit der kanaanäischen Bevölkerung statt, die später im Volke Israel aufging. Mehrere Gemeinwesen konnten die Hebräer damit ohne kriegerische Auseinandersetzung ihrem Stammesgebiet eingliedern (Gibeon, Sichem u. a.), freilich mit der Bedrohung, den mächtigen Lokalgottheiten (Baalim) hörig zu werden und Jahwe zu vergessen. Diese Gefahr hat Israel bis zu seiner Zerstreuung nicht bannen können.

Wiederum andere wichtige Städte bewahrten ihre Loyalität gegenüber den Pharaonen oder blieben von ägyptischen Garnisonen besetzt. Namentlich Bergfestungen behaupteten sich noch lange, als bereits das umliegende Gebiet erobert worden war (Jos. 11,13). Manche einheimischen Stämme gingen auch zu Angriffen gegen Israel über, insbesondere die Edomiter und Amalekiter im Süden, die Moabiter und Ammoniter im Osten (vgl. Karte S. 177). Dabei kam es manchmal zu ernsten Gefahren für den Zwölf-Stämme-Verband, und dessen Schicksal hing nicht selten an einem seidenen Faden, wobei das Volk die Auseinandersetzungen als »Kriege Jahwes« zu verstehen lernte. Ungünstigerweise lagen die einzelnen Stammesterritorien durch lange Streifen feindlichen Gebietes voneinander isoliert und mußten sich ihre Not durch Boten mitteilen. Dabei waren noch nicht einmal zwischen den Stämmen die Gegensätze überwunden, die durch unterschiedlich reiche Landanteile wachgehalten wurden und gelegentlich feindliche Einfälle förderten. Immerhin haben die Hebräer jene inneren Zwistigkeiten zurückstellen und den gemeinsamen Feind überwinden können. Mit der Landnahme ging in Palästina die Bronzezeit zu Ende, und die Eisenzeit begann.

Die Periode der Richter (ca. 1200 bis 1020) fällt in den Beginn der Eisenzeit. Seit 4000 v. Chr. war Kupfer als Metall für Werkzeuge und Waffen verwendet worden. Zu Beginn der Hyksoszeit (ca. 1700) mischte man Zinn und Kupfer zu Bronze. Im 14. Jhrdt. taucht dann das von den Hethitern durch einen komplizierten Schmelzprozeß gewonnene Eisen auf, dessen Herstellungsgeheimnis erst nach dem Fall des Hethiterreiches (um 1200) bekannt wurde (vgl. Karten S. 175 u. S. 176). Die Philister führten das Eisen in Palästina ein (12. und 11. Jh.), und von ihnen übernahmen es allmählich die Israeliten.

Das System der in Palästina angesiedelten Stämme, für das der wissenschaftliche Name Amphiktyonie (griech. »Herumwohnen«) eingeführt worden ist [59, 86ff.], läßt sich mit einer Eidgenossenschaft vergleichen. Die Stämme wußten sich durch Bindung an einen gemeinsamen sakralen Mittelpunkt einig, wiewohl sie sozial und politisch nur lose zusammenhingen. Das Heiligtum befand sich in Sichem und später in Silo, in der Königszeit in Jerusalem. Die Mitglieder der Amphiktyonie waren zu gegenseitigem Beistand in Notzeiten verpflichtet und durften Lokalgottheiten keine Verehrung erweisen, denn Jahwe war ein »eifersüchtiger« Gott. Die eigentliche Einigung jedoch erfolgte durch die mosaische Tradition, die im Laufe der Zeit die getrennten Gruppen verband. Außerdem speiste sich das charismatische Führertum der Notzeiten, durch die »Richter« repräsentiert, aus dem Kraftstrom, der vom Bundesverhältnis ausging. Den stärksten Ansporn, auch zur politisch-militärischen Gemeinschaft überzugehen, gab aber wohl eine neue unvorhergesehene Bedrohung der Israeliten durch die *Philister.* Wie bedeutungsvoll diese gewesen sein müssen, geht aus der Tatsache hervor, daß Palästina – ursprünglich *Philistina* – noch heute ihren Namen bewahrt.

Die Philister gehörten zu den sog. »Seevölkern«; vermutlich waren diese im kretisch-mykenischen Kulturkreis heimisch.

Um 1190 v. Chr. setzten sich die Philister an der Küste fest, gründeten dort ihre »Fünf Städte«, die Pentapolis: Gaza, Gath, Askalon, Asdod und Ekron, und bildeten eine kriegerische Herrenschicht über der unterworfenen kanaanäischen Bevölkerung. Ihre Technik und die Anwendung von Eisenwaffen machten sie nahezu unbesiegbar. Durch ihre eisernen Kriegswagen verbreiteten sie Schrecken, und die Israeliten konnten dauernder Überfälle von ihnen gewärtig sein. Der in unmittelbarer Nachbarschaft lebende Stamm Dan war insbesondere Ziel philistäischer Angriffe, und um den Daniten *Simson* bildete sich ein Sagenkranz, der die Auseinandersetzung zwischen Philistern und Israeliten an dieser heroischen Gestalt farbenreich und volkstümlich festhielt. Der erheblich zusammengeschmolzene Stamm Dan mußte schließlich die gefährliche Nachbarschaft zu den Philistern aufgeben und sich im äußersten Norden ein neues Wohngebiet suchen. Er bildete damit die Nordgrenze des israelitischen Territoriums überhaupt, und damit entstand die Formel »von Dan bis Beerseba«, womit der Gesamtumfang des israelitischen Siedlungsraumes bezeichnet wurde (vgl. Karte S. 177). Schließlich geriet Israel ganz in Abhängigkeit von den Philistern und hatte viele Jahre deren Druck auszuhalten. Dazu kam noch, daß selbst die als gemeinsame Reliquie verehrte »Bundeslade« in die Hand der Feinde fiel (1. Sam. 4) und das ehrwürdige Zentralheiligtum Silo zerstört wurde. Wie sorgsam die Philister bemüht waren, Israel in Abhängigkeit zu erhalten, beweist ihr Verbot der Waffenherstellung; den Unterworfenen wurde die Ausübung des Schmiedehandwerks verwehrt (1. Sam. 13,19ff.).

Immerhin hat die Niederlage zur Stärkung des Einheitsbewußtseins geführt. Die Stämme mußten erkennen, daß ihre politische und militärische Ohnmacht nur durch gemeinsame Anstrengung überwunden werden konnte. Zudem war der Untergang des korrupten Priestertums in Silo (1. Sam. 2,12ff.) wohl auch als göttliche Erlösung von unwürdigen Mittlern verstanden worden. In dieser Lage hat *Samuel,* der ähnlich wie Mose berufen wurde (1. Sam. 3), als religiöser Reformator und Richter in einer Person gewirkt und ist Bindeglied zum israelitischen Königtum geworden. Dieses Königtum war, politisch betrachtet, eine Folge des Einheitsstrebens und konnte nicht ausbleiben, wenn Israel daran dachte, in der militärisch gründlich veränderten Lage Palästinas wieder selbständig zu werden. Religiös gesehen jedoch, bedeutete der Übergang zur Monarchie ein ernstes Problem, denn Israel hatte sich als Theokratie verstanden (vgl. Ri. 8,22f.). Die erstrebte politische Wandlung galt manchen als Abfall von Gott (1. Sam. 8). Vermutlich unterstützte aber Samuel selbst den monarchischen Gedanken. Mit eigener Hand salbte er Saul und David zu Königen des Zwölf-Stämme-Bundes.

Auch durch das Königtum kamen die Hebräer aus der Philistergefahr nicht heraus. Vielmehr war *Saul* (1020–1000) während seiner Regierungszeit dauernd mit ihrer Abwehr beschäftigt und fiel schließlich zusammen mit drei seiner Söhne in der erbitterten Schlacht am Gebirge Gilboa. Erst *David* (ca. 1000–960) vermochte das junge Reich zu festigen und die Feinde der Seeseite entscheidend zu schlagen. Hilfreich war ihm dabei wahrscheinlich, daß er während seiner Zeit als Flüchtling und Partisanenhäuptling im Gebiet der Philister deren Lebensgewohnheiten sorgfältig beobachten konnte (1. Sam. 27 und 30). Seine bedeutendste und religiös-politisch folgenreichste Tat war die Eroberung des jebusitischen *Jerusalem* (2. Sam. 5,6 ff.). Er schuf damit für die Stämme ein neues geistiges Zentrum, um das die Gruppen untereinander nicht streiten konnten, da es traditionell unbelastet war und also den Ausgangspunkt einer neuen Überlieferung bot.

Diese Tat kann kaum überschätzt werden, denn Jerusalem, der Berg Zion, wurde der wahre Mittelpunkt Israels und des Judentums bis heute. Es barg den Tempel als Stätte der »Einwohnung« Gottes, hebräisch Schechina genannt. Zudem erreichte das israelitische Staatswesen unter David seine größte Ausdehnung. So konnte David denn auch trotz seiner Verfehlungen, von denen die Bibel schonungslos berichtet (2. Sam. 11), zum königlichen Idealtypus werden und die messianische Phantasie seines Volkes wachhalten. Das wirkte bis ins Neue Testament nach, das den Stammbaum Jesu auf David zurückführt (Matth. 1,1), was besagen will, daß sich nach christlicher Auffassung in Jesus von Nazareth die messianischen Hoffnungen Israels erfüllten (vgl. dazu die Stammtafel der Erzväter S. 157).

Freilich wird die Königszeit erst verständlich, wenn man die damalige weltpolitische Lage berücksichtigt. Sowohl die ägyptischen als auch die mesopotamischen Reiche waren um das 10. Jhrdt. geschwächt und mit inneren Schwierigkeiten vollauf beschäftigt. So hatte Israel außer den Philistern nur kleinere Gegner, denen es sich nach und nach zuwenden konnte. Die Großreiche im Osten und Westen aber mußten einstweilen die Landbrücke Palästina unbeansprucht lassen und begünstigten damit Israel ungewollt. So konnte ein eigner Staat im Zwischenfeld entstehen.

Schon unter Davids Sohn *Salomo* (973–933) erhöhten sich die innenpolitischen Spannungen, als dieser durch Prachtbauten die beschränkten wirtschaftlichen Quellen des Volkes überzog, durch Handelsbeziehungen mit den Nachbarreichen in mancherlei den Israeliten damals noch fremde wirtschaftliche Praktiken geriet und vor allem schon eine gewisse religiöse Laxheit duldete und selbst übte. Durch seine zahlreichen Ehen mit ausländischen Frauen gewannen die verbannten Kulte unter den Hebräern wieder an Boden. Der alte nomadische Geist der hebräischen Stämme paßte sich dem Sultanatscharakter der salomonischen Hofhaltung nur schwer an, wenn er auch für eine Weile durch den Glanz des monarchischen Apparates und eines gewissen internationalen Prestiges geblendet werden konnte.

Unter Salomo begann auch die Kontaktnahme mit den sich erholenden Großreichen, die sich fortan als diplomatisches Spiel bis zum Ende der Selbständigkeit Israels forsetzen sollte. Der Gefahr einer religiösen Revolution im Namen des Jahwe-Glaubens entgingen David und Salomo durch Bindung der Priester an den Hof, also durch ein Bündnis von Thron und Altar. Nur das Prophetentum erwies sich als ein störendes und nicht assimilierbares Element.

Die Glut der Empörung hatte gewiß schon in den letzten Jahren des alten Salomo geschwelt und brach mit seinem Tode offen aus. Seinem hochmütigen und ungeschickten Sohn *Rehabeam* (933–915) lag der Gedanke völlig fern, dem überbeanspruchten Volk eine Atempause zu gönnen. Vielmehr reizte er es durch unmäßige Forderungen und höhnisches Gebaren (1. Kön. 12,13ff.) zum offenen Aufruhr, so daß sich die Nordstämme losrissen und *Jerobeam* zum eigenen König wählten. Das Jahr 933 bildete den Ausgangspunkt der getrennten Reiche: Israel im Norden, Juda im Süden. Der Süden barg in sich den Stabilitätsfaktor Jerusalem, d. h. das Zentralheiligtum, die Stätte der Lade und den rechtmäßigen Opferplatz, die beglaubigte Tradition. Dort amtierte ein Priestertum, das, in seinen Ordnungen und Befugnissen sorgfältig abgegrenzt, bereits zur Hierarchie geworden war. Das Nordreich dagegen befand sich trotz zahlenmäßiger Übermacht in einer weit schwierigeren Lage; es besaß keine allseits legitimierte und bejahte Kultstätte. So mußte schon der erste König, *Jerobeam,* Ersatz schaffen. Er ließ in Dan und Bethel, an der Nord- und Südgrenze seines Herrschaftsgebietes, vergoldete Stierbilder aufstellen und öffnete damit dem Götzendienst die Tür (1. Kön. 12,22ff.) (vgl. Karte S. 177).

Diese religiöse Verdunkelung Israels, nicht nur des Nordens, sondern teilweise auch des Südens, gilt es im Auge zu haben, wenn man das *Prophetentum* verstehen will, das sich auf diesem Hintergrund leuchtend abhebt. Im Nordreich traten *Amos* und *Hosea* auf (8. Jahrhundert v. Chr.) und verkündeten ihrem verderbten Zeitalter, daß Jahwe Gerechtigkeit wolle und daß ihm nichts an kultischer Betriebsamkeit und formellem Opfervollzug liege, wenn Herz und Gewissen unbeteiligt blieben. Als klassischer Beleg dafür mag das Wort des Amos gelten: Tu von mir das Geplärr deiner Lieder . . . (5,21ff.). Im Südreich erreichte in den beiden »großen« Propheten *Jesaja* (740–701) und *Jeremia* (627–580) der Monotheismus seine höchste Blüte. Zwar ist das Prophetentum nicht nur auf Israel beschränkt. Es gibt genügend außerbiblische Zeugnisse für ähnliche Kräfte. Bei keinen anderen Propheten aber findet man gesteigertes Wachbewußtsein und Kontrolle des ekstatischen Elements. Israels Propheten wissen sich berufen, aber nicht berauscht. Sie bleiben in sozialer Verantwortung und in klarer Beziehung zur Umwelt. So konnten sie zum Gewissen Israels werden.

Inzwischen hatte sich die politische Lage gründlich gewandelt. Die

Großreiche griffen wieder auf die Landbrücke Palästina zurück. Rasch kam über den Norden die Katastrophe. Der assyrische König Sargon eroberte 722 Samaria, die Hauptstadt des Nordreichs. Die Einwohner wurden in die Gefangenschaft geführt, ihre Gebiete von babylonischen Einwanderern besiedelt (2. Kön. 17,24f.). Die Neuankömmlinge und Reste der israelitischen Einwohner verschmolzen zum neuen Volk der *Samaritaner*, das seinerseits am Jahwe-Glauben festzuhalten versuchte.[7]

Etwa anderthalb Jahrhunderte länger als das Nordreich hat das kleine Südreich bestanden. Die Gründe dafür sind in der bereits erwähnten religiösen Tradition zu sehen. Hinzu trat ein dynastischer Faktor: Das Haus David erhielt sein Erbkönigtum, während im Norden durch Revolutionen und Königsmord die politische Stabilität zusehends verfiel. Aber im Jahre 587 kam auch über Juda die Stunde, die die Propheten als »Gericht Jahwes» über sein halsstarriges und bundesbrüchiges Volk bezeichneten, die Eroberung Jerusalems durch den babylonischen Herrscher Nebukadnezar. Stadt und Tempel wurden zerstört (2. Kön. 25), Adel und Elite deportiert. Es begann das »babylonische Exil« (587–538). Das biblische Schlußwort über Zedekia, den letzen judäischen Monarchen, lautet: »Sie aber griffen den König und führten ihn hinauf zum König von Babel gen Ribla; und sie sprachen ein Urteil über ihn. Und sie schlachteten die Kinder Zedekias vor seinen Augen, und blendeten Zedekia die Augen, und banden ihn mit Ketten, und führten ihn gen Babel.« (2. Kön. 25,7f.).

Vergleicht man das assyrische Exil Israels mit dem babylonischen Judas, dann ist auffällig, daß Israel sich in der Fremde verloren und aufgelöst hat, während das verbannte Juda dagegen durch weltpolitische Umwälzungen die Heimkehrmöglichkeit gewann. Freilich hatte Juda während der Gefangenschaft treu am Jahwe-Monotheismus festgehalten und das »Gesetz« gehütet. Man darf eine Vertiefung seines religiösen Lebens während dieser Periode unterstellen und annehmen, in der zweiten Gefangenschaft, d. h. nach dem halbmythischen ägyptischen Exil habe sich das jüdische Selbstverständnis erst entfaltet. Darüber hinaus ist die Phase religionsgeschichtlich von hoher Bedeutung, denn in ihr wurde die literarische Tradition gesammelt, gesichtet und vorläufig kanonisiert.

Wirtschaftlich hatten die Umgesiedelten in der Fremde kaum zu leiden, darum machten später auch nicht alle vom Heimkehrrecht Gebrauch. Das einfache Volk bebaute den Boden wie in der Heimat. Die Handwerker übten in den Städten ihre alten Berufe aus. Auch gab es gewiß eine Anzahl Kaufleute. Eine bedeutende Ansiedlung, deren Name später im neuen Palästina wieder zum Leben erweckt wurde, befand sich in Tel-Aviv, in der Nähe des Kanals Kebar, und in der gleichen Gegend gab es auch kleine Siedlungszentren. Als im Jahre 561 Emul-Marduk (biblisch Evil-Merodach) den Thron bestieg, wurde der Exkönig Jojachin aus dem Gefängnis befreit und an die Palasttafel geholt. Dies bedeutete, daß die alte Feindschaft als beendet galt.

»Die Emigranten wider Willen hatten also ihre ethnische, sprachliche und religiöse Sonderstellung behauptet. Mündlich überliefert oder schriftlich fixiert hatten sie einen großen Komplex von Literatur in die Gefangenschaft mitgenommen – Gesetze, die auf den ersten Organisator ihres Volkes, auf Moses, zurückgeführt wurden; religiöse Dichtung, die mit dem Namen ihres beliebtesten Königs, mit dem Namen Davids, verbunden waren; Chroniken der alten Königsdynastien; Aufrufe zur Gerechtigkeit und Verurteilungen der Mißtaten einzelner und ganzer Völker, die von ihren göttlich inspirierten Lehrern stammten, welche sie ›Propheten‹ nannten. Um sich über den Verlust ihres Landes zu trösten, begannen sie diese reiche Literatur mit wachsender Liebe zu studieren, auszuwählen, in neuer Form zu ordnen, abzuschreiben und vielleicht auch bei Zusammenkünften laut zu lesen. Der Tempel von Jerusalem, vordem der Mittelpunkt ihres religiösen Lebens, lag in Trümmern und es war unmöglich, im Lande der Gefangenschaft einen Ersatz zu errichten. Das Gebet trat darum an die Stelle des Opfers und der gemeinsame Gottesdienst, bei dem die alte Literatur gelesen und besprochen wurde, erlangte jetzt wahrscheinlich den Charakter einer regelmäßigen Einrichtung.« [70, 68]

Das babylonische Reich brach unter den Schlägen des Perserkönigs Kyros zusammen, der 538 Babel eroberte. Er gestattete den *Juden,* diesen Namen gibt es erst seit dem Exil, die Heimkehr und war großzügig genug, ihnen beim Wiederaufbau des Tempels Hilfe angedeihen zu lassen. Etwa 40 000 Menschen zogen auf den uralten Karawanenstraßen nach Palästina zurück. Manche Juden entschieden sich, in Mesopotamien zu bleiben, wo sie im Laufe von bald zwei Generationen heimisch geworden waren. Aber sie unterstützten die Heimkehrer durch Geldleistungen und kompensierten damit vielleicht ihre nationale und religiöse Distanz vom »gelobten Land«. Die Priester, die früher mit dem Tempelgottesdienst verbunden gewesen waren, stellten ein starkes Kontigent und umfaßten etwa ein Zehntel aller Rückwanderer. Zu den Karawanen gehörten etwa 7000 Sklaven beiderlei Geschlechts, und dies spricht deutlich für den Grad des Wohlstands, den zumindest ein Teil der Verbannten hatte erreichen können. [70, 69] Sesbazar, der »Fürst Judas« (Esra 1, 8), und der Hohepriester Josua führten die Heimkehrer. Möglicherweise ist Sesbazar mit dem Davididen Serubabel (Esra 3, 2) identisch. Unter *Esra* und *Nehemia* begann das schwierige Werk einer Wiederherstellung des Staatswesens und seiner Religion.

Es erfolgten die Trennung von den *Samaritanern* und deren Ausschluß vom neubegründeten Jerusalemer Gottesdienst. So waren diese genötigt, Priestertum und Kultordnung zu schaffen und auf dem Berge Garizim einen Tempel zu unterhalten. Dem jüdischen Selbstbewußtsein galten sie hinfort als kultisch minderwertig, da sie sich mit den »Völkern«, den Gojim, vermischt hatten.

Aufs neue waren die Juden in den Strom weltgeschichtlicher Umwälzung geraten, als Alexander der Große (336–323) die persische Herrschaft stürzte; nunmehr wurden sie Teil des mazedonischen Weltreichs und bei dessen Zerfall zum Glied des bedeutenden Diadochenreiches der ptolemäischen Ägypter. Über das nördliche und mittlere Syrien mit Antiochia am Orontes als Mittelpunkt herrschten die Seleukiden. Diese betrachteten Palästina als zu ihrem Herrschaftsbereich gehörig, und so wechselte es mehrfach den Besitzer. Schließlich fiel es um 200 v. Chr. ganz an die Seleukiden. Nun machte die Hellenisierung der Juden zunächst rasche Fortschritte. Aber unter Antiochus IV. kam es zum Konflikt, da dieser die religiöse Würde der Juden empfindlich verletzte. In den für Israel erfolgreichen Makkabäerkriegen (167–163) erhoben sich die »Frommen« zuerst zum Kampf für das väterliche Gesetz, dann aber auch für die politische Freiheit. Damals wurde das hasmonäische oder makkabäische jüdische Königshaus als ein Priesterfürstentum gegründet, dessen Herrschaft bis 37 v. Chr. währte. Allerdings hatten Thronstreitigkeiten innerhalb der Familie die römische Weltmacht ins Land gerufen. Pompejus eroberte 63 v. Chr. Jerusalem und gliederte Judäa als tributpflichtige Provinz dem Imperium Romanum ein. Im Jahre 37 v. Chr. wurde die untüchtig gewordene hasmonäische Königsfamilie durch den Idumäer, d. h. Edomiter, *Herodes* abgelöst, der später den Beinamen »der Große« erhielt. Dieser landfremde und den Juden verhaßte Tyrann hatte die Königswürde von Judäa vom römischen Senat zugesprochen erhalten, da er offenbar geschickt zu taktieren vermochte; er wußte sich nacheinander die Gunst des Antonius und des Octavianus zu sichern. Trotz seiner greulichen Familiengeschichte – er ließ mehrere seiner nächsten Angehörigen ermorden – herrschte der Idumäer lange als König über Judäa (37–4 v. Chr.). Gegen Ende seiner Regierung wurde Jesus von Nazareth geboren.

Allmählich breitete sich unter den Juden eine feindselige Stimmung gegen die römische Besatzungsmacht aus. Zahlreiche Übergriffe der Prokuratoren boten der Bevölkerung Anlaß zur Unzufriedenheit. Besonders verhaßt machte sich der Statthalter *Felix* (52–60 n. Chr.), ein bestechlicher Mann; vor ihm wurde der Apostel *Paulus* angeklagt (Apg. 23,24 ff.). Nach der Schilderung des jüdischen Historikers *Josephus* muß es damals im Lande übel zugegangen sein. Unter diesen Umständen entwickelte sich die stark nationalistische Bewegung der Zeloten, d. h. Eiferer, in Palästina, die durch Vertreibung der Römer den Frieden und das religiöse Heil wiederherstellen wollten. Zu ihnen gesellte sich die gewalttätige Gruppe der Sikarier (sica = Dolch). Diese »Dolchleute« glaubten, politische Probleme durch Meuchelmord lösen zu können. Zudem förderten die wirtschaftlichen und politischen Notstände eschatologische – endzeitliche – Strömungen; man meinte, mit einem baldigen völligen Wandel der Verhältnisse rechnen zu können, da Gottes Eingreifen nahe bevorstünde. Diese messianische Erhitzung wurde durch verschiedene verantwortungslose Propheten geschürt, die geheime Offenbarung zu besitzen vorgaben und das Land in fiebrige Unruhe versetzten. Nun bedurfte es nur noch eines Funkens, um den Brand zu entfachen. Dieser Funke entstand, als der römische Prokurator *Gessius Florus* (64–66) aus dem Tempelschatz in Jerusalem Geld entwenden und eine protestierende jüdische Abordnung gefangensetzen ließ. Als er schließlich den römischen Legionären Jerusalem zur Plünderung freigab, schoß die Flamme des Aufstandes empor, der Jüdische Krieg (66–70 n. Chr.) brach aus.

Die erbitterten Juden vermochten zunächst die Römer in die Flucht zu schlagen, bis Kaiser *Nero* den erfahrenen Feldherrn *Vespasian* beauftragte, die Ordnung wiederherzustellen. Gemeinsam mit seinem Sohn *Titus* eröffnete Vespasian den Großangriff auf Palästina. Beim Tode Neros (68) wurde er von den Legionen des Ostens zum Kaiser ausgerufen. Titus führte nun die Auseinandersetzung weiter, die, man könnte sagen, als totaler Krieg tobte. Im Jahre 70 wurden Jerusalem und sein Tempel zerstört; erst im Jahre 73 bezwangen die Römer die letzte Bergfestung, Masada, am Westufer des Toten Meeres, deren Verteidiger sich zuletzt gegenseitig getötet hatten. Die Juden vollbrachten Taten von beinahe dämonischem Mut, die der Nachwelt im Kriegsbericht des jüdischen Historikers Josephus überliefert sind. Viele überlebende Juden wurden im Triumphzug des Titus als Sklaven gezeigt, in entlegene Teile des Imperiums verbannt oder zu Hunderten im römischen Zirkus bei Tierkämpfen geopfert.

Wohl hatte das jüdische Volk einen furchtbaren Aderlaß erfahren, dennoch war seine Kraft nicht gebrochen, da Israel sich weiterhin im Bundesverhältnis mit Jahwe wußte. Im Jahre 132 erhob sich in Palästina ein enthusiastischer Messias, Simon Bar Kosiba, mit dem Beinamen *Bar Kochba,* der »Sternensohn« (nach 4. Mos. 24,17). Wieder vermochten die jüdischen Partisanen eine Weile erfolgreich gegen die Römer zu fechten und wurden erst 135 entscheidend geschlagen. Nun aber griffen die zornigen Sieger zu harten Maßnahmen: Den Juden wurde verboten, Jerusalem und das Bergland ringsum überhaupt zu betreten. Die Stadt baute man als Aelia Capitolina neu, und an der Stelle des jüdischen Nationalheiligtums errichtete man einen Jupitertempel mit einer Bildsäule *Hadrians.* Das Südtor schmückte ein steinerner Schweinskopf. Dies war als gezielte Beleidigung gedacht, denn den Juden galt das Schwein als kultisch unreines Tier. Auf Golgatha stand ein Venustempel, die traditionelle Geburtsstätte Jesu in Bethlehem deutete man durch eine Adonisstatue um. Selbst die Beschneidung wurde eine Zeitlang verboten. In einem Blutmeer endete die jüdische Geschichte. Der »Gott der Väter« schien sich von seinem Volk abgekehrt zu haben. Palästina ist zunächst ein heidnisches, dann christliches und schließlich mohammedanisches Land geworden. Der Tempelplatz in Jerusalem spiegelt dieses Geschick: Nach dem Jupitertempel Hadrians entstand dort eine christlich-byzantinische Kirche, und nach deren Zerstörung wurde der mohammedanische Felsendom errichtet, der bis heute die einstige Stätte der jüdischen Brandopfer überwölbt.

2. Das zerstreute Judentum. Die Diaspora

Längst vor dieser Katastrophe war Israel nicht mehr auf seine Nationalheimat beschränkt. Es wohnte bereits in der »Zerstreuung«; das griechische Wort dafür lautet Diaspora, das hebräische Gola oder Galut. Zuerst erhielten Babylon und Ägypten starke jüdische Bevölkerungsanteile. Die Juden Mesopotamiens waren in ihren ältesten Bestandteilen gewiß Nachkommen der einst unter Nebukadnezar verschleppten Judäer, von denen nur ein Teil von der Heimkehrerlaubnis der Perser Gebrauch gemacht hatte. Für Ägypten haben Papyrusfunde gezeigt, daß dort bereits zu persischer Zeit – Ende des 5. Jahrhunderts – jüdische Militärkolonien vorhanden waren. Seit der Diadochenzeit breiteten sich die Juden außerdem nach Zypern, Griechenland und weiteren Ländern Kleinasiens aus. Im Abendland erschienen sie, seit *Pompejus* eine größere Anzahl Juden als kriegsgefangene Sklaven nach Rom brachte (vgl. Karte S. 179). Eine wichtige Liste der jüdischen Diaspora zur Apostelzeit bietet der Völkerkatalog von Apg. 2,9ff., außerdem fand *Paulus* auf seinen Missionsreisen in Asien und Europa überall jüdische Gemeinden und Synagogen vor. Man hat die Zahl der Juden für die Zeit des Tiberius (14–37) im Imperium auf etwa 4 1/2 Mill. geschätzt, wobei die jenseits des Euphrat wohnenden Juden nicht berücksichtigt sind. Da nun die Gesamtbevölkerung des Römischen Reiches für die gleiche Zeit etwa 55 bis 60 Mill. betrug, so machten die Juden damals den 12. bis 15. Teil (7–8 Prozent) der Bevölkerung aus. Vermutlich sind aber die Proselyten einzurechnen. Von der genannten Zahl hat der größte Teil in der Zerstreuung gelebt. Palästina selbst dürfte nicht einmal eine volle Million Juden gezählt haben.

An dieser Stelle soll die jüdische Mission kurz betrachtet werden. Von seinem Bundesverständnis her hat das alte Israel kaum missionarische Kräfte entfalten können, weil ihm durch seine *Existenz* die Bezeugung des geoffenbarten universalen Gottes aufgegeben war, nicht aber die religiöse Sammlung der Völker. Trotzdem hat es dann und wann Proselyten, d. h. Neubekehrte gegeben, die als Nichtjuden Aufnahme in das Bundesvolk begehrten. Von dem bloß »Gottesfürchtigen«, der bedingte Teilhaberschaft an den geistlichen Kräften Israels wünschte, unterschied sich ein »frommer Proselyt«, der hebräisch ger zedek genannt wurde. Durch Beschneidung und Taufbad wurde er in den Bund voll aufgenommen und erhielt einen jüdischen Namen. Allerdings sollte der Fremde, der in nachbiblischer Zeit Jude zu werden wünschte, gemäß talmudischer Ordnung abgewiesen werden unter dem Hinweis, ob er nicht wisse, daß er in eine Leidensgemeinschaft einzutreten sich anschicke. Wenn er in seinem Wunsch dennoch beständig blieb, so durfte man ihn aufnehmen. [75, 346] Im ausgehenden Altertum haben Sittenstrenge und Offenbarungsgehalt der mosaischen Religion nicht selten ernsthaft suchende Menschen angezogen. Nach dem Sieg des Christentums wurde aber jegliche missionarische Betätigung der Juden, die, wie oben gezeigt, ohnehin kaum vorlag, mit schärfsten Strafen geahndet. Um so betroffener war die abendländische Welt, als im Mittelalter gelegentlich Christen aus Überzeugung zum Judentum übertraten, so etwa Bodo, der Beichtvater Ludwigs des Frommen. Sie endeten meistens auf Scheiterhaufen.

Ein Beispiel für die Konversion eines ganzen Volkes zum Judentum bieten die *Chasaren.* Sie waren mongolischer Herkunft und bildeten seit dem 4. Jahrhundert in Südrußland zwischen Kaukasus, Wolga und Don einen unabhängigen Staat. Mehrere Jahrhunderte lang war er einer der bedeutendsten im Norden des byzantinischen Reiches. Der herrschende König Bulan wurde zu Beginn des 8. Jahrhunderts Jude. Viele Mitglieder des Adels folgten seinem Beispiel. Man errichtete Synagogen, lud ausländische Rabbiner ein, und so wurden langsam auch breitere Schichten des Volkes für die mosaische Lehre gewonnen. Damit ist ein religionsgeschichtlicher Prozeß überhaupt bezeichnet: Die primitiven heidnischen Kulte verlieren gegenüber der geistigen Spannweite der Offenbarungsreligionen ihre Kraft und lösen sich auf. Charakteristisch für die religiöse Toleranz des Judentums aber war, daß man Andersgläubige im Chasarenvolk nicht zum Übertritt nötigte. Während seiner Hochblüte wurde der Chasarenstaat im wesentlichen als ein jüdischer angesehen. In dieser Periode wurden die Chasaren sogar von den unduldsamen Byzantinern mit Respekt behandelt. Der byzantinische Kaiser heiratete eine Chasarenprinzessin, und ihr Sohn bestieg den Thron des oströmischen Reiches. Seit dem 10. Jahrhundert begannen die russischen Stämme die Chasarenherrschaft abzuschütteln. Ein Rest des Staates behauptete sich noch eine Weile auf der Krim. Es gibt Anzeichen, daß er vielleicht noch zweihundert Jahre weiterexistierte. »Die mongolischen Züge, die man bis zum heutigen Tage bei den Juden Osteuropas konstatieren kann, bilden aller Wahrscheinlichkeit nach ein Erbstück jenes Volkes, das vor zehn Jahrhunderten zum jüdischen Glauben übertrat.« [70, 339] Einen literarischen Niederschlag fand die Epoche im philosophischen Werk des *Juda Halevi* (12. Jh.): Ein jüdischer Gelehrter beweist dialogisch dem Chasarenherrscher die Überlegenheit des Judentums gegenüber anderen Religionen [75, 87ff.).

Man muß sich fragen, wie es überhaupt nach dem Untergang des Tempels und dem Verlust der religiösen Autonomie zu einer geschichtlichen Kontinuität für die Juden hat kommen können. Das feierliche Tempelzeremoniell war beendet, und Tieropfer außerhalb des Zentralheiligtums darzubringen war seit der josianischen Kultreform (622 v. Chr.) untersagt. Die Ehrfurcht vor dem Tempel ging nun auf die *Synagoge* über, die seit der Rückkehr aus dem Exil in jeder Ortschaft zu finden war. Wichtiger aber war noch die Frage, wer hinfort die geistig-geistliche Führung des Volkes übernehmen sollte, nachdem Priesterämter in der Zerstreuung entbehrlich geworden waren. Damals traten Männer auf, die schon vor der jüdischen Katastrophe großes Ansehen im Volke als Sachverständige in Religionsfragen genossen, die *Rabbiner.* Nun begann die Herrschaft der Gelehrten, wie sie diesergestalt kaum in einem anderen Volke verwirklicht wurde. Auf sie ging die Autorität über, die man zuvor der Kulteinrichtung gezollt hatte. und jeder Jude konnte durch Anteil an der theologischen Gelehrsamkeit selbst Autoritätsträger werden. Die jüdische Geschichte ist voll von Beispielen, daß arme junge Leute durch unermüdliches Studium und Umgang mit der »Lehre« in die höchsten Spitzen des Rabbinats aufstiegen. Als Beispiel für viele kann *Rabbi Akiba* gelten.

Die Führungstradition der Gelehrten nach der jüdischen Katastrophe wurde gestiftet, als es einem der berühmten Gesetzeslehrer, Jochanan ben Sakkai, gelang, aus dem belagerten Jerusalem zu entweichen. Die Legende berichtet, daß ihm die Flucht in einem Sarg glückte, den seine Schüler trugen. Der siegreiche Titus gestattete ihm großmütig, sich an der Küste bei Jaffa, in der Ortschaft Jawne – Jamnia – niederzulassen. Dort begründete Jochanan ben Sakkai eine Hochschule der Thorawissenschaft und sammelte die bedeutendsten Gelehrten seiner Zeit um sich. Weite Partien des Talmud sind dort erarbeitet worden. Das Sanhedrin, vorher die höchste staatliche Institution, wurde neu gebildet; jetzt entschied nicht mehr der Reichtum, sondern die Gelehrsamkeit über eine Berufung in dieses Gremium. Die Körperschaft erlangte schließlich eine halboffizielle Stellung. Ihr Vorsitzender, der Nasi, wurde von der nichtjüdischen Welt Patriarch genannt. Etwa 350 Jahre dauerte diese Periode, bis durch die Christianisierung des Römischen Reiches diese und andere jüdische Hochschulen geschlossen und Autonomiebestrebungen zunichte gemacht wurden.

Das Judentum verlor nun seine Urheimat vollständig. Am Thorastudium hielt es jedoch fest und setzte es überall in der Welt fort. Die Juden waren wieder dem alten Israel gleich, ein wanderndes Gottesvolk des Rufes. Die Übergangszeit hatte seinen Gelehrten die Möglichkeit gegeben, für die nächsten tausend Jahre unter christlicher Herrschaft Lebens- und Denkformen zu entwerfen, mit denen die Juden überdauern konnten, bis sich ihnen dereinst das Getto öffnen sollte.

Die religiösen Diskussionen wurden in nachtalmudischer Zeit von Akademien, besonders in Babylonien, fortgesetzt. Bedeutende Stätten waren dort Sura und Pumbedita um 590 (vgl. Karte S. 179). Das Oberhaupt einer solchen Schule führte die Bezeichnung Gaon, was etwa mit Magnifizenz wiederzugeben wäre. Religionsgeschichtlich waren die Geonim (Mehrzahl von Gaon) richtungweisend für die gesamte Diaspora, und man holte ihre Entscheidungen von überall her ein. Gaon blieb bis in die Neuzeit Ehrentitel rabbinischer Autoritäten.

Das palästinensische Judentum war ein Volk von Bauern und Handwerkern mit einer dünnen gelehrten Oberschicht. Das Diaspora-Judentum dagegen bestand meistens aus Stadtbewohnern, Kauf- und Finanzleuten, neben einem beträchtlichen Teil jüdischen Proletariats. Die Gestalt des Handelsjuden hat sich im hellenistischen Altertum herausgebildet und bis in die Neuzeit erhalten. Damals wurde die ungünstige Prägung eingeleitet, die die Sozialgeschichte der Juden im christlichen Mittelalter belasten sollte.

Ein neues geistiges Zentrum des Judentums entstand in Spanien. Auch dort waren Juden bereits in römischer Zeit ansässig geworden, hatten den Untergang des weströmischen Reiches (476) überdauert und in der Völkerwanderung Verbindung zu den Westgoten, den Eroberern Spaniens, aufgenommen, die sich ihrer gern als landeskundiger Führer bedienten. Sie bewahrten die Kulturgüter der Antike und waren den Barbaren aus dem Norden weit überlegen. Von den arianischen Goten sahen sich die Juden nicht unfreundlich behandelt. Als aber König Rekkared (586–601) zum Katholizismus übertrat, änderte sich die Lage. Jetzt wurden die Juden weithin gezwungen, die Taufe anzunehmen oder schwere wirtschaftliche Einbußen zu erleiden, wenn nicht gar das Land zu verlassen. Erst die Eroberung Spaniens durch die Araber (711) brachte den Juden Befreiung und bedeutete den Beginn eines goldenen jüdischen Zeitalters und einer bemerkenswerten kulturellen Symbiose der beiden verwandten Völker. Gemeinsam legten sie die Grundlagen zu den Wissenschaften, bereiteten mit der Erschließung des Aristoteles, des »heidnischen Philosophen«, für die christliche Welt den scholastischen Denkstil vor und waren in der Baukunst nicht weniger fruchtbar. Die Gelehrtenschulen von Cordoba und Sevilla errangen die geistige Führung in der Judenheit, und besonders in der Provinz Andalusien blühte das Leben zu großem Reichtum empor. Die Juden unterhielten Handelsbeziehungen zur gesamten damals bekannten Welt. Sie bekleideten unter den arabischen Königen und Wesiren hohe Staatsämter, bedeutende Dichter und Philosophen prägten ihr Geistesleben, obwohl es auch an gelegentlichen Verfolgungen während der Epoche nicht gefehlt hat, die zumeist durch Kämpfe zwischen einzelnen rivalisierenden arabischen Herrschern ausgelöst wurden, besonders um 1200, gegen Ende der maurischen Herrschaft über Spanien. Als die christlichen Spanier die Araber als Erzfeinde aus dem Lande und zurück nach Afrika drängen konnten, versuchten die spanische Kirche und die Monarchie bald, die jüdischen Enklaven zum Glaubensübertritt zu bewegen. Der Bekehrungseifer verstärkte sich. Der spanische Katholizismus hatte von seinem jahrhundertelangen Kampf gegen den Islam einen fanatischen Zug angenommen, der ihn unduldsam gegen fremde Überzeugungen verfahren ließ. Es ist wohl nicht zufällig, daß die beiden Kampforden der Kirche, die *Dominikaner* als Träger der Inquisition und die *Jesuiten* als Träger der Gegenreformation, ihren Ausgangspunkt in Spanien hatten. Die Juden bekamen diesen Charakterzug empfindlich zu spüren, rücksichtslos wurde auf ihre Konversion hingearbeitet. Einige konnten zu *Marranen*[8] gemacht werden, die Mehrzahl aber blieb dem Glauben der Väter treu, und so kam es 1492 zum Ausweisungsedikt durch die katholischen Majestäten Ferdinand und Isabella.

Das Judentum hat diesen Schlag als ungeheuer schwer empfunden und ihn gelegentlich mit dem Verlust der Nationalheimat durch die Römer verglichen. Bis 1498 durften sich die Vertriebenen noch in Portugal aufhalten, dann wurden sie auf Druck des spanischen Königshauses hin auch von dort ausgewiesen. Jetzt wandten sich viele der Verzweifelten nach Nordafrika, der Türkei und Italien. Einige zogen von Portugal aus nach dem Norden und gründeten die »Portugiesengemeinden« von Amsterdam und Hamburg (vgl. Karte S. 180). Handel und Verkehr dieser Städte belebten sie durch die weltweiten jüdischen Verbindungen. Daß sich das Welthandelszentrum von Südeuropa nach dem Norden verlagerte und damit die Völker des Nordens die Weltherrschaft antraten, mochte nicht zuletzt Folge des Substanzverlustes sein, den die iberische Halbinsel durch ihre »Endlösung der Judenfrage« erfuhr. [80]

Man bezeichnete die spanische Gruppe der Judenheit als *Sefardim.* Das Wort stammt von einer biblischen Länderbezeichnung (Obadja 20) und wurde später mit Spanien identifiziert. Man versteht unter den Sefardim das westliche Judentum, sofern es seinen exilischen Ausgangspunkt von der iberischen Halbinsel genommen hat. Ihm stehen gegenüber die *Aschkenasim* (1. Mos. 10,3) als östliche Gruppe mit ihrem Ausgangspunkt Deutschland. Von dort aus haben sie sich besonders in Polen, Rußland und auf dem Balkan angesiedelt. Bis zum Faschismus gehörten ungefähr 80 Prozent aller Juden zu den Aschkenasim. In anthropologischer Hinsicht unterscheiden sich die aschkenasischen Juden von den westlichen Stammesverwandten durch eine hohe Anzahl hellfarbiger, blonder und blauäugiger Menschen. Dagegen stellen die Sefardim einen stärker orientalischen, dunkelhäutigen Typus dar. Die jahrhundertelange Lebensgemeinschaft der Sefardim mit den Arabern, der Aschkenasim mit germanischen und slawischen Volksgruppen mag diese Angleichung gefördert haben. Auch sprachlich unterscheiden sich die beiden Gruppen. Die Aschkenasim entwickelten das *Jiddische,* die Sefardim das *Spaniolische,* dessen Betonungsgesetze als Grundlage des wiedererweckten Hebräisch (Iwrit) im neuen Staat Israel gewählt wurden (vgl. S. 116f.).

Kapitel II
Religion und Lebensformen des Judentums

1. Die Heilige Schrift und der Talmud

Die jüdische Bibel, christlich gesehen: das Alte Testament, wird in drei Abteilungen mit 24 Büchern geordnet. Diese gliedern sich folgendermaßen: *1. Abteilung:* Die Thora; das hebräische Wort ist mit Gesetz oder Weisung wiederzugeben. Sie enthält die 5 Bücher Mose, griechisch den Pentateuch, das »Fünfbuch«. Im Hebräischen werden diese Bücher nach ihren Anfangswörtern benannt, die griechisch-christliche Bibeltradition benennt nach ihrer inhaltlichen Bestimmung. In der folgenden Tabelle werden die entsprechenden Bezeichnungen einander gegenübergestellt:

	hebr. Bezeichnung	deutsche Übersetzung	griech. Bezeichnung	deutsche Übersetzung
1. Buch Mose	Bereschit	Am Anfang (schuf) . . .	Genesis	Ursprung
2. Buch Mose	Schemot	(Dies sind) die Namen . . .	Exodus	Auszug
3. Buch Mose	Wajikra	Und es rief (Jahwe) . . .	Leviticus	Priesterliches Gesetz
4. Buch Mose	Bemidbar	(Und es redete Jahwe) in der Wüste . . .	Numeri	Zählung
5. Buch Mose	Debarim	(Dies sind) die Worte . . .	Deuteronomium	Zweites Gesetz

2. Abteilung: Die prophetischen Bücher (hebräisch: Nebiim). Darin sind enthalten: (a) die Bücher Josua, Richter, Samuel, Könige. Diese werden auch Bücher der früheren Propheten genannt, denn nach jüdischer Tradition sind sie von Propheten verfaßt; (b) die vier Bücher der eigentlichen oder späteren Propheten, als diese gelten Jesaja, Jeremia, Ezechiel sowie die zwölf kleinen Propheten.
3. Abteilung: Die übrigen Schriften (hebräisch: Ketubim). Es sind (a) die drei poetischen Schriften, nämlich Psalmen, Sprüche, Hiob; (b) die fünf

Rollen (Megillot): Hoheslied, Ruth, Klagelieder, Prediger, Esther; (c) die drei geschichtlichen Schriften: Daniel, Esra und Nehemia.

Die *Septuaginta*[9] und der Talmud bieten ein anderes Einteilungsprinzip, aber das hier dargelegte ist in fast allen jüdischen Bibelausgaben üblich. Die fünf »Rollen« haben die Reihenfolge der Feste, an denen sie in der Synagoge gelesen werden. Den Schwerpunkt der Bibel bildet die Thora, die ursprünglich allein Heilige Schrift war. Die übrigen Teile haben eine spätere Entstehungszeit und sind im Laufe einer langen Überlieferungsgeschichte hinzugerechnet worden. Das wird an einer Spaltung deutlich: Als um 400 v. Chr. infolge der jüdischen Selbstbesinnung nach dem babylonischen Exil die Samaritaner endgültig von der Jerusalemer Tradition ausgeschlossen wurden und ihren eigenen Tempel auf dem Garizim errichteten, besaßen sie lediglich die Thora. Diese noch heute bestehende jüdische Sekte kennt und verwendet auch bei gegenwärtigen Kulthandlungen nur die Thora.

Nach orthodoxer Tradition ist die Thora dem Mose von Gott unmittelbar geoffenbart, gewissermaßen diktiert worden, die übrigen Verfasser seien vom Geiste Gottes erfüllt gewesen. Gewiß werden in der jüdischen Theologie die Forschungen der historisch-kritischen Bibelwissenschaft anerkannt. Aber für den gläubigen Juden hat diese kaum Bedeutung. Aus der Thora sind dem zerstreuten Volke die Kräfte der Beharrung zugewachsen. Die Thorarolle wurde darum als heiligste Reliquie des Judentums in jeder Synagoge ehrfürchtig in kostbaren Schreinen aufbewahrt. Die biblische Weisung bedurfte allerdings erneuter Auslegung, als Jahrhunderte seit ihrer Entstehung vergangen waren und das jüdische Leben sich in der Fremde wandeln mußte. Diese Denkarbeit haben die *Rabbiner*[10] geleistet und im Talmud niedergelegt. Es ging darum, dem Wort der Heiligen Schrift Elastizität zu verleihen, um in der veränderten politischen und sozialen Situation nicht ohne geistliches Geleit zu sein. Das biblische Wort sollte durch eine zeitgemäße Auslegung in seiner grundsätzlichen und unaufhörlichen Gültigkeit jeweils neu gewonnen werden.

Der *Talmud* (»Das Lernen«)[11] ist ein gewaltiges Sammelwerk, dessen Ursprünge in Palästina und Babylon liegen. Er enthält einmal die *Mischna* (das »wiederholt Gelernte«) und zum anderen die Gelehrtendiskussionen über diese Mischna, also gewissenmaßen geistliche Protokolle, die sog. *Gemara* (»Lernstoff«, »Vervollständigung«). Die Mischna umfaßt eine von Rabbi Jehuda hanassi (»Fürst«, gestorben um 200 n. Chr., Patriarch in Galiläa) veranstaltete Sammlung von Lehrsätzen des mündlich überlieferten Gesetzes. Zwar gab es schon vor ihm Mischna, vermutlich bereits zur Zeit Jesu. Aber es bestand die Gefahr, daß durch verschiedene Interpretation der Thora die geistliche Einheit des Judentums bedroht wurde. Um dieser Gefahr zu begegnen, verfaßte Rabbi Jehuda unter Benutzung aller vorhandenen Sammlungen seine Mischna. Er wollte damit in religiösen und gesetzlichen Fragen eine Norm bieten. Indem er die verschiedenen Meinungen der Thoralehrer jeweils zitierte, gegeneinander abgrenzte und sie seiner Meinung gegenüberstellte, schuf er ein unentbehrliches Kompendium, das bald die vorläufigen Sammlungen verdrängte. Er hat das religionsgesetzliche Material gesichtet und zum System von sechs Ordnungen zusammengestellt, die das Gerüst der Mischna bilden.

Die Titel der Mischna-Ordnungen (Seradim) lauten:

1. Seraim = Gesetze über Grund und Boden
2. Moed = Über die Feste
3. Naschim = Ehegesetze
4. Nesikin = Über Zivil- und Strafrecht
5. Kodaschin = Über Tempelkult und Speisegesetze
6. Taharot = Über levitische Unreinheit

Jede »Ordnung« (Seder) besteht aus 7–12 Traktaten, die Traktate zerfallen wieder in Kapitel, die Kapitel in Paragraphen oder Lehrsätze. Die einzelnen Kapitel sind nach ihren Anfangswörtern benannt, wie auch die Bücher der Thora (und päpstliche Enzykliken). Die in der Mischna erwähnten Lehrer werden Tannaim (die »Lernenden«) genannt. Der zweite Bestandteil des Talmud, die *Gemara,* umfaßt die erläuternden und kritischen Erörterungen über die Mischna, wie sie in den Lehrhäusern Palästinas und Babylons stattgefunden haben. Die theologischen Protokolle schließen aber auch allerlei anderes ein, das in den Diskussionen vorgebracht wurde. Sie können einen Eindruck vermitteln, wie Gesetzeslehrer Meinungen ausgetauscht, einander belehrt, verbessert und widerlegt haben. So spiegelt sich auch die Skala des Ansehens in diesem religionsgeschichtlich einzigartigen Dokument. Die verschiedenartigsten Probleme gerieten ins Gespräch und wurden beurkundet: Geschichtliches und Anekdotisches, Wunderberichte, Legenden, Parabeln, Sprichwörter; daneben astronomische, geographische und naturwissenschaftliche Mitteilungen, mathematische Lehrsätze und medizinische Ratschläge. Die gewaltigen Stoffmassen sind unübersichtlich, so daß man bei fortlaufender Lektüre nur mühsam vorankommt.

Entsprechend den beiden Zentren, in denen nach Abschluß der Mischnaredaktion jüdische Gelehrsamkeit gepflegt wurde, gibt es einen palästinensischen und einen babylonischen Talmud (»Jeruschalmi« und »Babli«). Der babylonische Talmud hat etwa den dreifachen Umfang des palästinensischen. Der Grund dafür dürfte in der Tatsache liegen, daß der babylonische Talmud ein Jahrhundert nach dem palästinensischen abgeschlossen wurde und somit Zeit zur Verfügung stand, das überlieferte Material zu erweitern und zu vertiefen. Darum hat auch der babylonische Talmud die größere Verbreitung gefunden. Etwa ein Jahrtausend lang hat man an dem

Werk gearbeitet. Seine ältesten Bestandteile gehen ins 6. Jhrdt. v. Chr. zurück, die abschließende Redaktion erfolgte im 5. nachchristlichen Jahrhundert.

2. Die religiöse Lehre des Judentums

Der Vielgötterei seiner Umwelt gegenüber hat sich Israel stets durch klaren Monotheismus ausgezeichnet. Der Gott, den das Alte Testament bezeugt, gilt als der Ewige und Heilige, der in grundloser Liebe seine Schöpfung ins Leben ruft und erhält. Allerdings hat dieses Gottesbild Wandlungen erfahren. Die Idee des jüdischen Volksgottes Jahwe, der zunächst nicht als sittliche Größe aufgefaßt wurde, ethisierte sich mit Amos und Hosea (um 750 v. Chr.). Bei Jesaja und Jeremia wurde er zum Gewissens- und Weltgott und schließlich zum Lenker der Völkerschicksale und Menschheitsgeschichte, in welcher das Gottesreich auf Erden sich vollenden sollte. Eine solche Gottheit forderte vom Menschen die Einheit des religiösen Bewußtseins. Wenn Gott als der »eifersüchtige« (2. Mos. 20,5) geschildert wird, so entspricht dem auf menschlicher Seite eine religiöse Leidenschaft, wie sie besonders bei den Propheten wirksam wurde: Es konnte keine Duldsamkeit gegenüber heidnischen Kulten geben. Wenn Gott allwissend, allmächtig und allgegenwärtig war, mußte der Mensch demgegenüber seine absolute Abhängigkeit empfinden und zum unsichtbaren Gott aufblicken. Ihm war nicht gestattet, ein Gottesbild anzufertigen oder den Namen des Heiligen auszusprechen. Das Gesetz und die prophetische Offenbarung forderten den Dienst in Verbindung von Religion und Sittlichkeit. Ursprünglich meinte man, daß schon im diesseitigen Leben die Guten belohnt und die Bösen bestraft würden. Doch die Erfahrung lehrte, daß die Rechnung nicht überall aufging. Oft sah man die Gottlosen in Wohlstand und die Gerechten in Armut und Verfolgung (vgl. z. B. Ps. 94). Dieser Widerspruch von Glauben und Wirklichkeit führte zu Versuchen einer Rechtfertigung Gottes (Theodizee), wie sie sich bei den Propheten und in einigen Psalmen abzeichnen, im Buche Hiob aber ein Weltbild entstehen lassen. Aus dieser Diskrepanz sind die Jenseitsvorstellungen des Judentums – Jüngstes Gericht und Vergeltung – erwachsen.

Die Gottesauffassung hat sich mit dem *Messias*gedanken angereichert. Messias (Maschiach) bedeutet »Gesalbter« und heißt im Griechischen »christos«. Jener Name galt ursprünglich den Königen Israels, aber auch dem Hohenpriester. Schließlich wurde sogar der persische König Kyros als Gesalbter Gottes bezeichnet (Jes. 45,1), weil er für das nach Babylon verbannte Volk die Freiheit brachte. In diesen Fällen war also ein von Gott eingesetzter Herrscher gemeint. Aber in altprophetischer Zeit bereits entstand eine andere Auffassung: die Erwartung einer einmaligen geschichtlichen Gestalt, eines Idealkönigs aus Davids Haus. Es wuchs der Glaube, daß eine Zeit völkischer Größe die Fremdherrschaft ablösen würde. Im Zuge der Universalisierung der biblischen Religion entstand daraus eine Menschheitssehnsucht. So sollte nach der Weissagung des Jesaja (11,1–10) beim Erscheinen des Messias eine kosmische Wandlung einsetzen: Tier- und Menschenfriede bei der Wiederkehr des paradiesischen Urzustandes.

Die Bitte um baldiges Erscheinen des Messias ist in das tägliche Gebet eingegangen, also zu einem Eckpfeiler jüdischen Glaubens geworden. Im Reformjudentum ist zum Teil der Glaube an einen persönlichen Messias geschwunden und eine *Idee* an seine Stelle getreten: die Hoffnung auf sittlichen Fortschritt der Menschheit und den Sieg universaler Gerechtigkeit. Andererseits ist durch die schweren Bedrückungen des Judentums die messianische Erwartung zeitweise fieberhaft gesteigert und immer wieder durch einen *Pseudomessias*[12] enttäuscht worden.

Das Judentum glaubt an die *Auferstehung* der Toten, die jedoch nur den Frommen zuteil werden soll. Dadurch ist auch die Bereitschaft zum Martyrium gefördert worden. Der Auferstehungsglaube darf nicht verwechselt werden mit der Auffassung von der Unsterblichkeit der Seele; diese ist vielmehr griechischen Ursprungs und bezieht sich bewußt nicht auf die Leiblichkeit. Der Auferstehungsglaube ist in die zweite Bitte des »Achtzehngebetes« (Schemone essre) eingegangen: »Gelobt seiest Du, Ewiger, der Du die Toten belebest.« Liberale jüdische Theologie der Neuzeit ließ dagegen den Unsterblichkeitsgedanken vorherrschen.

In der Frage der *Sünde* scheidet man sich grundsätzlich vom Christentum. Nach christlicher Lehre sind durch den Ungehorsam Adams *alle* Menschen ins Verderben gerissen und stehen unter dem Fluch der Erbsünde, wobei die katholische und die evangelische Konfession zwar die Akzente verschieden setzen, im Grunde aber gleich argumentieren. Auf dem Glaubenssatz von der Erbsünde steht das Erlösungswerk Jesu Christi; entfiele der Glaubenssatz, so wäre Jesu Werk im ursprünglichen Wortsinne nicht notwendig. Demgegenüber lehnt das Judentum den Gedanken einer schicksalsmäßigen Erbsünde ab und spricht dem Menschen die Fähigkeit zu, das Gute zu tun. Zwar rechnet es durchaus mit der Versuchbarkeit, meint aber, daß jedem die Möglichkeit gegeben sei, sich rein zu halten und der Sünde aus *eigener* Kraft auszuweichen. Jeder Neugeborene ist unbefleckt rein. Es gibt einen guten und einen bösen Trieb im Menschen, der böse Trieb aber hat keinen Vorrang, sondern steht polar zum guten. Die Auseinandersetzung wird in das Innere verlegt und dem einzelnen die volle Entscheidungsfreiheit zugebilligt. Man betont mit Nachdruck die sittliche Selbständigkeit. So lehnt das Judentum den »Mittlergedanken und die Erlösung, sofern sie als Erlösung von der Sünde und nicht als die von dem

Elend politischer Vergewaltigung und unsozialer Menschheitsschichtung aufgefaßt wird, ab«. [41, II, 459]

Die von *Maimonides* (gest. 1204) aufgestellten und in viele Gebetbücher aufgenommenen 13 Glaubenswahrheiten sind der berühmteste Versuch einer Zusammenfassung des jüdischen Glaubens; sie blieben aber umstritten. Es folgt hier eine spätere Formulierung dessen, was Maimonides in seinem Kommentar zur Mischna geschrieben hat:

1. Ich glaube mit voller Überzeugung, daß der Schöpfer – gelobt sei sein Name – alle Geschöpfe erschaffen hat und lenkt und daß er allein alle Werke vollbracht hat, vollbringt und vollbringen wird.

2. Ich glaube mit voller Überzeugung, daß der Schöpfer – gelobt sei sein Name – einzig ist und keine Einheit der seinen in irgendeiner Beziehung gleicht und daß er allein unser Gott war, ist und sein wird.

3. Ich glaube mit voller Überzeugung, daß der Schöpfer – gelobt sei sein Name – kein Körper ist und Körperliches ihm nicht anhaftet und daß er seinesgleichen nicht hat.

4. Ich glaube mit voller Überzeugung, daß der Schöpfer – gelobt sei sein Name – Der Erste ist und der Letzte sein wird.

5. Ich glaube mit voller Überzeugung, daß der Schöpfer – gelobt sei sein Name – allein Anbetung verdient und daß es sich nicht gebührt, ein Wesen außer ihm anzubeten.

6. Ich glaube mit voller Überzeugung, daß alle Worte der Propheten wahr sind.

7. Ich glaube mit voller Überzeugung, daß das Prophetentum unseres Lehrers Mose wahr ist und daß er der Meister aller Propheten war, die vor ihm waren und nach ihm kamen.

8. Ich glaube mit voller Überzeugung, daß die ganze Thora, wie wir sie jetzt besitzen, unserem Lehrer Mose – Friede sei mit ihm – gegeben wurde.

9. Ich glaube mit voller Überzeugung, daß diese Thora nie vertauscht werden und daß keine andere vom Schöpfer – gelobt sei sein Name – ausgehen wird.

10. Ich glaube mit voller Überzeugung, daß der Schöpfer – gelobt sei sein Name – alle Handlungen der Menschen und alle ihre Gedanken kennt; denn so heißt es: »Er, der ihre Herzen allesamt gebildet hat, versteht auch all ihr Tun.«

11. Ich glaube mit voller Überzeugung, daß der Schöpfer – gelobt sei sein Name – Gutes erweist denen, die seine Gebote beachten, und diejenigen bestraft, die seine Gebote übertreten.

12. Ich glaube mit voller Überzeugung an das Erscheinen des Messias, und wenn er auch säumt, so harre ich trotzdem täglich seiner Ankuft.

13. Ich glaube mit voller Überzeugung, daß eine Auferstehung der Toten zu der Zeit stattfinden wird, die dem Schöpfer wohlgefallen wird. Gelobt

sei sein Name und gespriesen sei sein Andenken für immer und in alle Ewigkeit! [75, 83f.]

Schon mit der Zerstörung des ersten Tempels durch Nebukadnezar im Jahre 586 v. Chr. und dem zeitweiligen Abbruch kultischen Gottesdienstes ist das *Gebet* für Israel zunehmend wichtiger geworden; die folgenden Katastrophen haben diese Entwicklung vorangetrieben. Seit Jeremia hatte sich zudem ein individuelles Verhältnis des Frommen zu seinem Gott herausgebildet. Frühzeitig betete man dreimal täglich (Dan. 6,11; Ps. 55,18), nach Jerusalem bzw. dem Tempel gewendet, im eigenen Hause: morgens, mittags und abends; an Fest- und Feiertagen noch zusätzlich zu anderen Zeiten. Im synagogalen Gottesdienst hielt man gemeinsame Gebete z. T. Responsorien. Wichtig sind das »Achtzehngebet« (schemone essre), das Gebet für Verstorbene (Kaddisch), das Gelübdegebet (Kol nidre) und das Bekenntnisgebet (Schema Jisrael). Dieses lautet (5. Mos. 6,4–9): Höre Israel, der Herr unser Gott ist ein einziger Gott! Und du sollst den Herrn, deinen Gott lieben von ganzem Herzen, von ganzer Seele, von allem Vermögen! Und diese Worte, die ich dir heute gebiete, sollst du dir zu Herzen nehmen und sollst sie deinen Kindern einschärfen und davon reden, wenn du in deinem Hause sitzest oder auf dem Wege gehst, wenn du dich niederlegst oder aufstehst, und sollst sie binden zum Zeichen auf deine Hand, und sie sollen dir ein Denkmal vor deinen Augen sein, und du sollst sie über deines Hauses Pforten schreiben und an die Tore. – Es wird als Credo täglich im Morgen- und Abendgottesdienst gelesen und ist das letzte, was der fromme Jude in seiner Todesstunde sagt oder was ihm vorgesprochen wird[13]. Zugleich ist es die kürzeste Summe der jüdischen Glaubenslehre und hat in Verfolgungszeiten die Leidenden gesammelt.

Aus diesem Gebet sind die *Gebetsriemen* (Tefillin) abgeleitet worden. Die wörtliche Befolgung der wohl nur im übertragenen Sinn gemeinten Stelle (5. Mos. 6,8) hat zur Anfertigung von Riemen geführt, an denen lederne Kapseln oder Gehäuse befestigt sind. Darin befinden sich, auf Pergamentröllchen geschrieben und als »Denkzettel« verstanden, die vier Thoraabschnitte: 5. Mos. 6, 4–9 (Unbegrenzte Liebe zu Gott); 11, 13–21 (Vergeltung); 2 Mos. 13, 1–10; 13, 11–16 (Erinnerung an die Befreiung Israels aus Ägypten). Eigentlich sollten die Gebetsriemen ständig getragen werden, jetzt ist es aber zumeist üblich, sie nur beim Morgengebet am linken Arm gegenüber dem Herzen und an der Stirn zu befestigen.

Als eine Art beständiger Gebetsermahnungen können die kleinen Metall- und Holzhülsen gelten (Mesua, Mehrzahl Mesusoth), in denen sich, auf Pergament geschrieben, die genannten Bibelzitate ebenfalls finden. Diese Mesusoth werden am rechten Türrahmen etwa in Augenhöhe befestigt. Beim Morgengebet legt man den *Gebetsmantel,* Tallit genannt, um, ein großes, weißes, quadratisches Tuch mit schwarzen oder blauen Randstreifen und je einer Quaste an den Ecken. Außerdem trägt mancher unter der Kleidung noch einen kleinen Tallit (arba kanfot): Besondere Kräfte der Heiligung sollen dadurch in den Träger strömen. Auch Tote werden in den Tallit gebettet, doch reißt man eine der Quasten vorher ab. Das Verhüllungsgebot gilt für den gesamten Gottesdienst; man darf mit unbedecktem Kopf nicht daran teilnehmen. Das Brauchtum der Juden ist angesichts ihrer weltweiten Zerstreuung außerordentlich differenziert. Eine oberste jüdische Kultusbehörde, die in rituellen Fragen auch für die Diaspora sprechen könnte, gibt es bisher nicht. Daher lassen sich die einzelnen Bräuche nur bedingt pauschalieren.

3. Der Festkalender

Der jüdische Festkalender hat seinen Mittelpunkt im Sabbat, denn Gott ruhte nach dem sechstägigen Schöpfungswerk am siebenten Tag und heiligte ihn daher für immer. Man kann behaupten, daß die Menschheit den periodischen Ruhetag jeder Woche dem Volke Israel verdankt, obwohl er eine Vorprägung im babylonischen Kulturkreis besitzt. Am Sabbat darf sich der fromme Jude seinem Gott besonders nahe fühlen, darum muß der Feiertag entsprechend vorbereitet werden. Zunächst wird die Wohnung am Vortage (Rüsttag, Erew) gründlich gesäubert und festlich hergerichtet. Das zur Feier und zu den Mahlzeiten Erforderliche darf wegen des Arbeitsverbots am Sabbat nicht gekocht werden, sondern wird vom Rüsttage her warmgestellt. Am Nachmittag des Rüsttages (Freitag) badet man und zieht die Sabbatkleidung an. Die Hausfrau legt zwei Weißbrote auf den frisch gedeckten Familientisch und verhüllt sie mit einer bestickten Decke, stellt Wein, einen (silbernen) Becher und die Sabbatlichter dazu, die unter Segensspruch feierlich entzündet werden, während der Familienvater in die Synagoge geht. Bei seiner Rückkehr grüßt er die Familie mit »Gut Schabbes« und segnet mit Handauflegen die Kinder. Er nimmt die Sabbatweihe im Hause vor, indem er über einen Becher Wein den Segen (Kiddusch) spricht. Dann beginnt das festliche Familienmahl. Das alles geschieht am Freitagabend, da nach jüdischer Auffassung der neue Tag mit Sonnenuntergang des alten beginnt (1. Mos. 1, 5: »aus Abend und Morgen« wird der erste Tag). Am Sabbat selbst finden Gottesdienste in der Synagoge statt, man besucht einander, tröstet Kranke und Leidtragende und beschäftigt sich mit der Weisung Gottes. Beim Beginn der Dämmerung am Sonnabend ist der Sabbat beendet. Nach dem Abendgebet im Gotteshaus betritt man die Wohnung mit dem Segenswunsch »Gut Woch«.

Am Sabbat ist alle *Arbeit* verboten; früher erstreckte sich diese Anweisung selbst auf das Lichtanzünden. Das Sabbatgesetz besitzt einen gesamtkreatürlichen Zug, denn nicht nur den Angehörigen des eigenen Volkes, auch den Fremdarbeitern, sogar dem Haustier ist jegliche Arbeit an diesem Tage untersagt (2. Mos. 20, 10). Der Weg, den man am Sabbat zurücklegen darf, ist begrenzt. Er endet 2000 Ellen (etwa 1000 m) jenseits der Peripherie des Wohnorts. Soll der Weg darüber hinausführen, so muß man vor der bezeichneten Grenze eine weitere »Niederlassung« schaffen, von der aus jene Entfernung neuerdings gilt. Zu diesem Zweck legt man selbst oder ein Beauftragter etwas Speise nieder, wodurch die neue Wohnstätte markiert wird. Die Veranlassung hierzu muß aber in einer religiösen Verpflichtung (Mizwa) liegen, z. B. wenn man zur Synagoge, zu einer Beschneidung oder dergleichen geht. Der Ursprung der Wegbeschränkung wird auf 2. Mos. 16,29 zurückgeführt. Allerdings darf der »Sabbatweg« nicht mißverstanden werden: Innerhalb einer Stadt, wie groß sie auch sein mag, ist es am Sabbat erlaubt, so weit zu gehen, wie man will. Die genannten 2000 Ellen gelten von der Stadtgrenze an.

Die israelitischen Jahresfeste fallen alle in die Zeit vom 1. bis 7. Monat; es gibt eine festliche und eine festlose Häfte des kultischen Jahres, wie bei den Christen. Im Laufe der Jahrhunderte haben sich Zahl und Art der Feste verändert. Mit der Landnahme der Israeliten unter Josua erhielten sie neben dem geschichtlichen auch einen landwirtschaftlichen Charakter, was sich aus dem Seßhaftwerden des früheren Nomadenvolkes erklärt. Drei Einschnitte der Besinnung bot das landwirtschaftlich orientierte Palästina; das Frühjahr vor Beginn der Ernte, den Sommer nach Abschluß der Ernte und den Herbst mit der Beendigung der Obst- und Weinlese (2. Mos. 23, 14, 17; 5. Mos. 16, 16). Dabei brachte man Erntegaben zum Heiligtum, die man dort verzehrte. Obwohl nur die Männer zu diesen sakramentalen Begehungen verpflichtet waren, wurde daraus meist ein Familienfest (vgl. 1. Sam. 1). Mittelpunkt aller Feste waren die Opfer, die in vielfältiger Gestalt ursprünglich vom Familienvater, später von den Priestern am Jerusalemer Tempel vollzogen wurden. Einzelne Feste sollen kurz dargestellt werden. Der Leser wird erkennen, daß der jüdische Festkalender nicht willkürlich, sondern ursprünglich auf Naturverhältnisse bezogen ist:

a) Neujahrsfest (Rosch Haschana)

Es wird am Herbstbeginn gefeiert. Man muß sich klarmachen, daß das herbstliche Palästina den Eindruck des sich erneuernden Lebens hervorruft, wenn die durch monatelange Hitze verstaubte Erde den Regen empfängt.

Rosch Haschana eröffnete die »Zehn Bußtage«, die mit dem Versöhnungstag schließen. Am Neujahrstag gedenkt Gott der Schöpfung und bestimmt die Lose der Menschen. Er hält Gericht, und darum wird jedermann zur Buße gerufen, was durch das *Schofar-Horn*[14] geschieht. Neujahr soll der Andacht gewidmet sein. Man beglückwünscht sich gegenseitig mit der

Grußformel: »Zu einem guten Jahr mögest Du eingeschrieben werden!« Nach jüdischer Vorstellung werden die Namen der Guten ins Lebensbuch geschrieben, die der Bösen daraus getilgt.

b) Laubhütten (Sukkot)

Dieses Fest feierte man Anfang Oktober »um die Wende des Jahres« (2. Mos. 23, 16 und 34, 22), »wenn du Tenne und Kelter eingeführt hast« (5. Mos. 16, 13). Der Name des Festes rührt von dem gebotenen siebentägigen Wohnen in Hütten, die man aus Palmwedeln und dichtbelaubten Baumzweigen flocht. Im neuen Staat Israel sieht man zur Festzeit die Laubhütten oft auf den Balkonen der Wohnungen errichtet. Dieses Brauchtum will an die Wüstenwanderung und an die gnädige Hilfe und Bewahrung erinnern, die Israel erfuhr, als es beim Auszug aus Ägypten in Zelten wohnen mußte (3. Mos. 23, 42f.). Die eingebrachte Obst- und Weinernte gab weiteren Anlaß zur Freude, Laubhütten wurde darum auch Fest der Lese genannt (2. Mos. 23, 16; 34, 22).

c) Passah (Pessach)

Die beiden ersten Abende des Festes heißen Seder-Abende, weil an ihnen ein längerer häuslicher Familiengottesdienst nach einer genau vorgezeichneten »Ordnung« (Seder) stattfindet. Am Seder-Abend steht ein voller Becher, der nicht geleert werden darf, auf der Tafel. Er soll für den in der Verkleidung eines fremden Gastes erwarteten Propheten Elia bereitstehen. Außerdem hat man an diesem Abend eigentümliche Speisen: zerstoßene Nüsse, mit Rotwein gemischt, als Hinweis auf die Tonerde, aus der die Vorfahren als Sklaven in Ägypten Ziegel brennen mußten. Salzwasser als Symbol der Tränen, bittere Kräuter als Zeichen des bitteren Loses und ein in der Glut geröstetes Knochenstück als Zeichen des Lammes, außerdem ein hartes Ei, das die Fruchtbarkeit versinnbildlichen soll. Es wird die Geschichte der Befreiung aus Ägypten verlesen, und der Familienvater reicht dabei den Tischgenossen die genannten Symbole. Nach dem Segensspruch bricht er auch das erste ungesäuerte Brot (Mazzen) und reicht jedem ein Stück, auch der Wein wird gesegnet, und jeder trinkt davon. Während der gesamten Handlung trinkt man vier Becher Wein. Passah wird zur Erinnerung an die Befreiung Israels aus Ägypten gefeiert. Die ungesäuerten Brote (Mazzot), die gegessen werden, sollen als »Brot des Elends« (5. Mos. 16,3) an die ägyptische Knechtschaft erinnern, andererseits an die Hast, mit der der Auszug vor sich ging, als die Befreiungsstunde schlug (2. Mos. 12, 39). Früher wurde noch ein besonders ausgelesenes Passah-Lamm zubereitet (2. Mos. 12, 3, 5), das mit ungesäuertem Brot und bitteren Kräutern verzehrt werden sollte. Dabei wurde die Reisekleidung angelegt (2. Mos. 12, 11; 5. Mos. 16, 3).

d) Wochenfest (Schawuot)
Man zählt sieben Wochen (49 Tage) vom Passah bis zu diesem Fest und brachte im alten Israel die Erstlinge vom Weizen zum Tempel und beging damit einen Erntedanktag (2. Mos. 34, 22). Nach rabbinischer Tradition ist es auch Fest der Gesetzesverkündigung am Sinai.

e) Der Versöhnungstag (Jom Kippur)
ist der heiligste Tag des jüdischen religiösen Jahres, der Abschluß der zehn Bußtage, die mit Rosch Haschana (s. o.) beginnen. Sein Sinn ist die Erneuerung des religiös-sittlichen Lebens durch aufrichtige Reue des einzelnen. Für das alte Israel zur Zeit des Tempels galten besondere Riten (3. Mos. 16, 23 ff.). Nur an diesem Tage durfte der Hohepriester das Allerheiligste betreten, das jedem anderen verschlossen war. Weil er sich also gewissermaßen Gott selbst näherte und die unheimlichen Kreise des Allmächtigen berührte, mußte ganz Israel als geistliche Körperschaft seinen priesterlichen Sendling mittragen. Daher galt für alle strenges Fastengebot. Jeder sollte sich besinnen und sein Gewissen prüfen. Wer nicht fastete, sollte nach biblischer Weisung mit dem Tode bestraft werden (3. Mos. 23, 29).

Drei Tiere wurden am Versöhnungstage geopfert, ein junger Stier für den Hohenpriester und zwei Böcke für die Gemeinde. Der Hohepriester besprengte mit dem Blut seines Opfertieres das Allerheiligste. Im Hofe wurde inzwischen ein Bock als Opfer der Gemeinde für Jahwe geschlachtet; auch dessen Blut trug der Hohepriester ins Allerheiligste und sprengte es auf die Kapporet, die goldene Platte als Deckel der Bundeslade, in der das Gesetz lag, und ebenso sprengte er es siebenmal vor sie hin. So wurden die heiligen Räume entsühnt. Ein weiterer Brauch am Großen Versöhnungstag bezog sich auf den »Sündenbock« (Asaselbock). Der Hohepriester sprach das Sündenbekenntnis für ganz Israel, darauf wurden in einem symbolischen Akt die Verfehlungen des Volkes auf dieses Tier übertragen, indem der Hohepriester ihm die Hände auflegte; alsdann jagte man den Bock in die Wüste, damit er alle Verschuldungen hinwegtrage (3. Mos. 16, 22). Asasel war vermutlich ein Dämon und hatte seinen Wohnsitz in der Wüste, die als Ort der Unreinheit und der Dämonen galt (Jes. 13, 21). Der Bock diente also nicht als Dämonenopfer – das wäre Götzenopfer gewesen und hätte den Bund Jahwes mit dem Auserwählten Volk aufgehoben –, sondern es war die Zuordnung des Bösen zum Bösen.

Dieses kultische Verfahren mußte enden, als Israel seinen Tempel verlor. Den Feiertag aber hielt es auch im Exil, wobei ihm der Sühnegedanke womöglich noch ernster wurde. Es ist üblich, daß nicht nur Familienangehörige vor dem Versöhnungstag einander die Verfehlungen abbitten, sondern daß man sich auch mit Gegnern auszusöhnen trachtet.[15] Zur Vorbereitung auf den Versöhnungstag pflegt man wie sonst an Festtagen den Friedhof zu besuchen und gegen Arme besonders wohltätig zu sein. Der Gottesdienst am Jom Kippur dauert ohne Unterbrechung vom Morgen bis zum Abend. Die Gemeinde verbringt den ganzen Tag klagend und bittend in der Synagoge. Man darf nichts essen; es gilt ein totales Fasten. Manche stehen im Totenkleid und unbeschuht im Gotteshaus und rufen Jahwe um Sündenvergebung an. Es ist der Tag religiöser Läuterung und Erneuerung.

f) Purim
gilt als Erinnerungsfest an die Errettung des jüdischen Volkes aus drohender Gefahr: Haman, der Günstling des Perserkönigs Ahasverus, wollte sämtliche Juden des persischen Reiches ausrotten lassen, wie das Buch Esther berichtet. Purim wird mit Freudenmahlzeiten und ausgelassenem Treiben begangen, außerdem beschenkt man einander. Bei der Festmahlzeit ist der Rausch nicht verboten, außerdem ist Purim das Fest bunter Trachten, Verkleidungen und großer Umzüge, etwa dem christlichen Karneval vergleichbar. Es ist möglich, daß der Ursprung des Festes im babylonisch-persischen Kulturkreis zu suchen ist. Israel hätte es dann während seines Exils übernommen und umgestaltet. Die beiden jüdischen Hauptfiguren Mardochai und Esther legen vielleicht einen Zusammenhang mit den babylonischen Gottheiten Marduk und Istar nahe.

g) Das Tempelweihfest (Chanukka)
dauert acht Tage und erinnert an die kultische Reinigung des Jerusalemer Gotteshauses (165 v. Chr.), das der Seleukide Antiochus geschändet hatte. Bei der Neuweihe des Tempels soll nur noch ein Krüglein von den Heiden nicht entweihten Öls gefunden worden sein, das bis zur Bereitung neuen Öls acht Tage lang auf dem goldenen Leuchter im Heiligtum brannte. Mit diesem Lichtwunder wird die achttägige Dauer von Chanukka in Zusammenhang gebracht. Täglich entzündet man ein Licht mehr auf dem achtflammigen Chanukka-Leuchter (Menora) und stellt ihn an einem von außen sichtbaren Ort auf. Während des Lichterbrennens ist die Arbeit verboten. Dies hat wohl dazu geführt, unterdessen zu spielen und Scherz zu treiben.

h) Die Fasttage
Erinnerung an die Ermordung Gedaljas (2. Kön. 25, 25 und Jer. 41, 9) soll der 3. Tischri wachhalten. Zum Gedenken an den Beginn der Belagerung Jerusalems durch Nebukadnezar (2. Kön. 25, 1) gilt der 10. Tewet. Der Fasttag Esthers ist der 13. Adar. Mose soll am 17. Tammus die Gesetzestafeln zerbrochen haben, als er die Anbetung des Goldenen Kalbes wahrnahm. Nach der Tradition soll der Tempel zweimal am 9. Aw zerstört worden sein: durch die Babylonier im Jahre 586 v. Chr., durch die Römer im Jahre 70 n. Chr. Die genannten Termine gelten als Trauer- und Fastentage.

4. Die Synagoge

Nach der Tempelzerstörung (70 n. Chr.) wurde der synagogale Gottesdienst zum einigenden Band für die über alle Welt verstreute Judenheit. Die priesterlich-hierarchische Funktion im Zentralheiligtum hatte ein Ende, die uralten verzweigten Priestersippen starben aus. Es ist eine der religionsgeschichtlich unvergleichbaren Leistungen Israels, daß es notbedingt die Kategorie des Heiligen in Form eines sakramental-gegenständlichen Opfervollzuges mit einer ungegenständlichen prophetisch-liturgischen auszuwechseln vermocht hat. Damit treten als Phasen seiner Geistesgeschichte die beiden Erscheinungsweisen des Religiösen zutage: die sakramental-priesterliche und die wortdynamisch-prophetische.

Die Synagogen waren Gemeindehäuser, soziale Zentren im weitesten Sinne des Wortes; sie dienten selbstredend auch der Gemeindeverwaltung. Leichenfeiern, politische Versammlungen und der Vollzug von Rechtsakten werden aus Synagogen berichtet. Durchreisende Fremde hatten hier eine Herberge, im antiken Alexandrien sogar einen Arbeitsnachweis, und vor allem wurden die Räume für den Unterricht verwendet. Im Mittelalter spielte sich geradezu das gesamte Gemeindeleben in der Synagoge ab. Die Regierungen der christlichen Staaten forderten daher, daß hier Ankündigungen erfolgten, welche weit in die jüdische Öffentlichkeit dringen sollten.

In der babylonischen Diaspora kam es zur Trennung der Geschlechter während des Synagogengottesdienstes, indem man verschiedene Sitzreihen für Frauen und für Männer einführte, diese später durch Gitter gegeneinander abgrenzte oder die Frauen auf die Galerie verwies. Dem Ort der Frauen wurde ein geringerer Grad von Heiligkeit zugesprochen[16]. Das Reformjudentum des 19. Jahrhunderts schaffte diese Trennung weitgehend ab. Die unterschiedliche religiöse Bewertung der Geschlechter ist auch aus der Tatsache zu erkennen, daß für den Vollzug des Gemeindegottesdienstes mindestens zehn *männliche* Beter anwesend sein müssen (Minjan). Frauen allein sind also nicht gottesdienstfähig.

Im Vorraum der Synagoge hielten sich die Trauernden auf, ehe sie bei Sabbatbeginn die Synagoge betreten durften. Außerdem befanden sich dort das »Versteck« für religiöse Gegenstände, die Genisa[17], und ein Becken für kultisches Händewaschen. Die Einrichtung der Synagoge bestand ursprünglich nur aus dem hölzernen Schrein für die Heiligen Schriften (Aron ha Kodesch). Darin ruhten die Thorarollen. Der Schrein galt als Abbild der Bundeslade. Für die Schriftverlesung schuf man früh nach Art der griechischen Basiliken einen erhöhten Platz, den Almemor. Dem Talmud zufolge durfte diese Estrade höchstens sechs Stufen erhöht sein. Der Almemor diente zur Aufnahme des Tisches (Schulchan), von dem aus die Thoraverlesung erfolgte. Dieser räumliche Mittelpunkt des Gottesdienstes erhielt oft einen Überbau aus Holz, Stein oder Schmiedeeisen. Vom Almemor trennte man später das Vorbeterpult, und in Deutschland wurde üblich, dieses nach Osten vor der Lade und den Almemor in der Mitte einzurichten. Ferner finden sich in jeder Synagoge Leuchter. Vor dem Vorbeterpult brennen zwei Kerzen, außerdem ist eine »Ewige Lampe« (Ner tamid) gebräuchlich, die auch in die katholischen Kirchen Eingang fand. Die Ewige Lampe geht auf die »Stiftshütte« zurück (3. Mos. 24, 2f.).

Die Synagoge ist kein Sakralraum an sich. Sie erhält Würde und Weihe erst durch den Vollzug des Gottesdienstes, der allerdings auch in jedem anderen Raume stattfinden kann. Die Synagoge war seelische Heimat des frommen Juden, einzige Stätte, an der er sich zu Hause fühlte und die Last seiner Seele abwerfen konnte. Die Lebhaftigkeit des Gebets und der religiösen Zeremonien erschien freilich Außenstehenden oft befremdlich, und dadurch kam das lieblose Wort vom »Lärm in der Judenschule« auf, denn »Judenschule« oder »Schule« ist der Name für Synagoge, so auch in der lutherischen Bibelübersetzung eingedeutscht. Weil jüdischer Gottesdienst weder an geweihte Stätten noch an geheiligte Personen gebunden ist, konnten auch kleine und arme Gemeinden überall in der Welt die Andacht vollziehen. Sie bestand von Anfang an aus *Gebet, Belehrung* und *symbolischen Handlungen.* – Das Gebet brachte die in der Gemeinschaft lebendigen Hoffnungen zum Ausdruck. Die Führung des Gebets übt ein Vorbeter (Chasan) aus. Ursprünglich konnte jedes Gemeindemitglied eine solche Funktion übernehmen. Im Laufe der geschichtlichen Entwicklung wurde jedoch der liturgische Gesang bedeutungsvoller, so daß heute das Amt des Chasan, gelegentlich nennt man ihn auch Kantor, vollberuflich ausgeübt wird. Wer an jüdischen gottesdienstlichen Veranstaltungen teilgenommen hat, weiß, wie ergreifend der sakrale Gesang wirkt und welche Vielfalt musikalischer Kompositionen inzwischen entstanden ist. Dagegen ist der Rabbiner gelehrter Fachmann für religiös-kultische und rechtliche Fragen, jedoch nicht Leiter des Gottesdienstes.

Die Belehrung bestand im Verlesen und Erläutern biblischer Abschnitte. Sie sollte Kenntnisse über das gemeinsame Traditionsgut vermitteln. »Die gottesdienstliche Belehrung hat, zum ersten Male in der Weltgeschichte, heilige Schriften zum Gemeingut eines ganzen Volkes bis in seine ungelehrtesten Teile hinein gemacht und hat dadurch die weitesten Schichten dieses Volkes zur kulturellen Betätigung angeleitet.« [41, II, 1230]

Die symbolischen Handlungen sind geschichtliche Erinnerungen – zumeist dem Jerusalemer Tempelkultus entlehnt – und vermitteln Einsicht in historische Zusammenhänge.

Obwohl Hebräisch schon im späten Altertum nicht mehr volkstümliche Umgangssprache war (vgl. dazu S. 116), blieb es Sprache des Gottesdienstes. In Westeuropa und Amerika wurde, durch die liberale Entwicklung bedingt, die Landessprache für die synagogale Praxis zugelassen.

Man wird die erzieherische Bedeutung des jüdischen Kultus kaum überschätzen können, denn im Vorlesen und Erläutern biblischer Texte liegt eine didaktische Konzeption. Der Teilnehmer am Gottesdienst wird immer wieder mit der Geschichte seines Volkes und mit dem geoffenbarten Gotteswillen vertraut gemacht. Er wird belehrt, mit Kenntnissen ausgestattet, muß in den antwortenden Gebeten und dem synagogalen Wechselgesang, den Responsorien, die heiligen Formeln sich einprägen, sich in sie einleben und sie auf sein Dasein beziehen.

Auch der religiöse Unterricht als Grundlage des späteren europäischen Bildungssystems erhielt durch das Judentum entscheidende Impulse, denn die christliche Kirche wie der Islam haben diese erzieherische Konzeption der jüdischen gottesdienstlichen Praxis übernommen. Der jüdische Gottesdienst brachte das pädagogische Prinzip der zyklischen Belehrung in die Geschichte ein, denn die fünf Bücher Mose werden im Laufe eines Jahres kontinuierlich gelesen, die Wochenabschnitte der Thora legen dafür die Einteilung fest. Von einem Herbst zum anderen bietet sich damit dem religiös praktizierenden Juden Gelegenheit, die Grundlehre seiner Religion ständig zu wiederholen. Diese pädagogisch kreisförmige Anlage hat die Christenheit vom Judentum ebenfalls entlehnt, indem sie Lesung und Liturgie nach dem sogenannten Kirchenjahr ordnet, das mit dem Kalenderjahr nicht identisch ist, da es mit dem Advent beginnt.

Allmählich verdichtete sich die Überlieferung zum feststehenden Wortlaut einer gottesdienstlichen Ordnung. Aus dieser Tradition ist auch die christliche Liturgie abgeleitet, und es wurde der aus Schriftlesung und Gebet bestehende Gottesdienst in der Kirche heimisch. Sowohl die Anbetungsformen als auch die Gebetssprache sind durch jüdische Überlieferung geprägt. Das mehrmalige tägliche Pflichtgebet des Mönchtums entstammt ebenfalls jüdischem Ritus. Im Baustil folgten die Synagogen der allgemeinen kunstgeschichtlichen Entwicklung ihrer Umgebung, so daß man bereits romanische und gotische jüdische Gotteshäuser findet [45]. Denn da Juden nicht in die Zünfte aufgenommen wurden, mußten sie sich für ihre Vorhaben christlicher Baumeister und Handwerker bedienen, die im Rahmen der allgemeinen Stilentwicklung verfuhren. Auf deutschem Boden befand sich die wohl älteste Synagoge in Worms (1334 gegründet, zerstört am 9. 11. 1938).

An dieser Stelle kann ein Wort zur *alten* jüdisch-religiösen *Schule* gesagt werden. Dem Bildungsideal entsprechend, sollte jeder Jude ein Kenner der Thora sein, alle kultischen Handlungen selbst vollziehen und jederzeit das Vorbeteramt in der Synagoge übernehmen können. Lediglich in Streitfragen galt es, die rabbinische Autorität anzurufen. Es herrschte also eine hohe

Vorstellung über die religiöse Laienbildung. Darum gingen die Jungen bereits mit vier oder fünf Jahren in die Elementarschule, die man *Cheder* (Stube) nannte. Besonders im Ostjudentum war dies die traditionelle Grundschule. Der Lehrer (Melammed), privatisierender Pädagoge, der keinerlei Prüfungen abzulegen brauchte und in seiner Lehre unmethodisch verfuhr, erschloß den Kindern die fremden Schriftzeichen der hebräischen Sprache unmittelbar am Bibeltext. Dieser Schulbesuch konnte bis zur Bar-Mizwah-Würde mit 13 Jahren währen. Mit 8 oder 9 Jahren aber waren begabte Jungen so weit, daß sie ganze Teile der Thora und sogar der Propheten gedächtnismäßig beherrschten, um sie lebenslang zu behalten.[11]

Dieser Erfolg des Auswendiglernens hat immer wieder verblüfft. Die nächsthöhere Stufe bildete die *Talmud-Thora* Schule, ein religiöses Fortbildungsinstitut, wenn man will, das von den Gemeinden unterhalten wurde. Hier lernten die Jungen bereits, die Bibel zu interpretieren, und die talmudische Gesetzesauslegung. Sie übten sich in den Methoden der rechtlichen und religiösen Debatte. Zum biblischen Hebräisch trat nun das Aramäische, das die Sprache vieler nachbiblischer Quellen ist. Der Heranbildung von Gelehrten diente die talmudische Hochschule *Jeschiwa* (Sitz). Sie war das eigentliche rabbinische »Lehrhaus« und wäre gegenüber der Cheder-Grundschule als Universität zu bezeichnen.

Die Jeschiwa kannte keine Abschlußprüfungen und eigentlich auch kein Ende des Studiums, denn alle Erwachsenen forschten zeitlebens im Gesetz weiter. Im Osten war die Jeschiwa oft in den Nebenräumen der Synagoge untergebracht. Der Student einer solchen Hochschule wurde jiddisch Bocher (hebr. bachur – junger Mann) genannt und fristete sein Leben oftmals durch Freitische bei wohlhabenden Glaubensgenossen. Dennoch wurde er höher geschätzt als ein reicher, im Gesetz aber nicht hinlänglich bewanderter Mann.

5. Kultische Reinheitsgesetze

Das innerjüdische Leben wird von 613 Vorschriften geprägt, nämlich 248 Geboten und 356 Verboten, zu ihnen gehören insbesondere die Speisegesetze. Verboten ist u. a. nach 3. Mos. 11 und 5. Mos. 14 der Genuß des Fleisches »unreiner« Tiere. Als rein gelten unter den Säugetieren nur die Wiederkäuer mit gespaltenen Klauen, daher als unrein auch Kamel, Hase und Schwein. Verschiedene Vogelarten sind verboten. Von den Seetieren gelten solche mit Schuppen und Flossen als erlaubt; Aale, Austern und Krebse sind daher verboten. Erlaubte Tiere müssen durch Schächtschnitt vorschriftsmäßig geschlachtet sein[18], sonst darf ihr Fleisch nicht genossen werden. Ein nicht vorschriftsmäßig geschlachtetes Tier darf nicht verzehrt werden; es gilt als Aas, wozu auch das Wild rechnet, weil es geschossen wurde. Die Ursache für diese strengen Gebote liegt in der Auffassung vom *Blute*. Israel glaubte von alters her, daß Blut Sitz der Seele sei (3. Mos. 17, 11 ff.) und darum nur auf dem Altar geopfert bzw. verschüttet werden dürfe (5. Mos. 12, 23 f.). Weil völliges Ausbluten selbst beim Schächtschnitt nicht erfolgt, müssen nach rabbinischer Vorschrift die großen Blutadern entfernt und die Fleischteile gewässert, gesalzen und begossen werden (Koschermachen). Die sog. Spannader (nervus ischiaticus) darf auch von »reinen« Tieren nicht genossen werden. Dieses Gebot wird mit dem nächtlichen Kampf Jakobs begründet (1. Mos. 32, 33). Literaturgeschichtlich betrachtet, handelt es sich dabei um eine *ätiologische Sage,* d. h. eine Erzählung, in der ein bestehender Brauch oder Name nachträglich auf ein geschichtliches Ereignis zurückgeführt und damit erklärt werden soll.

Die Entfernung der Spannader ist schwierig und kann nur durch sachkundige Hand geschehen. Erfolgt sie nicht, wird das ganze Hinterteil »unrein«. Gerichte aus Fleisch und Milch bzw. Fleisch- und Milchprodukten zu bereiten ist verboten. Dieses Verbot stützt sich auf 2. Mos. 23, 19: Du sollst das Böcklein nicht kochen in der Milch seiner Mutter. Dadurch wird für den Haushalt einer strenggläubigen Familie zweierlei Geschirr erforderlich, das nicht miteinander in Berührung kommen darf. Milch- und Fleischspeisen dürfen also nicht kombiniert werden, während man »Neutrales« (Mehlspeisen, Brot, Eier, Pflanzenfett, Fisch, Obst) mit jeder der genannten Gruppen verbinden kann.

Es ist nicht einsichtig, warum Fleisch und Milch nach den altisrealitischen Reinheitsvorschriften so streng voneinander getrennt werden, und der moderne Mensch vermutet dahinter zunächst einen rationalen Grund, den es aufzudecken gilt. Nun hat die archäologische Forschung inzwischen ermittelt, daß bei der kanaanäischen Urbevölkerung Palästinas der Ritus bestand, das Zicklein in der Milch seiner Mutter zu kochen;[19] der hebräische Kult hat daher das genaue Gegenteil vorgeschrieben, um damit eine völlige Abgrenzung von der Urreligion des Landes zu gewährleisten. Das gleiche Verfahren wurde beim vollständigen Verbot des Genusses von Schweinefleisch wirksam und nicht etwa die Erkenntnis, daß das Schwein ein schmutziges Tier und sein Fleisch in warmen Zonen leicht verderblich oder gar trichinös sei. Alle diese neuzeitlichen hygienischen Gesichtspunkte galten nicht für die Antike; das Schwein war schlicht ein Kulttier für die Kanaanäer, darum stellten es die nachrückenden Israeliten unter Tabu.[20] Vergegenwärtigen sollte man sich dabei, daß dieser religionsgeschichtliche Prozeß auch in der germanischen Welt stattfand: Das Pferd, einstmals heiliges Tier der nordischen Gottheiten, geriet bei der Christianisierung in ein schiefes Licht; daher rührt der geringe Verbrauch von Pferdefleisch in Deutschland im Gegensatz etwa zu Italien.

Zu den Reinheitsgesetzen gehören auch die Vorschriften über *Waschungen,* die bei den orientalischen Völkern weit verbreitet sind, obwohl der Grund ebenfalls nicht sanitärer, sondern religiöser Natur ist; er hatte mit der Abwehr von Dämonen zu tun. Die alten jüdischen Gemeinden besaßen ein kultisches Bad, um jedem Mitglied Möglichkeiten zur Erfüllung der Reinheitsvorschriften zu bieten. Aus mancherlei Anlässen wird kultisches Baden als Teil des Reinigungs- und Entsühnungsprozesses nötig: bei Aussatz (3. Mos. 14, 8f.), bei Samenerguß (3. Mos. 15, 5ff.), bei Menstruation (3. Mos. 15, 19ff.), bei Genuß nicht koscheren Fleisches (3. Mos. 17, 15f.), bei Berührung von Toten (4. Mos. 19, 11ff.). Auch der Priester hatte sich am Großen Versöhnungstag zu entsühnen (3. Mos. 16, 23f.) ebenso wie die Teilnehmer am »Heiligen Kriege« (5. Mos. 23, 9ff.). Den Reinigungsvorschriften ist auch das Haushaltsgeschirr unterworfen. Geschirr oder Bestecke, die einmal religionsgesetzlich verbotene Speisen aufnahmen, können nach eigentümlichem Ritus wieder brauchbar gemacht werden (kaschern). Das geschieht, indem man z. B. ein Messer, das zum Schneiden von verbotenem Fleisch gebraucht wurde, glühend macht oder zehnmal hintereinander in harte Erde steckt.

Auch die Trauer- und *Bestattungs*bräuche haben ihren Ursprung im religiösen Gesetz. Im alten Israel wurden die Verstorbenen zumeist in einer Felsengrabkammer beigesetzt, die als familiäres Erbbegräbnis diente (1. Mos. 23 enthält dafür einen Kaufvertrag), daraus ist die Redewendung »zu den Vätern (Ahnen) versammelt werden« entstanden. Die Sitte, das Begräbnis noch am Todestag vorzunehmen, ist außer Übung gekommen, denn die modernen Staaten verlangen mindestens zweimal 24 Stunden Frist. Ebenso wird der Tote nicht mehr unmittelbar ins Grab, sondern in einen schlichten, schmucklosen Sarg gelegt, nachdem man ihn zuvor gewaschen hat. Der Verstorbene wird mit seinem Totenhemd aus Leinen bekleidet; der fromme Mann trägt diesen Sterbekittel erstmals als Bräutigam, später an hohen Festtagen (Sederabend, Jom Kippur und Neujahr).

Die Trauerfeier kann entweder zu Hause oder am Grabe stattfinden. Das Grab wird herkömmlich von Mitgliedern der »Heiligen Vereinigung« (Chewra Kaddischa, vielfach mit »Beerdigungsbrüderschaft« wiedergegeben) zugeschaufelt. Diese ehrenamtliche religiöse Vereinigung bestand seit Jahrhunderten in allen jüdischen Gemeinden und stellte sich die Aufgabe, Liebesdienste in Krankheits- oder Todesfällen zu erweisen. Nach jüdischer Auffassung wird jeder Verstorbene auf eigenem Grund beigesetzt, wodurch die *Friedhöfe* charakterisiert sind: Sie dürfen nämlich nicht eingeebnet und aufgehoben werden, weil das Recht der Toten auf ihre Ruhestätte unaufhörlich besteht. So gibt es uralte jüdische Friedhöfe. Andererseits aber sollen sie auch Sinnbild der Vergänglichkeit alles Lebenden sein. Daher werden die meist schmucklosen Einzelgräber nicht gepflegt und eingesunkene Grabhügel nicht neu eingerichtet. So machen jüdische Friedhöfe oft einen etwas melancholischen Eindruck, was besonders angesichts der heute üblichen Friedhofskultur auffällt. Wie ein moderner Jude die Disharmonie jüdischer Friedhöfe bejaht, zeigen die Worte Martin Bubers[21]. Schändungen jüdischer Friedhöfe durch Christen sind seit altersher bezeugt.[22]

Die *Beschneidung* ist vielfältigen Mißdeutungen ausgesetzt. Allerdings ist sie nicht auf das Judentum beschränkt, sondern wird von verschiedenen anderen Völkern und Religionen geübt, so auch vom Islam als Nachfolgereligion des Judentums.

Über den religionsgeschichtlichen Sinn des Vorganges werden mancherlei Erklärungen geboten, die aber Hypothesen bleiben (sanitäre Zwecke, Selbstverstümmelung, Stigmatisierung, Kultzeichen, Mutprobe u. a.). Auch die Psychologie hat das Phänomen zu klären versucht[23]. Bei den Propheten (Jer. 4, 4) wird die Beschneidung symbolisch verstanden: Herz und Ohren seien zu »beschneiden«, d. h. Gott zu weihen. Die Triebe des Herzens sollen nicht zügellos walten, sondern zum Wohle aller in Schranken gehalten werden.

Die Beschneidung, d. h. Abtrennung (circumcision) der Vorhaut des männlichen Gliedes, soll am achten Tage nach der Geburt erfolgen. Der Akt wurde in uralter Zeit mit einem Steinmesser vollzogen (2. Mos. 4, 25; Jos. 5, 2), später durch Spezialisten (Mohel, »Beschneider«), an deren Stelle häufig jüdische Ärzte getreten sind. Mit dem Akt der Beschneidung wird die Namengebung verbunden (Luk. 1, 59). Das Sakrament der Taufe bietet dazu eine Parallele, denn auch die christliche Taufe nimmt in einen (»neuen«) Bund auf. Außerdem ist beiden Religionen das Patenamt gemeinsam. In der urchristlichen Gemeinde hat daher auch die Frage der Beschneidung erhebliche Bedeutung gewonnen. Sollten die Christen sich dem »Gesetz« unterstellen? Die Meinungsverschiedenheiten drohten die junge Gemeinschaft zu zersprengen, bis die scharfe Polemik des Konvertiten Paulus schließlich siegte (Gal. 5, 2ff.). Damit wurde ein christliches Tabu aufgestellt.

Aus dem beschnittenen jüdischen Jungen wird mit 13 Jahren ein »Sohn der Pflicht« (Bar Mizwah), d. h. ein dem Religionsgesetz Verpflichteter. Am Sabbat nach jenem Geburtstag wird er in der Synagoge zur Thoraverlesung aufgerufen. Ein großes Familienfest zeichnet den Tag aus, wodurch sich ein Vergleich mit der christlichen Konfirmation bzw. Kommunion nahelegt.

Was bisher über die Religion des Judentums dargestellt wurde, ist allerdings verschieden verbindlich, je nachdem es einer konservativen oder einer *reformerischen* Auslegung anheimgestellt wird. Es ist angemessen, die erste Gruppe statt »orthodox« konservativ oder traditionell zu nennen, denn sie übt nicht Orthodoxie, sondern viel eher Orthopraxie. Den rechten *Glau-*

ben betont vielmehr das Christentum. Die Reformbewegung nahm ihren Ausgang in Deutschland und stellt den Beginn der eigentlichen jüdischen Neuzeit dar. Sie richtete sich auf Umformung der jüdischen Religion, insbesondere des Gottesdienstes und der liturgischen Ordnungen. Den Anstoß gab die Emanzipation. Als das Getto aufgehoben war und die Juden in vollem Umfang vom Strom europäischen Denkens erfaßt wurden, schien die alte synagogale Überlieferung für viele fragwürdig, der traditionelle Lebenszuschnitt reformbedürftig. Außerdem zeigte sich dadurch erst für die Juden das Mißverhältnis zwischen der kulturellen Höhe der Umwelt und ihrer eigenen Rückständigkeit. Zwar hatte das Talmudstudium im Getto geblüht, dem abendländischen Geist aber war man nicht begegnet und im Monolog geblieben. Das hatte eine gewisse geistige Stagnation und Inzucht zur Folge. Das ästhetische Empfinden war stark verkümmert, und so bot das Judentum auch äußerlich, nicht zuletzt im Gottesdienst, einen wenig anziehenden Anblick [41, IV, 1289].

Die religiöse Reformbewegung ging von Laien aus und erstrebte eine Veredlung der äußeren Formen des Judentums. Mancherorts wurden um 1800 *deutsche* Gebete und Gesänge eingeführt, neben verkürzten hebräischen, und eine Weihe auch der Mädchen wurde befürwortet. Man entschloß sich zum Gebrauch der Orgel, Der 1818 geweihte »Hamburger Tempel« und seine Praxis führten infolge des heftigen Widerspruchs konservativer Kreise den »Hamburger Tempelstreit« herauf. Die Reformer hatten jene Stellen, die vom persönlichen Messias und der nationalen Wiederherstellung Israels handelten, im Gebet gestrichen und damit allerdings an entscheidender Stelle den Boden des Judentums verlassen. Die »amerikanischen Reformgemeinden haben z. T. einen Sonntagsgottesdienst, alle haben Orgel, gemischten Chor, Familiensitze in der Synagoge, Konfirmation von Knaben und Mädchen und Beten ohne Kopfbedeckung. Den Glauben an die Auferstehung der Toten und den persönlichen Messias haben sie aufgegeben. Vom messianischen Glauben wird nur die universalistisch-messianische Seite betont.« [41, IV, 1293] Dagegen ist bezeichnend, daß in Osteuropa der Reformgottesdienst nur vereinzelt Anklag fand. Dort war im Grunde auch im 20. Jahrhundert noch eine Art Gettoexistenz gegeben und die Verbindung mit dem Geistesleben der Umgebung nicht vollzogen. Ohnehin wurden bis zum ersten Weltkrieg die Gedanken der Aufklärung im Osten kaum wirksam.

In einzelnen jüdischen Gestalten ist die Spannung zwischen konservativem und reformerischem Verständnis überwunden. Zu ihnen gehört Franz *Rosenzweig* (1886–1929). Er gab den Anstoß zur Gründung der »Akademie für die Wissenschaft des Judentums« in Berlin, entwarf in seinem Hauptwerk »Der Stern der Erlösung« (1921) eine neue jüdische Philosophie und leitete in Frankfurt das »Freie Jüdische Lehrhaus«, das zum Vorbild vieler ähnlicher Bildungsanstalten wurde. Außerdem übersetzte er in größter Sprachtreue gemeinsam mit Martin Buber die »Schrift« (Berlin 1926ff.), die nach Rosenzweigs frühem Tod Buber allein herausgeben mußte[24]. »Rosenzweig ist der führende Bahnbrecher eines neuen jüdischen Types geworden, der vom Orthodoxen die praktische Treue zu den Formen des jüdischen Gesetzes, vom Liberalen die Freiheit und Kühnheit des modernen Denkanstoßes, vom Zionisten die innere Verbindung mit dem ganzen Volk und dem konkreten Land Israel nahm und zu einer neuen Einheit verschmolz. In diesem Geiste erneuerte er aus dem Prinzip der echten Offenbarungs-Mündlichkeit das jüdische Lernen (in Akademie und Lehrhaus), den Übersetzungsbetrieb (durch die Wiedergabe Juda halevis und der Bibel), die Philosophie (durch die Besinnung auf die drei fundamentalen Urgegebenheiten Gott, Mensch, Welt und ihre Beziehungsformen Offenbarung, Schöpfung, Erlösung).« [41, IV, 1502]

Kapitel III
Der Begriff Antisemitismus und die geschichtlichen Erscheinungsformen der Judenfeindschaft

Es ist nicht selten, daß sich in der gesellschaftlichen Praxis Begriffe verfestigen, die gar nicht mit dem übereinstimmen, für das sie gebraucht werden. Das gilt auch für das Wort Antisemitismus. Es heißt nämlich von seinem Wortstamm her: feindselige Haltung gegenüber Menschen der semitischen, d. h. der arabisch-jüdischen Sprachgruppe. Nun bezeichnet jedoch das vermutlich von *Wilhelm Marr* (1879) in Umlauf gebrachte Wort nur die Abneigung gegen die Juden. Sehr viele »Antisemiten« sind ausgesprochen araberfreundlich. Dies trifft auch für Adolf Hitler zu. So lud dieser den Mufti von Jerusalem als höchsten islamischen Würdenträger während des Zweiten Weltkrieges ins »Führerhauptquartier« ein.

Der Begriff meint also im landläufigen, aber fälschlichen Sinne Judenfeindschaft, welche »Antijudaismus« heißen müßte, sofern man sie mit einem entsprechenden Fremdwort bezeichnen wollte. Dieses Wort aber ist ungebräuchlich, während das falsche durch seine düsteren Umstände untilgbar in den geschichtlichen Sprachbestand eingegangen ist. Der Begriff wird darum im folgenden beibehalten, obwohl er sozusagen apostrophiert gemeint ist.

Es handelt sich beim Antisemitismus um ein Verfolgungsmodell von besonderer Einprägsamkeit. Man hat davon auszugehen, daß das junge, christlich werdende Europa mit seinem starken missionarisch-expansiven Drang an den jüdischen Gemeinden seines Territoriums befremdliche Erfahrungen machte. Das äußere Heidentum wurde überwunden. Romanen, Germanen und Slawen bekehrten sich zur Lehre Jesu und bildeten eine wachsende christliche Körperschaft. Die Stämme und Völker einigten sich im Zeichen des Kreuzes und fanden ein abendländisches Selbstbewußtsein, das in seinen Rivalitäten durch das geistliche römische Zentrum ausgewogen werden konnte. Der Konsolidierungsprozeß förderte eine starke Extraversion und alle psychischen Folgen, die ihr eigen sind: naive Überzeugungen vom »Recht« der eigenen Position, der »Sendung« an die Welt und der religiösen Höherwertigkeit.

Gegenüber dieser Dynamik mußte es im wahren Wortsinne »befremden«, daß im Innern eines vermeintlich religiös befriedeten Landes die Enklaven einer anderen Religion grundsätzlich bestehen blieben. An dieser *Beharrung des Judentums,* die nach biblischer Lehre als »Verstocktheit« interpretiert wurde (vgl. z. B. Mt. 13, 15; Mk. 3, 5; Röm. 11, 7), entzündete sich im Laufe der Jahrhunderte immer wieder der Zorn und erschöpfte sich die christliche Geduld. Man muß dabei freilich im Auge haben, daß das Judentum nach christlicher Überzeugung eben nicht eine beliebige Religion war, sondern der unbekehrte Stamm der eigenen Existenz, wie es im Ölbaumgleichnis des Römerbriefs (Kap. 9–11) anklingt. Dieses eigentümliche Minoritätenproblem hat viele Teile der Christenheit auf die Juden dauernd ablehnend reagieren lassen und ihnen den Blick für die Wahrnehmung der mitmenschlichen Züge der andern getrübt.

Die christlich-abendländischen Völker verfuhren mit abweichlerischen Gruppen in ihrer Mitte nach dem Ketzerrecht, was im Mittelalter *Buße oder Tod* bedeutete. Es lag nahe, gegenüber den »verstockten« Juden eine ähnliche Praxis zu handhaben. Sie ist zwar nur in Abständen geübt worden, hing aber ständig als Drohung über der jüdischen Existenz und schuf eine dauernde sozialpsychologische Überdrucksituation. Für Juden und Christen ergab sich gleichermaßen ein Verhältnis der Außerordentlichkeit. Viele wechselseitige Empfindlichkeiten waren die Folge. Doch diese Umstände zeichneten sich erst ab, als Europa das Kreuz zu seinem einigenden Symbol erkor. Es wird angemessen sein, zunächst zu fragen, ob auch die vorchristliche Welt die Judenfeindschaft als gesellschaftliche Erscheinung schon kannte.

1. Antike

Die Judenfeinde behaupten, daß der Antisemitismus mit der jüdischen Existenz verbunden sei; das »jüdische Wesen« verursache die Abwehrreaktion in den »Ariern« oder welcher Chiffre man sich auch sonst für die eigene als höherwertig empfundene Gruppe bedienen mag. Damit entgehen sie jeder analytischen Bemühung, jedem Versuch der Beobachtung. Ihre Parole setzt bereits den Abwehrmechanismus in Bewegung und färbt jede Aussage.

In der ersten Reihe der Judenfeinde steht *Theodor Fritsch,* der sich um eine antisemitische Bestandsaufnahme der Geschichte bemühte[25]. Er verzeichnete unermüdlich judenfeindliche Stimmen und vermeinte, bereits in der Antike Zeugnisse zu finden. Alle diese Belege müßten soziologisch und sozialpsychologisch interpretiert werden; Fritsch setzte sie jedoch absolut. Es handelt sich um Zeugnisse der *Diaspora;* mit andern Worten: Das Zusammentreffen von jüdischen Gruppen mit Wirtsvölkern außerhalb ihrer Heimat in der Situation von Geduldeten schuf Probleme. Die Juden waren seit der Antike gleichsam »geborene Bankleute«. Über ihre verzweigten familiären Verbindungen konnten sie den Transfer bewerkstelligen. Ihr sippenmäßiges Zusammengehörigkeitsbewußtsein war neben der religiösen Disposition auch eine verständliche Resultante der mangelnden sozialen Integration in den Staatsverband ihrer Gastländer. Über die familiären Gruppen suchten sie sich an gesellschaftlicher Stabilität zu sichern, was ihnen formal-rechtlich ermangelte. So wurden Kreditwesen und Handel vor allem im römischen Weltreich ihre Domäne, und auf diesem Felde liegen die von Theodor Fritsch pedantisch gesammelten ersten judenfeindlichen Äußerungen römischer Autoren vor.

Weithin handelt es sich bei den römischen Schriftstellern um patriarchalisch-moralische Äußerungen an unerfahrene junge Leute, die in die Stadt kamen. Ihnen erteilten die Autoren Warnungen, sich vom aufwendigen Lebensstil der Städte nicht verführen und in Schulden stürzen zu lassen. Insbesondere rieten sie ab, zu den »Juden« zu gehen, dort zu leihen oder sonst Kredit zu erwirken. Auf die scharfen Geschäftspraktiken wurde nachdrücklich hingewiesen. So boten die jüdischen Wechsler und Finanzagenten ein Modell für das Zusammentreffen von Natural- und Geldwirtschaft, eine Situation, die sich im christlichen Hoch- und Spätmittelalter wiederholen und die nachfolgenden Jahrhunderte zuungunsten der Juden prägen sollte.

Die Juden waren als Fremde geeignete Exponenten der siegreichen neuen »anonymen« Wirtschaftsform, die sich gegenüber der überschaubaren altrömischen Bauernwirtschaft bedrückend ausnehmen mochte; daraus wucherten die Vorurteile ihnen gegenüber. Man sah in ihnen gefährliche Wirtschaftsmagnaten und Transaktionäre, unbarmherzige Eintreiber ihrer Guthaben, Schröpfköpfe auf der wirtschaftlichen Substanz des Volkes. Der Talmud existierte noch nicht als verfügbares Kompendium, dem der jüdische Kaufmann oder Bankier wirtschaftsethische Weisungen der rabbinischen Autoritäten für seine Berufsaufgaben hätte entnehmen können. Ihm war lediglich untersagt, vom Glaubensgenossen Zins zu nehmen. Geriet ein »Goi« in die Abhängigkeit von einem Wucherer – Zins hatte bis in die Neuzeit den Charakter von Wucher –, mochte sein soziales Schicksal besiegelt sein. Wenn sich diese Erfahrung an der jüdischen Minderheit verfestigte, lag es nahe, den Typ des jüdischen Händlers mit negativen Vorzeichen zu versehen, was damals bei einer Reihe römischer Autoren geschah.

Eine zweite, nicht minder wirksame Quelle für die antike Judenfeindschaft lag in der jüdischen *Exklusivität.* Die hebräischen Ritualgesetze sowie der Komplex der Speise- und Reinheitsvorschriften nötigten die Familien zur deutlichen religiösen und sozialen Distanz von ihrer heidnischen Umwelt. Dies dürfte von der Umgebung vermutlich nicht beifällig aufgenommen worden sein, zumal dahinter die Theologie von dem *einen* hebräischen Gott stand, demgegenüber sich alle Lokalgottheiten zu bloßen Einbildungen verflüchtigten. Dieser *eine* Gott hatte sich ausgerechnet palästinensische Stämme ausgesucht und sie zu einem *auserwählten Volk* erhoben, indem er mit ihnen durch Mose am Sinai ein *Bundesverhältnis* einging und *heilsgeschichtliche* Perspektiven für alle Völker öffnete.

Diese überwältigenden Ereignisse, die nach dem Selbstverständnis Israels die Marksteine seines Daseins bilden, konnten kaum dazu dienen, ein gedeihliches Verhältnis zwischen der abhängigen jüdischen Minorität und der sozial bestimmenden Majorität zu begründen. Man muß sich zudem bewußt machen, daß für den antiken Menschen politische *Staatsautorität von den Staatsgottheiten* gesetzt war. Vielfach galten sie auch als identisch. Es kämpften zwar Heere gegeneinander; aber über den Wolken führten die Götter ihren Streit, und sie waren es, die über Sieg oder Niederlage entschieden. Wenn dieses enge Band zwischen Kult und Staat bestand, dann konnte die jüdische Religion, die nur den *einen* und *wahren* Gott kannte, nicht als private Überzeugung abgetan, sondern nur als Beleidigung der eigenen Götter und als hochverräterische Bekundung aufgefaßt werden.

Manche religiösen Kompensationen mochte das jüdische Volk in der Form von Hochmut und Anmaßung den Römern gegenüber versuchen, denen es im Jahre 63 v. Chr., 70 und 135 n. Chr. unterlegen war. Die explosive soziale Atmosphäre, die Judenfeindschaft mancher gebildeten Römer und Griechen wird dadurch verständlicher. Der römische Vorwurf gipfelt in der Anklage, die Juden seien gegen die Gesellschaft eingestellt. *Tacitus* bezeichnete sie als den »Überdruß des Menschengeschlechts« (taedium generis humani). Im Namen der »Humanität« erhob sich Protest gegen ein Ausschließlichkeitsprinzip, das gewissermaßen einen »Geburtsadel« setzte, indem ein gebürtiger Jude der Bundesverheißungen teilhaftig wurde, während den anderen der Zufall der Geburt nicht zugute kam. Sie konnten sich höchstens im politischen Sinne als Angehörige von Staaten, Familien oder Klassen fühlen.

Gegenüber den Juden entwickelte sich also ein Protest, der weder auf die Antike noch auf das Heidentum beschränkt blieb. Es war der Protest gegen den »einen Gott« und seine Souveränität, der sich nicht nach naheliegenden menschlichen Kategorien von Wert, Würde, Bedeutung, Verdienst und Leistung zu richten schien. Jener Gott brüskierte die nach ihrem eigenen Verständnis ehrenwerten Träger solcher Kennzeichen, denn er bevorzugte Gruppen, die vermeintlich keine Qualitäten besaßen. Der innerweltliche Leistungsvergleich schien Israel tatsächlich Unrecht zu geben. Wo waren seine großen *kulturellen* Schöpfungen im Vergleich zu Ägyptern, Babyloniern, Griechen und Römern? Welche bleibenden Kunstwerke hatte es hervorgebracht? Der sakrale Stämmeverband Israels aus dem Winkel Palästina, die Amphiktyonie, konnte und kann kaum konkurrieren. Um so heftiger reagierten manche auf den als unerträglich empfundenen Auserwähltheitsanspruch Israels, dem sie jeweils einen eigenen entgegensetzten.

Die um das ganze Mittelmeerbecken verstreuten jüdischen Familien schlossen sich namentlich in den Großstädten zu bedeutenden und wirtschaftlich einflußreichen Gemeinden zusammen, wie z. B. in Alexandria, wo im ersten vorchristlichen Jahrhundert etwa eine halbe Million Juden gewohnt haben soll. Sie wurden zum Stein des Anstoßes und zum Gegenstand berechtigter und unberechtigter sozialer Angriffe. Ihr wachsender Reichtum, der vermutlich auch in aufwendiger Haushaltung und prunkvollem sozialem Auftreten zum Ausdruck kam, mochte böses Blut verursacht haben. Die Massenstädte der Antike waren Ballungszentren des Elends, der Verwahrlosung und der Kriminalität, gegen die der Staat noch keine sozialpolitischen Maßnahmen ergriff, sondern lediglich trachtete, den »Mob« mit Brot und Spielen bei Laune zu halten. Bei dieser gefährlichen Spannung brauchte man dem Pöbel nur das Stichwort »Juden« zu vermitteln, um damit die aufgestauten Aggressionen zu entladen. So entflammten die ersten Pogrome. Die Judenviertel wurden geplündert und Massaker veranstaltet.

Grundsätzlich jedoch gilt, daß die antike vorchristliche Welt den Juden als Feind noch nicht fixierte, wenn das auch die antisemitischen Schriftsteller unserer Tage gern ihren Lesern plausibel machen möchten. Der gesellschaftliche Affront hatte vielmehr die zuvor genannten Gründe: wirtschaftliche Macht und religiöse Exklusivität. Darüber hinaus gab es keine Definition *des* Juden. Er war noch nicht der Sonderling der Weltgeschichte, dessen Existenz als Paradoxon erlebt und dessen Erscheinung dumpf gefürchtet wurde.

Der antiken Judenfeindschaft haftete also trotz aller Greuel, die bei den Ausschreitungen verübt worden sein mochten, nichts Prinzipielles an. Sie hatte vielmehr den Charakter der Zufälligkeit. Auch andere Gruppen mit ähnlichen Merkmalen verfielen der Ablehnung oder Verfolgung. Es war eben noch keine Charakterisierung der Juden erfolgt. Sie sollte erst unter christlicher Vorherrschaft zustande kommen und der abendländischen Geschichte eine unheilvolle Wendung geben. Diesen Ansatz gilt es näher zu betrachten.

2. Die christlich-mittelalterliche Welt

a) Mit dem Sieg des Christentums wurden die Juden zum schlechthin interessantesten Volk, weil ihre fortdauernde Existenz unauflöslich mit Leben, Tod und Auferstehung Christi sippengeschichtlich zusammenhing. Der Erwerb des römischen Toleranzpatents war für die Christen ein mühsamer und rückschlagreicher Prozeß. Die dreihundertjährige Spanne der Unterdrückung und zeitweisen Verfolgung, die zwischen der Stiftung des Christentums durch Jesus von Nazareth und dem sogenannten Mailänder Edikt

(313 n. Chr.) des Kaisers Konstantin lag, trug vermutlich zur inneren Verhärtung des dogmatischen Gefüges erheblich bei. Die »Märtyrerzeit«, auf die die Kirche später stolz zurückschaute, gereichte ihr zur Verführung. Die Barmherzigkeit, um die sie einst eingekommen war und die ihr Wesensgesetz bildete, praktizierte sie als *anerkannte* und später als *ausschließliche* Kirche nicht selbst. Sie erhob einen Ausschließlichkeitsanspruch, wie ihn sich die jüdische Religion vergleichsweise nie gestattete.

Vielleicht wäre die abendländische Geistes- und Sozialgeschichte nicht in die glühende Raserei gegen Häretiker, Ketzer, Hexen und Juden geraten, wäre in Europa eine Pluralität mit Mohammedanern und Juden begründet worden, statt daß die Kirche eine geistliche Monopolstellung einnahm und die »Abweichler« umbrachte. So tiefe und grauenvolle Irrwege der christlichen Kirche wie der Hexenwahn, bei dem Hunderttausende unschuldiger Frauen, Mädchen und Kinder gefoltert und verbrannt wurden, hat es weder im Islam noch im Judentum, auch nicht in der byzantinisch-russischen Ostkirche gegeben. Diese Verirrungen blieben der katholischen und evangelischen Kirche ausschließlich vorbehalten[26]. Erst die zunehmende Aufspaltung des Lebens und die wachsende Säkularisierung der Welt haben die Kirchen vermenschlicht, und ohne die *Aufklärung* würde vielleicht noch heute in Europa »zur größeren Ehre Gottes« umgebracht. Freilich hat der Faschismus diese alte pseudo-religiöse Praxis wieder in Kraft gesetzt.

Wer vor dem Trümmerhaufen einer christlich-abendländischen Geschichte steht, in der nicht erst unter Hitler Juden gequält und verbrannt wurde, sondern solche Mordtaten bei gutem und freigebeichtetem Gewissen der Mörder durch das ganze christliche Mittelalter gehen, muß fragen dürfen, ob die von den Kirchen gelegentlich beklagte »Verweltlichung« der Welt, ob ihre Kritik an der Modernität nicht nur nicht völlig unangemessen, sondern geradezu reaktionär und bedrohlich sei. Den Kritikern aus diesem Lager ist entgegenzuhalten, daß nach allen Zeugnissen der Geschichte offenbar nur eine Kirche unter Bewährungsfrist der Verführung entgeht, ihre postulierte Absolutheit mit eigenen Machtmitteln oder in Kooperation mit der Macht durchzusetzen.

Jedenfalls stand die christlich-mittelalterliche Welt hinsichtlich ihres Verhältnisses zu den Juden unter keinem gedeihlichen Vorzeichen. *Wilhelm Maurer* hat darauf hingewiesen[27], daß dieses unglückliche Verhältnis durch antike politische Formen geprägt war, die in den entstehenden christlichen Kosmos unverändert übernommen wurden. Die römischen Bürger waren nämlich durch die *mythische Reichsidee* verbunden, die sich im *römischen Kaiserkult* und im *sakralen Pflichtopfer* jedes Staatsangehörigen und freien Bürgers verwirklichte. In ihm brachte er seine Loyalität gegenüber dem sakral geprägten Staatsverband zum Ausdruck und huldigte im Kaiser, dem Schirmherrn des Gemeinwesens, den siegreichen Göttern.

Damit bestätigte sich der freie Bürger in einer Korporation kultisch gleichgerichteter Menschen. Wer das Zeremoniell anderen Glaubens wegen nicht mitvollzog, wurde zum Feind. Dieses Urteil forderte die junge christliche Gemeinde heraus. Vom ersten Gebot her (»Ich bin der Herr Dein Gott, du sollst nicht andere Götter haben neben mir«) war es ihr versagt, sich anzupassen. Für die Juden, aus deren Gesetzgebung das erste Gebot stammt, war bezüglich der Staatsopfer im römischen Reich ein Dispens erwirkt worden.

Die politisch-sakrale Konzeption, daß Bürgersinn und Staatsreligion komplementäre Tugenden seien, verhinderte die politische Gleichberechtigung nichtkonformer Gruppen, die zudem brauchbare Objekte unablässiger Verdächtigungen waren, ohne daß ihnen eine Möglichkeit offen stand, sich eindeutig zu rechtfertigen. Eine Situationsanalyse der Gruppen ließe sich stets am Katalog ihrer wechselseitigen Mißverständnisse und Bezichtigungen vollziehen.

b) Die mythische Kaiseridee des heidnisch-antiken Gemeinwesens übernahm der junge, sich christlich konsolidierende Staat. Damit blieb Konformität oberstes Gesetz auch des neuen politischen Verbandes. War zuvor der Kaiser ein *Adoptivsohn* der Götter, so wurde hinfort das kaiserlich-christliche Regiment als Abbild der himmlischen Herrschaft Gottes verstanden. Nun galt es für alle Mitglieder des neuen politischen Verbandes, ihr Unbedenklichkeitszeugnis sichtbar zu erbringen, was durch Teilnahme an Messe und Kommunion geschah. Bürger dieses Staates konnte in vollem Sinne nur sein, wer aus der Hand des geweihten Priesters die Hostie und damit Christus empfing. Wer der Gnadengabe nicht teilhaftig wurde, schien im Schatten der Dämonen und im Bannkreis des Teufels zu stehen. Denn nach dem mittelalterlichen Weltbild waren die geistigen Zonen scharf getrennt. Entweder herrschte Gott oder der Teufel.

Dieses aus hellenistischen Vorstellungen ins Christentum gelangte dualistische Schema, das sich auch in einem verhängnisvollen Gegensatz von Leib und Geist (griechisch: sarks und pneuma) bewies und damit die Askese proklamierte, versetzte die Juden in den Herrschaftsbezirk des Teufels. Wenn man es in einem Bilde ausdrücken will: Die Juden schienen nicht an den geistlichen Stromkreis Gottes angeschlossen, da sie am Meßopfer nicht teilhatten. Nach dieser Logik waren sie damit »des Teufels«; denn daß es eine dritte, eine »neutrale« menschliche Basis geben könne, ließ die mittelalterliche Kirche nicht gelten, sowenig der absolute Staat »Objektivisten« gelten läßt.

Der christliche Antisemitismus des Mittelalters produzierte seine Giftstoffe und ließ sie wirken, indem er die *Dämonisierung* des jüdischen Mitmenschen und recht eigentlich seine *Verteufelung* einleitete. Aus der sakramentalen Auffassung aller Lebensbereiche entsprang die Verdammung des vermeintlichen Fremden. Was im Mittelalter an absurden Vorwürfen gegen die Juden von christlicher Seite erhoben wurde – Ritualmord, Hostien- und Reliquienschändung, Lästerung, Brunnenvergiftung –, ist Folge der Dämonisierung. Freilich verkennt man diesen Prozeß, wenn man ihn vorrangig als gesteuert ansieht, etwa im Sinne moderner politischer Agitation und einer daraus resultierenden »Spontaneität« des Volkszorns. Der mittelalterliche Mensch war vielmehr selbst ein tief geängstigtes Wesen, das sich dauernd von Unholden, Zauberern, Druiden, bösen Geistern, Hexen, Dämonen und Teufeln umdroht wähnte und einen ganzen negativen Hofstaat neben dem positiven des Himmels in Kraft glaubte. Die Hölle hatte ihre eigenen »Ordnungen«[28]. Man unterschied Unter-, Ober- und Hauptteufel, und Luzifer befehligte gleichsam strategische Flotten, um überall in der Christenheit Unheil zu stiften. Man braucht nur *Martin Luthers* Schriften zu lesen und damit einen Menschen an der Schwelle vom Mittelalter zur Neuzeit zu hören, der viele persönliche Teufelserlebnisse mitteilt.

Die Juden standen damit zum Teufel in einem Verhältnis der Kindschaft, wobei sich die Theologen auf ein Wort Jesu stützen konnten (Joh. 8, 44). Dieser Zusammenhang der Juden mit dem Teufel schien erwiesen, da die Juden über das Sakrament keinen Anteil an der Gnade Gottes gewannen und *doch* lebten. Wie sollte dies anders möglich sein, als daß sie »schwarze Messen« abhielten, das himmlische Zeremoniell verlästerten und nachäfften und den Teufel anbeteten? Man glaubte, daß sie dabei von ihm die Macht erhielten, ihren christlichen Mitmenschen Übles zu tun und jedem Hauswesen schweren Schaden zuzufügen. Luther sagt noch in seiner letzten Predigt vom 15. Februar 1546 über die jüdischen Ärzte, sie verordneten Mittel, an denen jemand später zugrunde gehen müsse.[29]

So setzten die furchtbaren Judenmorde am Rhein zu Beginn der Kreuzzüge, die zahllosen Verbrennungen vermutlich einen psychischen Mechanismus bei den Christen in Bewegung: Jeder umgebrachte Jude verringerte scheinbar die Bedrohlichkeit der Welt, schmälerte die feindselige Wirkungsmöglichkeit des Teufels. Wegen mangelnder Selbstkenntnis des Menschen blieb die Einsicht verschlossen, daß die Christen gegen Projektionen und Ängste ihrer *eigenen* religiösen und sozialen Existenz kämpften und andere wegen psychischer Bewegungen umbrachten. Die Analyse der Hexenprozesse liefert dafür Beweise.[30]

Man wird sich vorzustellen haben, daß die den öffentlichen Hinrichtungen wie einem Schauspiel beiwohnenden Christen jeden Feuertod, der von Juden und Häretikern gestorben wurde, als innerweltliche Druckverminderung empfanden. Das Böse in ihnen verbrannte mit, und sie läuterten sich im Tode des Beschuldigten, des überführten Sündenbocks.

So dürften die hochmittelalterlichen Judenverbrennungen, die etwa in Spanien zur Geburt eines Thronfolgers oder zur Feier einer fürstlichen

Hochzeit veranstaltet wurden (Autodafés), neben der Darstellung königlicher Macht auch die Funktion gehabt haben, ein *Massenpurgatorium* vor Kaiser und Reich zu erleben und damit die christliche Legitimation und ihre Unanfechtbarkeit erneut festzustellen.[31] Man kann nur ahnen, was auf diesem Wege bei den Zeitgenossen an Entlastung und Alibimechanismen gegenüber den eigenen Sünden wirksam geworden sein mag.

c) Aufs Ganze gesehen läßt sich feststellen, daß der Antisemitismus erst mit der Verchristlichung der Welt seine bis heute wirksame Gestalt fand. Was zuvor im heidnischen Bereich der judenfeindlichen Bewegungen aufgezeigt wurde, war *emotionell* und läßt sich vor allem von sozialpsychologischen Voraussetzungen herleiten. Niemals ist es – wie gesagt – zu einer Typologie »des Juden« gekommen. Diese leistete erst das Christentum. *Walter Sulzbach* hat drauf hingewiesen, daß der christliche Antisemitismus im Gegensatz zur emotionellen Feindschaft seitens der Heiden einen *intellektuellen* Vorgang darstellt, »eine logische Deduktion aus gegebenen Prämissen im Rahmen der christlichen Heilslehre«.[32] Als »Christusmörder« (gelegentlich auch »Gottesmörder») waren die Juden hinfort eindeutig definiert. Was sie an Vertreibung und Verfolgung hatten erfahren müssen, schien den Christen Beweis der Gerechtigkeit und des Zornes Gottes, der die Verwerfung des von ihm gesandten Messias ahndete. Die Legitimation für die Verfolgung an den Juden glaubte man der Bibel, als dem Wort Gottes, entnehmen zu können.

So trennte die Gestalt Jesu von Nazareth die beiden Religionen. Was für die einen »frohe Botschaft« bildete, profilierte sich für die anderen zum dauernden Vorwurf, zur Rechenschaftsforderung und zur Leidensbotschaft. In Jesu Namen pochte man an die jüdischen Türen, um das missionarische Werk zu vollbringen. Um Juden für die ewige Seligkeit zu retten, ließ man sie oder ihre Kinder gelegentlich mit Gewalt taufen und fügte sie damit der christlichen Welt ein; schleppte man schwangere Jüdinnen in Klöster, damit sie in »heiliger« Umgebung gebären sollten; zwang man sie zu Hunderttausenden auszuwandern, wie in Spanien Ende des 15. Jahrhunderts, sofern sie sich nicht taufen lassen und Glieder der christlichen Welt werden wollten. Die Beharrung des Judentums hat wiederum die Erbitterung der erfolglosen Christen gesteigert und den Mechanismus der zuvor umrissenen Verdächtigungen ausgelöst. Die »Heimholung« der Juden, ihre Annahme des »wahren« Messias hatte nicht nur heilsgeschichtliche Dimensionen, sondern war immer auch *sozialdynamisch* zu verstehen. Es ging um eine »Endlösung der Judenfrage«, wiewohl es sich um eine religiöse und noch keine biologische Liquidation handelte. Mittels der religiösen Liquidation hoffte man allerdings auch des sozialen Drucks von seiten des Widersachers ledig zu werden.

Damit uns Nachgeborenen und durch Aufklärung und Humanismus Beeinflußten die ganze Bitterkeit des mittelalterlichen christlich-jüdischen Verhältnisses annähernd deutlich bleibt, dürfen wir nicht vergessen, daß die Juden im christlichen Einheitsstaat diejenigen waren, die durch ihre *Existenz* beständig die Wahrheit der Erlösung in Frage stellten und die Vorläufigkeit des Heilswerkes bezeugten. Sie waren das einzig *Fremde,* das in der mittelalterlichen Lebenswelt niemals assimiliert werden konnte. Diese Tatsache mußte den Aggressionstrieb mächtig aufladen und sie zur Zielscheibe des Hasses werden lassen, zumal sie das christliche »Revier«, wie die Verhaltensforschung sagen würde, beständig durchquerten und daher den Verfolgungsinstinkt aktualisierten. Diese Aggression sah sich noch legitimiert durch die seit den Kreuzzügen von christlicher Seite immer wieder ausgegebene Parole »Gott will es!« Man kann sich die mittelalterliche Gemeindetheologie vermutlich kaum primitv genug vorstellen. Was an scholastischer Philosophie und Theologie blühte, dürfte die noch magisch verstrickte und quasi leibeigene Bevölkerung kaum erreicht haben. Da im biblischen »Wort Gottes« die Juden als am Tode Christi für schuldig befunden und verdammt wurden, sah die Hierarchie keine Veranlassung, dieses Urteil seelsorgerlich zu mildern, zumal es als ideales Ventil gegen die Erbitterung der ihrerseits sozial ebenfalls unterdrückten Christen diente. So fand durch die verhängnisvolle und primitiv-schuldhafte Praxis der Christen jeder Judenpogrom sein moralisches Alibi.

Die Juden wurden für das Abendland zu einem *didaktischen* Exempel: Papst Innozenz III. argumentierte, man dürfe auf sie gar nicht verzichten, damit die Christenmenschen Gelegenheit hätten, auch die *Unseligen* zu sehen. Alle konnten sonst prinzipiell selig werden, selbst die absolvierten Verbrecher, die man vor der Hinrichtung tröstete. Die Juden aber bildeten ein Unikum, denn sie kamen nicht in den Himmel, der allen anderen offenstand. So wurden die Juden, ähnlich wie die Armen, an denen man Barmherzigkeit üben und sich folglich seiner Gottwohlgefälligkeit versichern konnte, zum generationsübergreifenden erzieherischen Modell des Abendlandes.

Sie dienten also der religiösen Grundsatzbelehrung, aber es ergab sich offenbar auch eine soziale Wirkung. Die üblen gesellschaftlichen Verhältnisse des späten Mittelalters, die namentlich für die Bauern unerträglich wurden, wie ihre Aufstände bezeugen, schienen im Hinblick auf die Juden gemildert. Denn den Christen, mochte er von seinen geistlichen und weltlichen Feudalherrn auch noch so verachtet, geschunden und ausgebeutet werden, erwartete die »bessere Welt«, das Reich Gottes, in dem er »Freude in Fülle« empfangen sollte. Den Juden aber, so sagte man, bliebe das Paradies verschlossen, da Jesus die einzige Tür böte. So sollte sich der arme Christ das unwiderrufliche jüdische Schicksal vor Augen halten, um desto leichter die zeitliche Pein »im finsteren Tal« zu ertragen.

Überhaupt ist es merkwürdig und sollte einmal anhand sozialpsychologischer Kategorien untersucht werden, wie die Juden, vielleicht gerade *wegen* ihrer theologischen Verdammung, zum unentbehrlichen religiösen Versatzstück einer christlich geschlossenen Gesellschaft dienten. Die Naherwartung Jesu, der Glaube an seine bevorstehende Wiederkunft (Parusie), war zeitweise emotional gewaltig emporgesteigert. Die Umstände des Jahres 1000 im christlichen Europa sind bekannt. Die Volksmassen wurden von der Furcht des Weltendes und der Ankunft des »Weltenrichters« erschüttert; diese chiliastische Stimmung ist einwandfrei bezeugt. Jesus aber war immer und immer ausgeblieben. Ursprünglich hatte man damit gerechnet, daß er noch zu Lebzeiten seiner letzten Jünger wiederkehre, und stets täuschte man sich. Während dieser jahrhundertelangen *Enttäuschung* der Christen wurden die Juden zum *heilsgeschichtlichen Pfand,* daß Jesus doch noch käme. Verschiedenen Bibelstellen (Röm. 9–11 u. a.) entnahm man, daß erst »die Fülle« der Heiden zum Heil eingehen müsse, ehe die Juden folgten. Solange sie also anwesend und sichtbar blieben, glaubte man, gewiß mit der Wiederkunft Jesu rechnen zu können. Darum durften sie stets nur »gezüchtigt«, nie aber vollends ausgerottet werden, weil man sich sonst des heilsgeschichtlichen Pfandes begeben hätte.

So waren alle Elemente bereitgestellt, aus denen der neuzeitliche Antisemitismus seine Vorstellungen entlehnen konnte. Das erprobte Instrumentarium aus der Rüstkammer der christlichen Judenfeindschaft blieb auch für einen säkularen Ansatz vielseitig brauchbar.

3. Antisemitismus in der Neuzeit

a) Vorbemerkungen

Walter Sulzbach hat herausgestellt, daß für die Judenfeindschaft zum einen das bekannte Phänomen des *Fremdenhasses,* zum andern aber die christliche Lehre verantwortlich zu machen seien. Die christliche Komponente erfuhr viele Wandlungen. Durch die zuvor umrissene Dämonisierung verwurzelte die Ausnahmestellung der Juden so tief, daß ein eigenständiges soziales Modell entstand, das über das theologische Zeitalter hinaus erhalten blieb. Anders ausgedrückt: Als die theologische Begründung der Gesellschaft einer politischen wich, blieben doch die theologisch definierten Widersacher in ihrem gesellschaftlichen Gefährlichkeitsgrad erhalten. Der Teufelsglaube schwand zwar, aber die Furcht vor Unholden blieb. An die Stelle des Teufels trat der Gedanke an »Weltverschwörer«. Namentlich der faschistische Staat hat seine Gegner häufig der »Weltverschwörung« bezichtigt, besonders dann, wenn sie durch internationale Bindungen seine hermetischen Riegel durchbrachen, wie etwa die katholische Kirche und ihre Orden, insbesondere die Jesuiten, aber auch die Freimaurer und andere Bünde.

Gleichsam geborene »Weltverschwörer« aber schienen die Juden zu sein; die bloße Feststellung, daß es sie in aller Welt gebe (»Weltjudentum«), löste die Assoziation aus, es bestünde ein weltweites jüdisches Zusammengehörigkeitsbewußtsein mit geheimen Zielen. Die gefälschten »Protokolle der Weisen von Zion« sind dafür Beweis genug[33], zumal sie zu Hunderttausenden gedruckt und verkauft werden konnten.

Der moderne Antisemitismus ist nicht mehr wie der des Altertums und des christlichen Mittelalters eindimensional, sondern gewinnt seine gesellschaftliche Wirkung in Varianten. Diese erwachsen jeweils aus Unruhemomenten der sozialen Gegebenheiten. Daran zeigt sich, daß der Antisemitismus seinen sozialen Entlastungsmechanismus auch unter den modernen Umständen beibehielt, Trost bot und Aggressivität gleichermaßen gestattete. Diese Funktionen gilt es bei der Betrachtung der speziellen Richtungen nicht aus dem Auge zu verlieren. Es handelt sich um die Dimensionen der Wirtschaft (b), der Kultur und Politik (c) und der Rasse (d).

b) Wirtschaftlicher Antisemitismus

Unter allen Spielarten, die es aufzuzeigen gilt, ähnelt der wirtschaftliche Antisemitismus am unmittelbarsten den antiken Umständen. Dort war eine Minorität angefeindet worden, weil sie, ohne sich vor der heidnischen Kaiseridee zu beugen, über bedeutende Reichtümer und wirtschaftliche Machtpositionen verfügte. Die Fronten verschärften sich im christlichen Mittelalter, als Geld durch biblische Definition zum »Mammon« (Matth. 6, 24) gestempelt wurde und den Charakter von Teufelszeug erhielt. Die biblische Typologie von arm und reich ließ das Mißtrauen gegen das Medium Geld wachsen. Geld war die gefährlichste Versuchung, das Herz von Gott abzuwenden und auf »irdische Schätze« statt auf die »himmlischen« zu vertrauen. Diese aus agrarwirtschaftlichen Umständen entlehnten religiösen Denkmodelle bestimmten die mittelalterliche Geschichte und prägten das christlich-jüdische Verhältnis.

Da den Juden wegen ihrer sakramentalen Minderwertigkeit und Andersartigkeit der Zugang zu den »ehrlichen« Berufsgruppen (Kleriker, Handwerker, Bauern, später Kaufleute) verwehrt war und sie in den Adelsstand ohnehin nicht aufrücken konnten, weil die Voraussetzung christlicher Lehnsträgerschaft bei ihnen nicht gegeben war, blieb der Ausweg in das *Geldgeschäft* und in den *Kleinhandel.* Zweimal kamen zudem bedeutende wirtschaftliche Gesamtbewegungen hinzu, die die jüdische Minderheit beeinflußten: der Übergang von der Natural- zur Geldwirtschaft im hohen Mittelalter und die Industrialisierung an der Wende vom 18. zum 19. Jahrhundert.

Den Christen war auf Grund des Bibelwortes Luk. 6, 35, entsprechender Konzilsbeschlüsse und päpstlicher Dekrete seit dem 8. Jahrhundert Zinsnahme für Leihkapital verboten. Auch die Klöster, die zeitweise das Kreditwesen pflegten, wurden von der cluniazensischen Reformbewegung zur theologischen und religiösen Erneuerung des Lebens ergriffen und an den »weltlichen« Verdienstgeschäften gehindert. Da man aber ohne ein Kreditwesen nicht auskam, waren die Juden willkommene Lückenbüßer, weil für sie die christlichen Bedenken nicht galten. Man sah keinen Anlaß, ihnen gegenüber skrupulös zu sein. Die römischen Kirchenjuristen argumentierten, die Juden seien ohnehin in Ewigkeit verloren, darum käme es auf eine Anzahl Sünden mehr oder weniger bei ihnen nicht an. Man ließ sie unbeschwerten Gewissens wuchern, denn daraus zog die christliche Obrigkeit beachtliche materielle Vorteile. Der weitaus größte Teil der Zinseinnahmen floß nämlich in ihre Kassen zurück; ein geschicktes Besteuerungssystem sorgte dafür, daß die jüdische soziale Abhängigkeit hinlänglich erpreßt wurde, durch »Privilegien«, »Schutzbriefe« u. ä. Auf der andern Seite aber wurde durch das jüdische Finanzmonopol in der spätmittelalterlichen Welt der tiefe Graben zwischen den Christen und dem jüdischen Bevölkerungsteil aufgerissen. Sollte das christliche »Gotteskind«, der von Christus zur Herrschaft Mitberufene, Knecht bei den »verdammten« Juden sein und von ihnen leihen müssen?

Die andere wirtschaftliche Gesamtbewegung, die den Juden eine so mißdeutbare Rolle zuschob, erfolgte mit der *Industrialisierung* im ausgehenden 18. und beginnenden 19. Jahrhundert. Einzelne »Hofjuden« hatten schon zur Zeit des Absolutismus ihren fürstlichen Auftraggebern und deren Repräsentationsgelüsten immer wieder neue Finanzquellen erschließen müssen. Unter ihnen wurde am bekanntesten das »Hoffaktotum« Jud Süß (1692–1738) zur Zeit des württembergischen Herzogs Alexander, dessen Geschichte *Lion Feuchtwanger* erzählt. Diese im Volk oft bitter verhaßten Gestalten nahmen ein schreckliches Ende, sobald sich die fürstliche Gnade von ihnen wandte. Doch blieben es einzelne »privilegierte« Juden, die der durchschnittlichen armen christlichen Bevölkerung wie Blutsauger erscheinen mochten.

Mit dem Beginn der Industrialisierung aber änderte sich der soziale Status der gesamten Judenheit, indem überall die Gettos, die geschlossenen jüdischen Wohnbezirke mit Ausnahmerecht, aufgehoben und deren früheren Insassen bürgerliche Rechte verliehen wurden. Daß Judenemanzipation und Industrialisierung zeitlich zusammenfielen, gehört zu den wenig glücklichen Anlässen der europäischen Sozialgeschichte. Die bis dahin agrarische Gesellschaftsstruktur wurde durch die neue Wirtschaftsform aufs tiefste betroffen. Der Zusammenhang von Wohnbezirk und Arbeitsplatz und die Einheit der Großfamilie lösten sich auf. Die patriarchalische

Gebundenheit des Lebens schwand. Mit dem Horizont des Dorfes verlor sich oft auch der religiös-moralische Halt; eine existentielle Unsicherheit griff Platz. Die Ausbeutung des Industrieproletariats spottete jeder Beschreibung. Es herrschte ein dumpfes, aber berechtigtes Gefühl der wirtschaftlichen Preisgegebenheit, da alle diese Umstände noch nicht mit einer politischen und ökonomischen Theorie erklärt werden konnten.

Damals erfolgte die Judenbefreiung. Die privilegierten »Schutzjuden« waren zwar schon große Herren gewesen, die »kleinen« Trödeljuden, die Vieh- und Zwischenhändler, die Geldleiher u. ä. aber standen rangmäßig unter jedem »Christenmenschen«. Nun aber brachten die neuen Bürgerpatente (Österreich 1782, Frankreich 1791, Preußen 1812) einen großen Zustrom jüdischer Gleichberechtigter in die von vielen als unsicher empfundene Sozialstruktur und veranlaßten das gesellschaftliche Debüt einer neuen Gruppe. Diese war verständlicherweise von einem starken Aufstiegswillen beseelt und ließ neue Ängste bei denen entstehen, die sich anonymen Wirtschaftsgesetzen ausgeliefert sahen.

Der Eintritt der Juden in das Wirtschaftsleben an der Wende vom 18. zum 19. Jahrhundert zeichnete sich durch das Aufkommen eines neuartigen *Unternehmertyps* aus. Die Juden konnten, gleichsam durch jahrhundertelange Übung an kleinen Handelsobjekten trainiert, nun auch die großen Chancen erkennen, die sich in der liberalisierten Welt für Fabrikanten, Kaufherren und Großspekulanten, Börsenvertreter und Bankgründer boten. Erstmalig wurde das Moment der scharfen Kalkulation, der Prosperität und der Rentabilitätsrechnung wirksam. Die neue Wirtschaftsform fand ihre Regulation durch Konkurrenz. Wer billiger liefern konnte, erhielt die begehrten großen Heeres- und Marineaufträge, die Versorgung der Truppe mit Verpflegung, Bekleidung und Bewaffnung. Er durfte Festungen ausstatten und bei Feldzügen den Troß stellen, das Pferdegeschäft der Kavallerie betreiben oder die Armierung der Schiffe vornehmen.

Diese scharfe Konkurrenzerfahrung löste bei manchen »christlichen« Kaufleuten den antisemitischen Komplex aus, es sei nur deshalb so schlimm um die Wirtschaft bestellt, weil »die Juden« darin wirkten. Die kleinen Händler fühlten sich an die Wand gespielt und reagierten bitter. *Eva Reichmann* hat mit der Formel »Flucht in den Haß« die psychische Reaktion auf jene unbehaglichen ökonomischen Umstände gekennzeichnet.[34]

Zeitgeschichtlich nicht sehr bewanderten Menschen wird es schwer, zu glauben, daß ökonomische Gegebenheiten derartige seelische Stereotype auszulösen vermochten. Aber man ist genötigt festzustellen, daß wirtschaftliche Bewegungen Judenfeindschaft hervorriefen, die im Großbürgertum und im Mittelstand unterschiedlich wirksam war, während die junge Industriearbeiterschaft nur wenig davon erfaßt wurde.

Es waren einzelne jüdische Namen, die als Symbole für den unvorstellbaren wirtschaftlichen Aufstieg galten. Das Haus *Rothschild* ragte besonders hervor.[35] Viele europäische Fürsten nahmen dort im 19. Jahrhundert Anleihen auf, was den »Untertanen« mehr mißfiel als den Fürstlichkeiten, die schon immer reichlich von den Juden gezehrt hatten. Denn es schien, als säßen die »Landesväter« in goldenen Schlingen gefangen. So begann der wirtschaftliche Antisemitismus im 19. Jahrhundert mit einer Reihe schwerer Verleumdungen gegen die Juden: unfaire Konkurrenten, volkswirtschaftliche Parasiten, ungehemmte Profitstreber, Ausbeuter, Zerstörer einheimischer und altdeutscher Arbeitsweisen, »artfremde« Werbungspraktiker usw. Die Wirtschaftsgeschichte bot Anlässe, diese Unterstellungen je nach Umständen aufzunehmen. Ein Hauptanlaß war der *»Börsenkrach«* 1873. Weite Kreise des deutschen Volkes waren in einen Taumel geraten, sich als Unternehmer betätigen zu dürfen; die »Gründerzeit« brach an. Geld schien man leicht verdienen zu können. Die Millionenbeträge der französischen Reparationen, die nach 1871 in das Deutsche Reich flossen, verwirrten manches Gemüt. Als die bodenlos kühnen Spekulationen aufplatzten, fand man in den Juden dienliche Sündenböcke. Ihnen schob man die Schuld an dem Börsensturz in die Schuhe; ihre Machenschaften hätten das Mißgeschick verursacht.

Der wirtschaftliche Antisemitismus blieb in den folgenden Jahrzehnten nicht immer gleich stark. Die eigentlich imperialistische Phase der deutschen Politik etwa ab 1895, die Auswirkungen des deutschen Überseehandels und der Kolonialismus förderten den Wohlstand aller Kreise, namentlich der Mittelschichten. Die ökonomische Unzufriedenheit ging folglich zurück, und zu einem vorrangig auf innerdeutsche Konkurrenzangst aufgebauten wirtschaftlichen Antisemitismus bestand weniger Anlaß. Der »Feind« erschien verständlicherweise eher in der Maske des andersvölkischen politischen und wirtschaftlichen Widersachers um Weltmärkte, Kolonialgebiete bzw. Interessensphären und Rohstoffbasen. Als aber Deutschland am Ende des Ersten Weltkrieges von der globalen Mitsprache abgeschnitten und ganz auf sein verkleinertes Reich zurückgeworfen war, trat der »Feind« im eignen Lande wieder schärfer ins Blickfeld.

Seinem Höhepunkt trieb der wirtschaftliche Antisemitismus folglich in der Weimarer Republik zu. Ähnlich wie durch den Zusammenfall von Judenemanzipation und Industrialisierung wurden die Deutschen jetzt durch das Ende des Ständestaates beunruhigt. Der Verlust der Monarchie und damit des sichtbaren Repräsentanten der Macht erschütterte die Grundordnungen. Die Republik hatte einen denkbar ungünstigen Start, indem sie die Schulden des Kaiserreichs an die Siegermächte zu bezahlen hatte. So dauerten die Krisen an. Ihre schwersten waren die Inflation(1923) und die Weltwirtschaftskrise (1929/32). Die Deklassierungsangst des Kleinbürgertums griff um sich, und man unterstellte den Juden, sie bildeten die heimliche

Regierung und eigneten sich durch ihre Manipulationen das Vermögen des deutschen Volkes an. Die Tatsache, daß einige Minister jüdischer Herkunft in den Kabinetten der Weimarer Republik saßen, sollte als Beweis dienen.[36]

Insbesondere wurde die Einwanderung von Ostjuden in die Weimarer Republik mit größtem Mißtrauen beobachtet und mit dem antisemitischen Mechanismus beantwortet, dieser Personenkreis sei von den einheimischen Juden ins Land gerufen worden und bereite den Aufbau der jüdischen Herrschaft in ganz Deutschland vor; es handele sich um Maßnahmen der jüdischen »Weltverschwörung«. Der Zustrom aus dem Osten erfolgte, weil sich dort nach dem Ende des Zarenreiches die freien Handelsmöglichkeiten bedeutend verschlechtert hatten. Die aus dem Osten kommenden Gestalten, die teilweise noch im traditionellen Kaftan erschienen, verursachten zudem bei vielen Deutschen einen Furchtkomplex. Es rächte sich, daß Deutschland – etwa im Gegensatz zu England, Frankreich, Belgien und den Niederlanden – keine vergleichsweise intensiven weltweiten Handelsbeziehungen unterhielt, daher nicht gewöhnt war, eine Fülle farbiger oder sonst durch Tracht und Lebensumstände grundsätzlich verschiedener Menschen auf Dauer im eigenen Lande zu beherbergen. Die Deutschen kannten nur ihre Stammesdifferenzen, deren tiefste, die zwischen Bayern und Preußen, bis heute nachwirkt. Deutschlands weithin agrarisch orientiertes Denken festigte sich ideologisch in den Kategorien einer »heiligen, unverletzlichen Heimat«. Das Fremde blieb »unheimlich«, weil es nicht wirklich in die Gesetze des »Heimes« einbezogen wurde. Die Einwanderung der fremdartig anmutenden Ostjuden geschah etwa während der Ruhrbesetzung durch die Franzosen; damals wurden auch farbige Besatzungssoldaten an den Rhein verlegt. Die nationalistische Presse suggerierte in diesem Zusammenhang dem deutschen Volk Ängste vor einer »Überfremdung«.

Die ostjüdischen Einwanderer, die sich zumeist, sozialen Gepflogenheiten entsprechend, gruppenweise in bestimmten Stadtvierteln, vor allem Berlins, ansiedelten, schienen eine Bedrohung in den Augen der »Deutschnationalen«. Während der kleine Sparer sein Geld in der Inflation verlor, erfuhr er, daß große Warenhäuser mit jüdischem Namen unverändert prosperierten. So legte sich ihm die Erklärung nahe, daß sein mühsam erworbenes kleines Kapital von diesen großen Unternehmern aufgesogen und er also betrogen worden sei. Die Erklärungen wurden nicht an den tatsächlichen wirtschaftlichen Umständen überprüft, sondern hatten den Charakter des *Vorurteils;* was seiner Bestätigung diente, wurde aufgegriffen, was ihm widersprach, verhallte ungehört.

So wuchs sich der wirtschaftliche Antisemitismus zu einer stereotypen Größe aus: Herkommend aus dem Konkurrenzmotiv, aufgeladen mit Fremdenhaß, stabilisiert durch die Ungunst wirtschaftlicher Umstände, entstand *Existenzangst* besonders der mittelständischen Bevölkerung im 19. und 20. Jahrhundert. Die Juden galten als internationale Finanzverschwörer, die sogar Inflation, Krisen und Kriege manipulierten, um sich zu Börsenherren aufzuschwingen: ihr Ziel sei die Weltherrschaft.

c) Der politische und kulturelle Antisemitismus

In der politischen Arena läßt sich noch klarer als auf dem wirtschaftlichen Sektor zeigen, wie alte judenfeindliche Einstellungen aus dem christlichen Bereich in gewandelter Gestalt auftauchten. Der politische Antisemitismus hatte nämlich seinen typologischen Wurzelboden in der Chiffre des religiösen Widersachers, des Teufels. Dieser war nach christlicher Lehre unablässig um den »Abfall« des Menschen bemüht. Der listenreiche Verführer mit seinen groben und feinen Anschlägen auf »Geist« und »Fleisch« hatte sich bereits vielen Generationen so tief eingeprägt und gleichsam phylogenetisch verankert, daß er mit der Erschütterung des Teufelsglaubens während der Aufklärungsepoche nicht ganz verschwand. Es erfolgte lediglich eine *neue Objektbesetzung:* Der religiöse Diabolus wurde zum politischen Weltverschwörer, zum sozialpsychologischen Widersacher. Damit ist zugleich der Wandel vom theologischen zum politischen Denken gekennzeichnet, die Unterscheidung der Zeitalter markiert und die allgemeine Interessenverlagerung umrissen.

Der politische Antisemitismus entstand in Deutschland nach der Reichsgründung von 1871. Sein Kennzeichen ist die *Organisation.* Die früheren judenfeindlichen Bestrebungen waren zusammenhanglos geblieben. Die neue Formation aber brachte ihre eigene Systematik ein. Darum wurde sie gefährlicher als ihre Vorläufer, konsequenter und radikaler. Es läßt sich zeigen, daß fortan »Programme« aufgestellt, Vorschläge für eine »endgültige« Lösung der »Judenfrage« vorgebracht werden und Perspektivpläne aufkommen. Damit ist prinzipiell die faschistische Praxis vorweggenommen, in einem Verfahren kleiner Schritte die jüdische Minderheit auszulöschen. Freilich würden sich die »aristokratischen« oder »akademischen« Judenfeinde sehr dagegen verwahrt haben, etwa als »Radauantisemiten« verdächtigt zu werden. Auch wollten sie zumeist nur mit »legalen« Mitteln arbeiten und alles »ordentlich« und »vernünftig« eingeleitet wissen.

Die Organisation eines politischen Antisemitismus zeigte sich erstmalig im Jahre 1881. Damals legte *Bernhard Foerster,* der die Schwester *Friedrich Nietzsches* geheiratet hatte[37], dem Deutschen Reichstag eine Eingabe mit einer viertel Million Unterschriften vor. Hunderttausende mündiger Deutscher forderten darin eine Beschränkung der jüdischen Einwanderung und den Ausschluß der Juden von öffentlichen Ämtern, vor allem im Rechts- und Schulwesen. Man erklärte mit einem Wort die bürgerliche Emanzipation der Juden für einen politischen Irrtum mit schwerwiegenden Folgen, den es systematisch rückgängig zu machen gelte, um Schlimmeres zu verhüten. Die Reichstagspetition Bernhard Foersters stellt die erste »ordentliche« politisch-judenfeindliche Äußerung dar, die im Gegensatz zu den Hep-Hep-Krawallen von 1819 in den Bahnen des parlamentarischen Petitionsrechtes verlief und keine zertrümmerten Fenster, Türen und Wohnungseinrichtungen zurückließ. Um so mehr zerstörte sie die Basis des bürgerlichen Vertrauens in die Loyalität der Minderheit, sie bereitete die politische Liquidation vor. Die Unterschriftensammlung von 1881 und ihre Adresse an den Reichstag setzten auch ein Dokument in Umlauf, das die entscheidenden Punkte aller späteren antisemitischen Forderungen enthielt. Der politische Horizont wurde durch dieses Schriftstück festgelegt. Kurz gefaßt: Die Juden sollten ins Getto zurück, vielleicht noch unter Fremdenrecht geduldet werden, aber an der Gestaltung des kulturellen und politischen Lebens keinen Anteil gewinnen.

Über die Hep-Hep-Krawalle von 1819 müssen noch weitere sozialpsychologische Forschungen betrieben werden, um die Ursachen der aggressiven Entladungen und psychischen Abwehrvorgänge zu erhellen, soweit das anhand historischer Dokumente möglich ist. Wie ergiebig die einschlägigen geschichtlichen Texte sein können, erschließt der nachfolgend abgedruckte zeitgenössische Bericht über die judenfeindlichen Ausschreitungen 1819 aus der Feder des Protestanten *K. A. Varnhagen von Ense*, des Ehemanns der berühmten Rahel Varnhagen[38]:

»Am Ende des August (1819) ereignete sich in Deutschland eine Bewegung, die dem Ruhme des deutschen Volkes, gutmüthig und gesittet und des besten Geistes zu sein, häßliche Flecken anwarf, aber in ihm auch einen innern Zusammenhang, eine gemeinsame Empfänglichkeit für Anreizungen und Gefühle zeigte, die in solchem Grade bisher nicht vermuthet worden war. In einer mittlern Stadt, ich weiß nicht mehr in welcher, entstand plötzlich ohne besondre Veranlassung ein wildes Geschrei gegen die Juden. Mit dem wilden Zuruf Hep, Hep! wurden die Einzelnen auf der Straße angegriffen und verfolgt, ihre Wohnungen bestürmt und theilweise geplündert, Beschimpfungen und Gewaltthaten aller Art gegen sie verübt; indeß kein Blut vergossen; hier war die Gränze des Muthes oder der Bosheit der Uebelthäter.

Schnell wie das Gerücht von diesen Ausschweifungen verbreiteten sie selber sich gleich einem fliegenden Feuer, gleich einem ansteckenden Sankt Veitstanze. In allen Städten Deutschlands, großen und kleinen, in den mit Truppen und Polizeiwesen bestversehenen wie in den wenigstüberwachten, in den Königlichen Residenzen und am Sitze des Bundestages wie in den freien Hansestädten, wiederholten sich dieselben Auftritte, in übereinstimmender Weise, wie von einer und derselben unsichtbaren Hand geleitet. Hep, Hep! erscholl es durch ganz Deutschland, von einem Ende zum andern, als Hetzruf zum Angriff, als Mahnung zur Flucht oder Vertheidigung für die Geächteten. Als wäre sie eine Fahne der Deutschheit, erhob die Judenverfolgung sich auch in solchen Städten, die zu Deutschland nicht gehören wollten, aber doch das in ihnen liegende Deutsche hierin – leider zum Schlechten – nicht verläugnen konnten, in Straßburg und Amsterdam, in Kopenhagen und Riga, wurde Hep, Hep! gerufen. Mit den Gewaltthätigkeiten mischte sich leichtsinnige Neckerei, Lust an Schalkheit; ein Königlicher Prinz rief dem Knaben Felix Mendelssohn auf der Straße lachend Hep, Hep! entgegen, es war nicht alles böse gemeint, manche der Schreier hätten nöthigenfalls, wäre es weiter gegangen, den Juden sogar Beistand geleistet; aber der rohe Uebermuth bedachte nicht, daß im Frevel kein Maß ist, daß aus Hohn und Schimpf auch Raub und Mord entstehen, und daß dieser dann über die Juden hinaus auch sie selber treffen konnte! In der That wußte niemand, wohin diese plötzlich entzündete Aufregung führen konnte, und die Verfolgten mußten sich an Gut und Leben bedroht sehen . . . Die Juden zeigten an vielen Orten die muthigste Entschlossenheit, einzelne boten mit Erfolg allen persönlichen Gefahren Trotz, viele bereiteten sich zur Gegenwehr, wäre es zum Kampfe gekommen, es wäre ein verzweifelter geworden. Nach einer bei den großen Polizeikräften, die überall zu Gebot standen, doch verhältnißmäßig langen Dauer des schändlichen Unfugs erlosch er allmählich in sich selbst, und es blieb keine eigentliche Feindschaft, sondern nur auf der einen Seite das tiefe Gefühl der erlittenen Kränkung, auf der anderen der läugnenden Scham zurück, denn niemand wollte mehr an der rohen Ausschweifung theilgenommen haben . . .«

Adolf Stoecker (1835–1909), Hofprediger der Hohenzollern, entfaltete eine politische Aktivität, die geeignet war, antisemitische Gedanken in weite Kreise zu tragen. So gründete er in der bekannten »Eiskellerversammlung« 1878 die »Christlich-Soziale-Arbeiterpartei«, die die Arbeiterschaft der SPD abspenstig machen und sie »christlichen«, »nationalen« und »monarchischen« Gedanken wieder öffnen sollte. Stoecker hatte freilich mit dieser Parteigründung keinen dauernden Erfolg, da er der marxistisch geschulten Arbeiterschaft und ihren Funktionären keine klare Konzeption bieten konnte, wie das Elend der proletarischen Ausbeutung überwunden werden und wie es zu einer gerechten Gestaltung der Besitzverhältnisse im Deutschen Reich kommen sollte. Die gefühlvollen Töne auf der vaterländischen Leier vermochten die entschiedenen Sozialdemokraten nicht zu irritieren, ebenso nicht der judenfeindliche Akzent in Stoeckers Ausführungen. Es gereicht überhaupt den Proletariern am Ende des 19. Jahrhunderts zur Ehre, daß sie viel weniger den antisemitischen Stereotypen erlagen als andere Schichten. Sie mochten erkennen, daß es sich schließlich gleich blieb, ob sie von christlichen, jüdischen oder glaubenslosen Kapitalisten ausgebeutet wurden.

So war es folgerichtig, daß Stoecker mit seinen abgestandenen Ideen vom christlich-konservativen Staat, die er in judenfeindlicher Verpackung feilbot, unter der Arbeiterschaft kaum Proselyten machen konnte. Um so bezeichnender aber war es, daß sich sehr bald um ihn ein typisch mittelständischer und kleinbürgerlicher Kreis bildete, den er mit seiner Parole vom *Unheil des Liberalismus,* in dessen Gefolge das »jüdische Kapital« die Herrschaft erlangt haben sollte, fest organisieren konnte. Seine Thesen von der Bedrohung des Volkslebens und der überlieferten Wertordnungen fanden in der Mittelschicht offene Ohren. Die Sündenbocktheorie funktionierte trefflich: schuld an allen politischen, sozialen und kulturellen Mißständen sei das Judentum, dessen »zersetzender« Einfluß überall spürbar werde. 1893 entstand der *Deutschnationale Handlungsgehilfenverband* und im selben Jahr der *Bund der Landwirte*. Beide Interessenverbände sprachen für große Teile der Bevölkerung und argumentierten aus dem ideologischen Blickwinkel judenfeindlich.

So entfiel im Namen seiner Partei die Vokabel »Arbeiter«, und es wuchs daraus die »Christlich-Soziale Partei«, die großen Zulauf hatte und als »Berliner Bewegung« zwischen 1880 und 1890 mit ihren sozialkonservativen und zugleich antisemitischen Parolen viel von sich reden machte. Dabei zeigte es sich, daß unter der Fahne der Judenfeindschaft einander widersprechende politische Tendenzen zu bündeln waren, ähnlich wie später der »völkische« Antisemitismus Hitlers viele sonst geschiedene Gruppen der Weimarer Republik verband.

Stoeckers Gedanken fanden aber auch Eingang in die akademischen Bereiche, wo ein ähnlicher antisemitischer Indoktrinationsprozeß anhob, wie er zuvor für die mittleren Schichten umrissen wurde. Der von ihm gegründete »Verband Deutscher Studenten« trug judenfeindliche Gedanken unmittelbar in den Kreis der Universität. Viele Korps und Burschenschaften wurden dadurch angeregt, die liberale Haltung aufzugeben. Manche Bünde erfanden jetzt Klauseln: Juden seien von der Korps- und Bundesbruderschaft auszuschließen. Auch *Julius Langbehn* (1851–1907) vermochte mit seinem Buch »Rembrandt als Erzieher« (1890) besonders die akademischen Schichten zu erreichen und sie antisemitisch zu prägen, indem er dem Judentum unterstellte, die deutsche Kultur zu schädigen. Langbehns Buch hatte einen ungewöhnlichen Erfolg, denn 1928 erschien die 84. Auflage.

Am stärksten aber wurde zweifellos der »kulturelle« Antisemitismus durch den Umstand gefördert, daß sich zwei der berühmtesten Gelehrten jener Zeit mit ihm öffentlich auseinandersetzten und ihn dadurch als diskussionswürdig anerkannten. Die beiden großen Historiker *Theodor Mommsen* (1817–1903) und *Heinrich von Treitschke* (1834–1896) sahen sich als Ordinarien der Berliner Universität durch Stoeckers Agitation zu einer Stellungnahme veranlaßt. Zunächst äußerte sich Treitschke (»Ein Wort über unser Judentum«, 1879) und charakterisierte Stoeckers »Berliner Bewegung« zwar als »brutalen«, aber doch »natürlichen« Ausbruch des »germanischen Volksgefühls« gegen das »Fremde«. Mommsen antwortete darauf (»Auch ein Wort über unser Judentum«) seinem Freund und Kollegen Treitschke. Beider Gedanken aber wurden aus dem Zusammenhang gerissen und dienten als Schlagworte der Judenfeinde.

Das zuvor herausgestellte Merkmal der *Organisation* für den politischen

Antisemitismus blieb auch in der Folge wirksam, indem sich die neue Gruppe der »völkischen« Antisemiten konstituierte. Sie hatte sich von der Christlich-Sozialen Partei Stoeckers getrennt und schuf 1886 unter dem Marburger Bibliothekar *Otto Böckel* und dem Schriftsteller *Theodor Fritsch* ihren eigenen Verband, der sich »Deutsche antisemitische Bewegung« nannte und besonders in Hessen zahlreiche Anhänger gewann. Damit war die erste Partei ins Leben gerufen, die ihre Aufgabe im Kampf gegen die Juden sah. Im einzelnen sollen die verschlungenen Linien und die Geschichte aller »Bünde«, Verbände, Vereine und Gemeinschaften, deren Kernstück der politische Antisemitismus war, hier nicht weiter verfolgt werden. Jedenfalls gab es seit 1887 antisemitische Abgeordnete im Reichstag; 1903 waren es 11. Auch der Führer des »Alldeutschen Verbandes«, der Justizrat *Heinrich Class,* trug zum politischen Antisemitismus erheblich bei. In der Weimarer Republik erreichte die politisch bestimmte Judenfeindschaft aus den schon in früheren Zusammenhängen dargestellten Gründen ihren Höhepunkt und leitete unmittelbar zum Pogrom über, den die faschistischen Machthaber veranstalteten.

d) Der rassische Antisemitismus

Diese neue Spielart der Judenfeindschaft wurde zur gefährlichsten und folgenreichsten Irrlehre, die im modernen Europa überhaupt entstand. Sie birgt in sich manche Züge, die sie als Säkularisationserscheinung kennzeichnen und ihr den Charakter einer Art Ersatzreligion verleihen.

Der rassische Antisemitismus vermochte in so vielen Gemütern schwere Verwirrung hervorzurufen, weil er an die Wissenschaftsgläubigkeit des 19. Jahrhunderts anknüpfen konnte. Ein neues positivistisches Verständnis von Forschung legte nahe, die Resultate der Vergleichenden Völkerkunde zu erweitern und in Europa ähnliche Unterscheidungen vorzunehmen. *Wilhelm Wundts* (1832–1920) große Arbeiten zur Völkerpsychologie schienen zudem in ähnliche Richtungen zu weisen und »rassische« Perspektiven zu rechtfertigen. Man wird auch nicht vergessen dürfen, daß die Naturwissenschaft einen grandiosen Siegeszug angetreten hatte und daß erst wenige Jahrzehnte zuvor die biologischen Klassifikationsversuche durch *Carl von Linné* (1707–1778) erfolgt waren. Wenn es dort gelang, die Natur in ein System zu überführen und allenthalben Ordnungen und Zusammenhänge aufzuweisen, so schien es nicht länger absurd, auch Menschen in ähnliche Schemata zu stellen, ihre Erscheinung nach Gruppen zu gliedern. Gelang es *Karl Marx* und *Friedrich Engels,* den Menschen als ökonomisches und gesellschaftliches Wesen aufzufassen, vermochte es *Charles Darwin,* ihn als entstandenes und nicht einmalig »geschaffenes« Wesen zu erklären, so schien vielen der Rassentheorie eine interfakultative Funktion zuzukommen. Freilich handelte es sich dabei um einen groben

Irrtum, indem man als *Theorie* anzunehmen bereit war, was kaum den Rang einer *Hypothese* beanspruchen konnte, da es von Ressentiment und Selbstüberhebung ausgelöst war. Außerdem hatte man damals weder erkannt, daß man gegenüber den Wissenschaften genauso kritisch sein müsse wie gegenüber der Politik, noch war *Max Schelers* (1874–1928) Erkenntnis vorwegzunehmen, daß man sich nicht mit simplen biologischen Kategorien begnügen dürfe, sondern »Die Stellung des Menschen im Kosmos« (1928) untersuchen müsse. Da die anthropologische Fragestellung noch nicht entdeckt war, verengte sich die Perspektive auf eine »Rassenkunde«, und damit nahm das Unheil seinen Lauf. Da sich mittels einer »wissenschaftlichen« Rassenlehre die Judenfeindschaft scheinbar aus dem Bereich bloßer Überzeugungen erhob und sich objektivierte, verfochten viele mit geradezu priesterlichem Ernst die Unfehlbarkeit der neuen, angeblich auf »Forschung« beruhenden Doktrin, deren ideologischer Charakter ihnen entweder verborgen blieb oder bewußt übersehen worden war. Ein neuer rassischer Wissenschaftsenthusiasmus kam auf.

Das Wort »Rasse« hat eine arabisch-semitische Sprachwurzel und bedeutet »Ursprung«, »Kopf«. Über die Brücke des Französischen gelangte es in die europäischen Sprachen und wurde hier zum Begriff. Man schrieb es Ende des 18. Jahrhunderts »race« und meinte damit eine »Sorte«. *Immanuel Kant* gebrauchte es erstmalig als biologische Kategorie. Philosophisch wird es folgendermaßen definiert: Rasse ist »Unterbegriff von Art, eine Gesamtheit von Lebewesen, die den Wesensmerkmalen nach derselben Art angehören, aber innerhalb dieser durch zusammengehörige, konstant vererbliche Sondereigenschaften eine wohlunterscheidbare Gruppe bilden, die indes mit andern Gruppen der gleichen Art fortpflanzungsfähig bleibt«.[39]

Der rassische Antisemitismus trat nicht sogleich mit seiner biologischen Begründung auf, sondern versuchte sich zunächst mit allgemeinen Bestimmungen jüdischer Merkmale. Darin tat sich der um das persönliche Werk sehr besorgte und in der eigenen Förderung außerordentlich erfolgreiche Bayreuther »Meister« *Richard Wagner* hervor. 1850 schrieb er den Aufsatz »Das Judentum in der Musik«. Seine Anhängerschaft, die sich zunehmend als »Gemeinde« verstand, erhob auch diese Gedanken aus dem »Hause Wahnfried« in den Rang einer Offenbarung, da die »Wagnerianer« überhaupt eine elitäre Gruppe bildeten. Wagners anonyme Abhandlung von 1850, zu der er sich erst 1869 öffentlich bekannte, ist schlechthin ein Pamphlet, da sie jeder objektiven Betrachtung entbehrt. Wagner wurde zu seiner Schmähschrift durch Neid gegenüber zwei damals berühmten Musikern veranlaßt, die zufällig Juden waren: *Giacomo Meyerbeer* und *Felix Mendelssohn-Bartholdy*. Ihnen und *allen* Juden unterstellte er grundsätzlich künstlerische Unfähigkeit und sprach ihnen insbesondere jede Glaubwürdigkeit im Umgang mit dem »deutschen« Wort und Lied und einer

»deutschen« Dramaturgie ab. Wagner legte den nationalsozialistischen Dogmatikern die Forderung in den Mund, Bücher jüdischer Autoren in Deutschland als »Übersetzungen« zu kennzeichnen.

Ähnliche Typologien bargen einige Romane der bürgerlichen Welt, die jeder Gebildete kannte. Dem Helden eigneten alle Züge »deutschen Wesens«: Treue, Aufrichtigkeit, Glaube, Barmherzigkeit, Heimatliebe und ein tiefes Gemüt. Ihm stand ein jüdischer Widersacher gegenüber, dessen schlimme »rassische« Veranlagung mit zunehmendem Alter immer deutlicher hervortrat. Was zunächst noch verhüllt erschien, wurde im »natürlichen Entwicklungsprozeß« offenbar. »Der Jude« mußte seiner schlimmen »rassischen« Veranlagung folgen. Untreue, Falschheit, Unglaube, Hartherzigkeit und Bindungslosigkeit erklärte man zu seinen Eigenschaften, mit denen er eine Zeitlang erfolgreich operierte, bis ihn die Strafe traf und die »Gerechtigkeit« siegte. *Gustav Freytags* »Soll und Haben« (1855) und *Wilhelm Raabes* »Hungerpastor« (1864) stehen für viele heute weniger bekannte Zeugnisse dieser Art.

Als eigentlicher Begründer der Rassenlehre und biologischen Geschichtsbetrachtung wirkte der Franzose *Graf Gobineau* (1816–1882). Sein Buch über »Die Ungleichheit der Menschenrassen« ist ein Versuch, Kulturgeschichte aus der biologischen Zugehörigkeit der jeweiligen Gruppen zu erklären und ihre »Blutmischung« zu berücksichtigen. Er vertrat den Gedanken, daß Anlagen unverändert bewahrt würden, sofern die »Rasse« sich rein erhielte. Vermische sie sich mit anderen, folge unfehlbar eine Minderung ihrer Qualität. Er unterschied zwei große Rassegruppen: die produktive und staatsgestaltende »arische« Gruppe und die destruktive »hamitisch-semitische« Gruppe. Von den »Ariern« rühre alle Kultur her und darum hänge auch das Schicksal der Welt an ihrem biologischen Bestand.

Eugen Dühring (1833–1921) vermittelte dem Antisemitismus einen weiteren Akzent. Er vollzog die erste nachchristliche rassische Interpretation der Juden. In der christlichen Welt hatte die Überzeugung gegolten, daß der sakramentale Gnadenempfang in Gestalt der Taufe in die neue christliche Existenz überführe und alles Frühere damit hinfällig sei. Die Taufe war Heilsereignis für die Person, verwandelte sie und fügte sie dem »Neuen Bund« ein. Dühring dagegen betonte, daß am rassischen Befund durch die religiöse Zeremonie nicht das mindeste geändert werde, sondern daß es eine unaufhebbare »blutsmäßige« Bestimmung des Menschen gebe. Ein Jude bleibe Jude, wie immer er sich entscheide, was immer er »äußerlich« an sich vollziehen lasse. An dieser Stelle wird deutlich, wie weit sich die christlich-sakramentalen Überzeugungen bereits verflüchtigt haben mußten, daß eine Relativierung der Taufwirkung in weiten Kreisen überhaupt nicht mehr auffiel. So warnte Dühring konsequent vor dem Zugeständnis des Taufsakraments an Juden, da die Übergetretenen dann unbeobachtet an die empfindlichen Stellen der Nation gelangen und dort Schaden stiften könnten. Dühring hat damit nicht nur prinzipiell die Entscheidungsfähigkeit des Menschen bestritten, sondern gleichzeitig den Propagandastil des Dritten Reiches vorgeformt, in der das Rassendogma alle judenfeindlichen Einzelmaßnahmen steuerte.

Wie sich der Chor der rassischen Antisemiten in der Folge verstärkte, kann nicht im einzelnen aufgezeigt werden. Lediglich die Namen *Ernest Renan* (1823–1892), *Paul de Lagarde* (1827–1891) und *H. St. Chamberlain* (1855–1927) seien noch genannt. Am Ende dieses Abschnittes über den Antisemitismus läßt sich die abstruse Rassentheorie in ihrer verhängnisvollen politischen Rolle durch nichts besser kennzeichnen als durch *Adolf Hitlers* Argumentation in seinem Buche »Mein Kampf«.[40] Er stellt darin fest, daß sich in der Natur Tiere nur mit Genossen der gleichen Art paarten. Das ist biologisch richtig; Rehe und Kaninchen paaren sich nicht. Im gleichen Zusammenhang stellte Hitler dann aber heraus, daß dies eine Folge des in der Natur allgemeingültigen Triebes zur *Rassenreinheit* sei, womit die Aussage völlig falsch wird. Wie jeder weiß, paaren sich Hunde-, Katzen- und Pferderassen, und ihre Nachkommen gewinnen dadurch neue Eigenschaften. Es war folgenschwer, daß Hitler hier die Begriffe *Art* und *Rasse* vertauschte.

Tatsächlich ging es den Nationalsozialisten auch nicht um die mindeste logische Begründung ihrer Ideologie. Vielmehr stürzte man sich blindlings in den Irrationalismus; so nannte der Schulungsleiter der NSDAP, *Alfred Rosenberg*, entsprechend die Rasse eine »mystische Synthese von Blut und Boden, von Leib und Seele«. Man verlästerte geradezu die Vernunft, pries an ihrer Stelle die gesunden »Instinkte« und schuf den »braunen Kult«.[41] Angst und Mißtrauen gegenüber einer zunehmend industriell bestimmten Lebenswelt, Schwelgerei in einer romantisch verlogenen Heroik und der Rückgriff auf einen archaischen Dualismus begründeten die »rassische« Judenfeindschaft, aus deren Praxis der größte Völkermord der Geschichte hervorging. Seine Auswirkungen bestimmen auch nach der Katastrophe weiterhin das Bewußtsein.

Nachdem wir gleichsam die Strömungsverhältnisse im trüben Gewässer der Judenfeindschaft überprüft haben, können wir nun die Geschichte des deutschen Judentums skizzieren und deren Hauptabschnitte darstellen.

Kapitel IV
Zur Geschichte des deutschen Judentums

1. Von den Anfängen bis zur Emanzipation

Die Geschichte der Juden in Deutschland beginnt bereits in römischer Zeit. Sowohl als Kaufleute mögen sie den Legionen gefolgt, als auch im Waffendienst selbst nach Germanien vorgedrungen sein. Jedenfalls bildeten sich die ersten Judengemeinden an der großen rheinischen Nord-Süd-Straße (Köln, Trier, Mainz, Worms, Speyer). Sie waren am Güteraustausch zwischen der klassischen Welt des Mittelmeerraumes und den Außenbezirken am Limes beteiligt. Eine staatliche Akte betreffs der Juden in Deutschland erschien im Jahre 321. Kaiser Konstantin, der in seinem berühmten Mailänder Edikt (313) das Christentum zugelassen hatte, ordnete das Leben der Juden Kölns, das damals Colonia Agrippina hieß. Vermutlich wurden sie noch wesentlich früher auf germanischem Boden ansässig, doch gibt es bisher keine Urkunden, die ihre Existenz vor dem Jahre 321 belegen, wenn man nicht die Tatsache gelten lassen will, daß Titus nach der Zerstörung Jerusalems (70) Juden bis an die äußersten Grenzen des römischen Weltreiches verbannte. Die Judengemeinden in Germanien besaßen bereits Rabbiner, Synagogenvorsteher, Älteste und sonstige Beamte, wie aus den Verordnungen Konstantins hervorgeht. Auch Synagogen dürften früher entstanden sein. Die Synagoge der Gemeinde zu Worms wurde um 1200 errichtet (am 8. 11. 1938 zerstört und 1961 neu erbaut).

In den großen Römerkolonien am Rhein und an der Donau dürften die Juden als Grundbesitzer und Kaufleute wohlhabend gewesen sein. Auch ihre rechtliche Lage war während der römischen Herrschaftsperiode gesichert. Sie genossen alle Bürgerrechte, lebten in gutem Einvernehmen mit Volk und Geistlichkeit und waren oft Beamte, gelegentlich sogar Befehlshaber. Sozial erklärt sich dieses Verhältnis aus der Zugehörigkeit der Juden zur Schicht der römischen Kolonisatoren und ihrer Überlegenheit über die von der antiken Weltkultur nicht berührten germanischen Stämme; das hatte für das Verhältnis der Juden zu den Westgoten in Spanien ebenfalls gegolten.

Als das Römische Reich im Sturm der Völkerwanderung zusammenbrach, änderte sich das Schicksal der Juden in Germanien und Gallien. Unter den Merowingern richtete sich ein verstärkter Bekehrungseifer auf sie, und sie galten fortan als *Fremde* und damit als rechtlos, sofern der Herrscher sie nicht unter seine Vormundschaft nahm. Dieser Schutz bewirkte freie Religionsausübung und Handelsrecht. Es wurde den Juden gestattet, heidnische Sklaven zu besitzen und christliche Arbeiter (außer an Sonn- und Festtagen) zu beschäftigen sowie Zivilstreitigkeiten nach talmudischem Recht zu entscheiden. Immerhin hat Karl der Große die Juden begünstigt, da er ihren Nutzen erkannte und als weitblickender Herrscher ihre wirtschaftliche Erfahrung wohl zu schätzen wußte. So bediente er sich ihrer besonders zur Ausführung eines seiner Lieblingspläne, die Beziehungen zum Kalifat aufzunehmen. Mit zwei Edelleuten sandte er den Juden Isaak zu Harum al Raschid (797). Dieser Isaak ist zugleich der erste dem Namen nach bekannte deutsche Jude, wohl ein in Aachen ansässiger Großkaufmann. Die beiden Edelleute starben auf der Reise, und Isaak kehrte 802 mit einem Elefanten und prächtigen Geschenken vom Kalifen zurück, die er dem Kaiser in Aachen übergab.

Karl erteilte verschiedene Reichsprivilegien an Juden, die damals als Ärzte, häufig auch als Leibärzte der Fürsten und Bischöfe, als Geldwechsler, Kaufleute und Handelsvermittler wirkten. Unter Ludwig dem Frommen dauerten die günstigen Bedingungen für die Juden an. Mit Rücksicht auf sie wurden zuweilen die Märkte, die von jeher sonnabends (also am Sabbat) abgehalten worden waren, auf andere Wochentage verlegt. Freilich war die christliche Welt aufs tiefste betroffen, wenn katholische Geistliche wie der Alemanne Bodo zur Zeit Ludwigs des Frommen (837) oder Wenzelin, der Hofpriester Kaiser Heinrichs II. (1010), zum Judentum übertraten.

Das jüdische Gemeindeleben beruhte weithin auf Selbstverwaltung, die bereits in römischer Zeit üblich war. In einem Privileg Heinrichs IV. (1090) für die Juden von Speyer und Worms ist von einem »Judenbischof« (Judaeorum episcopus) die Rede, der Streitsachen zwischen Juden zu entscheiden hatte. Als besondere Judenviertel entstanden, wurde die Selbständigkeit der Gemeinden weiter ausgebildet. Das wichtigste Strafmittel, über das sie verfügten, war der *Bann* (Spinoza wurde in Amsterdam mit dem »Großen Bann« belegt).

Der religionsgesetzliche Charakter der jüdischen Lehre erforderte bestimmte äußere Einrichtungen, dazu gehörten neben Synagoge und Schule ein Badehaus, ein Backhaus, Brunnen, Hochzeits-, Braut- oder Tanzhaus, Zunfthaus, Hospital und Friedhof. Der erste Rang gebührte dem *Lehrhaus,* denn als höchste Ehre galt, im talmudischen Wissen erfahren zu sein.

Fachleute für jüdische Geschichte glauben [41, II, 134], daß die deutschen Juden denen romanischer Länder an religiöser Bildung nachstanden, da erst verhältnismäßig spät die Ansätze zu talmudischer Gelehrtenarbeit begannen (Mainz, 10. Jahrhundert). Der berühmte Gesetzeslehrer (Rabbenu) Gerschom ben Juda (gest. 1040) wirkte, von Metz kommend, in Mainz, machte das Talmudstudium von Babylonien unabhängig und begründete so die erste talmudische Hochschule in Deutschland. Er war das anerkannte Haupt der Judenheit jener Epoche, und durch seine Autorität wurde u. a. das Recht auf Polygamie aufgehoben. Er führte den Ehrennamen »Die Leuchte der Diaspora«.

In Mainz ließ sich gegen Ende des 10. Jahrhunderts das Geschlecht der Kalonymus da Lucca nieder. Kaiser Otto II. wurde nach der unglücklichen Sarazenenschlacht bei Cotrone in Kalabrien (982) durch den Juden Kalonymus, der ihm ein Pferd gab, gerettet. Der Kaiser schwamm auf ein Schiff zu, das ihn aber nicht aufnehmen wollte, und als er hilflos an das Ufer zurückkehrte, fand er, wie Bischof Thietmar von Merseburg berichtet, den Juden noch dort stehen, da dieser abwarten wollte, wie es dem geliebten Herrn ergehen würde. Dem Retter seines Lebens gewährte der Kaiser eine Gunst, und Kalonymus scheint sich das Recht der Niederlassung in Mainz ausgebeten zu haben, wo seine Familie Handelsbeziehungen hatte und vielleicht schon vertreten war. Dieses Geschlecht hat den Gemeinden in Mainz und Speyer lange Zeit Führer und Gelehrte gestellt, hat politisch und geistig für die Juden in Deutschland eine überragende Bedeutung gewonnen. Auch äußerlich scheint es glänzend aufgetreten zu sein; Reste eines vornehmen, frühromanischen Wohnhauses mit einer ungewöhnlichen Fensterarchitektur, mit einer stark herausgearbeiteten Adlerfigur, mit ausgedehnten Kellergewölben und Warenplomben, die ebenfalls den Kaiseradler als Wappen trugen, die man auf dem Gelände der alten Judenstadt in Mainz ausgegraben hat, wurden, vielleicht mit Recht, als Besitztum dieser Familie angesehen.

Die stärkste Bindung an die Person des Kaisers begann für die deutschen Juden durch die sog. »Kammerknechtschaft« im späten Mittelalter. Urkundlich wird dieser Rechtsstatus erstmalig 1179 bezeugt. Damit war die Epoche des Fremdenrechtes und königlicher Vormundschaft, mit Privilegien, die zugestanden und entzogen werden konnten, zu Ende. Die Verfolgungen während der Kreuzzugszeit boten Anlaß für den Beginn der neuen Rechtslage, indem nun die Kaiser die Juden des gesamten Reiches unter ihren besonderen Schutz stellten. Sie gehörten nunmehr zur kaiserlichen »Kammer« (servi camerae nostrae). Dieses Schutzrecht gründete sich auf den Anspruch der Kaiser, als Nachfolger der römischen Cäsaren die Unfreien im Reiche zu schützen, stärker aber noch auf die Tatsache, daß das Heilige Römische Reich Deutscher Nation als Nachfolger des antiken Reiches die unter Titus (70) total besiegten Juden als Sklaven der Krone ansah. Diese Tatsache hatte bedeutende wirtschaftliche Folgen, denn nun wurden sie der Finanzhoheit der Kaiser unterstellt, und die Kammerknechtschaft mündete in steuerliche Belastung der Juden aus, die für den oft unwirksamen Schutz erhebliche Abgaben zu leisten hatten. Diese Abgabenpflicht hatte nichts mit den auch vorher bereits zu entrichtenden kaiserlichen Handelssteuern zu tun, sondern war ausschließlich Gegenleistung für den »Schutz«. Die aus der Kammerknechtschaft sich ergebende Steuerlast nahm ständig zu, da die Juden bei jedem Regierungsantritt eines Kaisers dessen Schutz neu erwerben mußten. Außerdem wurde dieses Regal, wie andere Hoheitsrechte des Kaisers, an Landesfürsten, städtische oder weitere lokale Gewalten zeitweise verliehen, verpachtet und verpfändet. Es ist verständlich, daß die Herren zweiter Hand die Abgaben jeweils zu erhöhen trachteten. Rudolf von Habsburg erklärte 1286 die Juden als mit Person, Hab und Gut zu seiner Kammer gehörig. [41, III, 573 f.] Die Juden durften ohne besondere Erlaubnis nicht auswandern. Das Vermögen ohne Erben verstorbener Juden wurde vom Kaiser eingezogen.

Trotz allem aber war die Lage der deutschen Juden bis gegen Ende des 11. Jahrhunderts im allgemeinen noch günstig. Sie genossen das Recht der freien Religionsausübung, durften Gotteshäuser bauen, Kultuseinrichtungen schaffen und wurden dabei von der Obrigkeit gefördert und gestützt. So konnte um 1000 die Kölner Gemeinde eine große Synagoge errichten. Andere Gemeinden vergrößerten ihre alten Gotteshäuser und erweiterten die Stätten der Lehre. Auch in wirtschaftlicher Hinsicht waren die Juden fast noch uneingeschränkt. Sie durften Grundbesitz erwerben und sich vom Ackerbau ernähren. Das Zinsgeschäft wurde von ihnen zunächst nur nebenher betrieben.

Ein tiefer Einschnitt wird durch die *Kreuzzugsbewegung* bezeichnet, die das früheste abendländische Judenmassaker auslöste. Der erste Kreuzzug wurde auf Veranlassung Papst Urbans II. vom Konzil zu Clermont beschlossen (1095) und sollte das Heilige Grab in Jerusalem befreien. Es gelang dem Prediger Peter von Amiens, viele für die Kreuzzugsidee zu begeistern, und der Gedanke eines »Heiligen Krieges« fanatisierte die Christenheit. Bald aber standen neben der europäischen Nobilität, die sich das Kreuz anheftete und die päpstliche Absolution erfuhr, auch viele Entwurzelte: Abenteurer, Plünderer, Mordbrenner und Dirnen. Diese Horden zogen nach Süden. Bald tauchte der willkommene Gedanke auf, mit dem Kampf gegen die Ungläubigen und Feinde Christi bereits im eigenen Lande zu beginnen. So wurden die Juden Frankreichs, Lothringens und des Rheins die ersten Kreuzzugsopfer. Es entstanden furchtbare Metzeleien, die lange anhielten und eine Gemeinde nach der anderen verwüsteten oder gar ausrotteten. Zehntausende von Juden, die es ablehnten, die Taufe zu empfangen, ließen durch Mord oder Selbstmord (»Heiligung des göttlichen Namens«) ihr Leben. Die Todesbereitschaft ist bei den Juden zumeist sehr viel ausgeprägter als in der Christenheit, da man mit dem Tode den göttlichen Namen zu heiligen gedachte. Während der großen Judenverfolgungen in der Pestzeit des 14. Jahrhunderts bewunderten christliche Geschichtsschreiber den jüdischen Todesmut. In einer Chronik des Elieser ben Nathan schildert der Verfasser die selbstdurchlebten Leiden der rheinischen Gemeinden: »Es war im Jahre 4856 nach Erschaffung der Welt (1096), (. . .) da trafen uns viele und schwere Leiden, die in diesem Reiche, seitdem es gegründet wurde, bis jetzt noch nicht vorgekommen waren (. . .). Denn es erhoben sich freche Menschen, fremdländisches Volk, eine grimmige, ungestüme Schar von Franzosen und Deutschen aus allen Ecken und Enden, die sich vorgenommen hatten, nach der heiligen Stadt (Jerusalem) zu ziehen, um dort das Grab ihres Heilandes aufzusuchen, die Ismaeliten von dort auszutreiben und sich des Landes zu bemächtigen. Sie hefteten als ihr Erkennungszeichen ein Kreuz an ihre Kleider, sowohl Mann wie Frau, alle, die sich bereit fanden, dorthin zu ziehen, so daß sie zahlreicher als die Heuschrecken waren (. . .). Als sie nun auf ihrem Zuge durch die Städte kamen, in denen Juden wohnten, sprachen sie in ihrem Herzen: ›Sehet, wir ziehen dahin, das heilige Grab aufzusuchen und Rache an den Ismaeliten zu üben; und hier sind die Juden, die ihn umgebracht und gekreuzigt haben ohne Grund. Lasset zuerst an ihnen uns Rache nehmen und sie austilgen, so daß sie kein Volk mehr bilden, daß der Name Israel nicht mehr erwähnt werde; oder sie sollen unseresgleichen werden und zu unserem Glauben sich bekennen. Als die Gemeinden solches hörten, da überfiel sie Angst und Zittern und Wehe, und sie griffen zu der Handlungsweise ihrer Väter, nämlich: zum Gebete, zur Wohltätigkeit und zur Buße; sie setzten Fasten ein, einzelne sowohl als drei Tage hintereinander folgend, Nacht und Tag, und schrien zum Ewigen auf in ihrer Not (. . .). In jenem Jahr fiel das Passahfest auf Donnerstag und der Neumondstag *Ijar* auf Freitag und Sabbat. Am Sabbat, den 8. *Ijar,* überfielen die Feinde die Gemeinde *Speyer* und erschlugen zehn heilige Personen. Diese waren die ersten, die ihren Schöpfer heiligten (sc. durch das Martyrium), und sie taten es am heiligen Sabbattage, da sie sich nicht taufen lassen wollten. Darunter befand sich auch eine fromme Frau, die sich zur Heiligung des göttlichen Namens selbst schlachtete. Sie war die erste von denen, die sich selbst schlachteten oder schlachten ließen. Die übrigen wurden, ohne Taufe, von dem Bischof gerettet. Am 23. Tage des *Ijar* überfielen die Wölfe der Wüste (lt. Jeremia 5, 6) die Gemeinde *Worms.* Die Gemeinde teilte sich in zwei Gruppen; einige blieben in ihren Häusern, andere hielten sich in den Gemächern des Bischofs auf. Da erhoben sich die Feinde und Dränger gegen die Juden, die in ihren Häusern waren, überfielen sie und brachten sie um, Männer, Frauen und Kinder, Jünglinge und Greise; sie rissen die Häuser nieder, stürzten die Treppen um, machten Beute und plünderten. Sie nahmen die heilige Thora, traten sie in den Straßenkot, zerrissen und zerfetzten sie, schändeten sie und trieben Spott und Scherz mit ihr.

Nach sieben Tagen, am Neumondstage des *Siwan,* am Tage, an dem Israel zum Sinai gekommen war, um die Thora zu empfangen, wurden auch diejenigen, die sich im bischöflichen Palaste befanden, aufgeschreckt. Die Feinde verfuhren mit ihnen, wie sie mit den früheren verfahren hatten, mißhandelten sie und übergaben sie dem Schwerte. Diese, durch das von ihren Brüdern gegebene Beispiel gestärkt, heiligten noch mehr den Namen ihres Schöpfers, sie legten nämlich Hand an sich. Alle nahmen ungeteilten Herzens das himmlische Verhängnis an, und indem sie ihre Seele ihrem Schöpfer übergaben, riefen sie: ›Höre Israel, der Ewige ist unser Gott, der Ewige ist einzig!‹ Die Feinde zogen sie nackt aus und schleiften und warfen sie umher, und am Neumondstage blieben wenige am Leben. An achthundert betrug die Zahl der an jenen beiden Tagen um die Heiligung des göttlichen Namens willen Umgekommenen; sie wurden alle nackt zu Grabe gebracht (. . .). Gott möge ihrer zum Guten gedenken!« [75, 142ff.]

Durch die kirchlichen Gesetzgebungen vom Laterankonzil (1215) und die judenfeindlichen Erlasse des Papstes Innozenz III.(1198–1216) verschlechterte sich die Lage der Juden gründlich. Damals wurde die *Judentracht*[42] festgelegt, den Juden der Besuch christlicher Gasthäuser und Bäder, die Haltung christlicher Dienerschaft, die Einrichtung neuer und Vergrößerung alter Synagogen verboten. War es früher nur vereinzelt Brauch gewesen, die Juden in besondere Gassen zu verweisen, so machte man nun allgemein die Absonderung von der übrigen Bevölkerung zur Pflicht, das *Getto*[43] entstand, und ein besonderer *Judeneid*[20] kam auf. Vor allem aber durften sie nicht mehr uneingeschränkt Handel treiben und ferner keinen Grundbesitz erwerben. Man drängte die Juden ins Geldgeschäft, die endlose Klage über den jüdischen Wucher hob an. Veranlaßt durch die Massaker und die weiterhin nicht abreißenden Verfolgungen[44] kam es zu einer großen Wanderbewegung der deutschen Juden nach Osten, zumal die polnischen Herrscher die Einwanderer freundlich begrüßten und ihnen wirtschaftliche Möglichkeiten erschlossen. Die Juden brachten ihr mittelalterliches, rabbinisch geprägtes Deutsch mit, das sie in der kulturärmeren neuen Umgebung sorgfältig pflegten. Das *Jiddische* wurde zur Sprachinsel und reicherte sich langsam mit polnischen, ukrainischen und russischen Wörtern an. Im Grunde war es das Idiom, das in den Judengassen am Rhein gesprochen wurde, als man den Bau des Kölner Doms begann.

Die schon früher in Polen ansässig gewesenen Juden nahmen Sitte und Brauchtum der kulturell überlegenen Neueinwanderer auf und glichen sich so den Glaubensgenossen an. Damit wiederholte sich der Prozeß, der schon bei den Juden Nordafrikas und der Levante erfolgte, als viele der 1492 aus Spanien Vertriebenen dort seßhaft wurden. König Kasimir (1333–1370) begünstigte insbesondere die Einwanderung deutscher Juden. Er dachte dabei an eine Stärkung der mittelständischen Kräfte in seinem polnisch-litauischen Reich. Später aber gestaltete sich die jüdische Berufsschichtung dort wenig glücklich. Durch bestimmte Verordnungen mußten sich die Juden in den Kleinstädten der Ukraine, Polens und Litauens ansiedeln, wo sie manchmal 80–90 Prozent der Gesamtbevölkerung ausmachten. Ein Teil arbeitete als Handwerker, der größere wirkte im Handel, wo es oft mehr Händler als Käufer gab.

Bei dieser Darstellung gebietet es die Redlichkeit, auch daran zu denken, daß einzelne Päpste immer wieder versuchten, den Juden im Abendland Recht zu schaffen und zu erhalten. Gregor IX. befahl 1233 den Erzbischöfen Frankreichs, dafür zu sorgen, daß man die Juden nicht ohne triftigen Grund oder erwiesene Verschuldung mißhandle, beraube oder vertreibe, sondern sie gemäß ihrem Gesetz in gewohnter Weise leben lasse. Man solle den Juden seitens der Christen das gleiche Wohlwollen (benignitas) erzeigen, von dem man wünsche, daß es auch den unter Heiden lebenden Christen zuteil werde. In zwei Bullen fordert derselbe Papst 1236, daß den verfolgten und beraubten Juden Frankreichs Entschädigung geleistet werde. Martin V. bestätigte 1418 den Juden die ihnen von früheren Päpsten erteilten Rechte und Gunstbezeigungen und forderte, daß sie von niemandem wegen ihrer Gesetzesbeobachtung belästigt werden dürften (propter eorum observantium legis a nemine valeant aggravari). 1429 wird den Predigermönchen untersagt, das Volk gegen die Juden aufzuhetzen; insbesondere solle man die Juden nicht zwingen, an ihren heiligen Tagen zu arbeiten, und sie nicht hindern, ihre Satzungen zu erfüllen und sich ihrer zu freuen. Dieses Verbot hat Nikolaus V. 1447 wiederholt. Es gab außerdem direkt gegen den Ritualmordvorwurf gerichtete Bullen, so von Innocenz IV. (1247), von Gregor X. (1272), von Martin V. (1422), von Nikolaus V. (1447), von Paul III. (1540) und von Clemens XIII. (1760 und 1763). [83, 178ff.] Aber diese Impulse drangen kaum bis zum abergläubischen Volk durch und hatten namentlich wenig Echo in der niederen Geistlichkeit. Es blieb sozusagen nur Verständigung der Führungskräfte untereinander; die christlichen Massen wurden davon kaum betroffen.

Das deutsche Judentum ging an Zahl und Bedeutung erheblich zurück. Die wirtschaftliche Entwicklung machte zudem die ökonomische Funktion der Juden entbehrlich, so daß sie nur als leidige Konkurrenten, nicht aber als nützliches Element angesehen wurden. Während des 14. Jahrhunderts, als eine starke Reichsgewalt fehlte, waren die Juden oft völlig schutzlos. Selbst die Obrigkeiten organisierten damals Überfälle. So beschloß beispielsweise der Rat von Deggendorf (Bayern) insgeheim, sich das Vermögen der Juden anzueignen. An einem verabredeten Tage fiel man unter Glockengeläute über die Juden her. Zuvor war der Vorwurf der Hostienschändung verbreitet worden; in einem allgemeinen Morden und Brennen ging die jüdische Gemeinde damals unter. Zum Andenken an die Tat wurde die Kirche zum Heiligen Grabe erbaut und zum Wallfahrtsort erhoben. [23, 57]

Gegen Ende des 15. Jahrhunderts erschienen in Deutschland die *sefardischen* Juden, die damals aus Spanien vertrieben worden waren. Innerhalb Deutschlands bot ihnen nur Hamburg gastliche Aufnahme, wo der Senat – entgegen den Bemühungen der Geistlichkeit – für sie eintrat, und auf diese Weise dort zur »deutschen« Judengemeinde eine »portugiesische« hinzukam, aus deren Verschmelzung sich später die »Hamburgische Gemeinde« entwickelte. Für die innere Geschichte der Juden im 17. Jahrhundert bieten die Memoiren der Glückel von Hameln (1645–1724) reichen Aufschluß. Diese einfache Kaufmannsfrau mit zahlreichen Kindern hat es verstanden, ihre Zeit kritisch zu beobachten.

Die Zerrissenheit des Reiches ermöglichte den oft Vertriebenen, sich immer wieder in einzelnen kleineren Gebieten anzusiedeln. Damals gewannen sie in dem elsässischen Kaufmann Joselmann von Rosheim (1480–1544) einen unermüdlichen Verteidiger, der seine Glaubensgenossen vor Kaiser und Reich in Schutz nahm. Er war ein einfacher Mann, von Beruf Geldhändler, der aber von seinen Glaubensgenossen in der Landvogtei Hagenau zu ihrem »befehlshaber und regierer« erhoben wurde. Dieser Mann hat überall hohes Ansehen genossen. Kaiser Karl V. und sein Bruder Ferdinand haben ihn empfangen und ihm die alten Judenprivilegien bestätigt. Wo immer Juden des Heiligen Römischen Reiches Deutscher Nation bedrängt wurden, überall erschien er und versuchte, Abhilfe zu schaffen. Bei den bedeutenden Reichstagen jener Jahre war er zugegen. Sein Streben ging dahin, den Juden das Wohnrecht und die wenigen noch vorhandenen Freiheiten zu erhalten. Er war ein Gegner des Zinsgeschäftes, aber er stand vor der Tatsache, daß die Juden von allen sonstigen Berufen ausgeschlossen waren. Er ist den Judenfeinden seiner Zeit mutig entgegengetreten und repräsentiert damit einen neuen jüdischen Typ, den Fürsprecher.

An der Geschichte der Juden von Hildesheim läßt sich beispielhaft das Schicksal der Diaspora in Deutschland ablesen: »Juden finden sich hier zum ersten Male im Jahre 1347. Sie wurden während der Pestmassaker des Jahres 1349 ausgerottet, gründeten 1351 eine neue Gemeinde, die nur ein paar Jahre bestand, wurden 1520 wieder zugelassen (wegen der Tapferkeit eines Mitgliedes ihrer Gemeinde, des ›großen Michel‹), wurden im Jahre 1542 mit einer einzigen Ausnahme wieder vertrieben, erhielten in den Jahren 1585 bis 1587 Schutzversprechen vom Kurfürsten und vom Magistrat, wurden dennoch im Jahre 1595 verjagt (zur Strafe dafür, daß Juden durch die Eheschließung mit der Schwester der verstorbenen Gattin ein böses Beispiel gaben!), durften 1601 wieder zurückkehren, wurden im Jahre 1609 unter der Beschuldigung, die Pest verursacht zu haben, aus der Stadt getrieben, wurden kurz danach wieder zurückgerufen, um 1660 ausgewiesen zu werden und sich endlich 1662 endgültig in Hildesheim niederzulassen. Erst von da an gibt es eine ununterbrochene Geschichte dieser Gemeinde, die bis in das zwanzigste Jahrhundert reicht.« [70, 303] – Die Karte über die Vertreibung von Juden in verschiedenen Orten Europas vermittelt weitere Daten (S. 180).

Die furchtbarste Verfolgung seit den Kreuzzügen brach im Zusammenhang mit dem *»Schwarzen Tod«*, der Pest, herein. Die Seuche trat Mitte des 14. Jahrhunderts auf und soll nach Schätzungen in Europa 25 Millionen Menschen hingerafft haben. Die verängstigten Gemüter suchten unter dem Einfluß kirchlicher Anschauungen, nach denen Krankheit als göttliche Strafe galt, *Schuldige*, wobei ihr Verdacht sich auf die Juden richtete. Als die Epidemie Savoyen erreichte, fand der dumpfe Judenhaß seine »juristische« Fixierung. »In Chillon wurde ein Jude namens Balavingus verhaftet und gefoltert. Er ›gestand‹, daß in Südfrankreich von einigen seiner Glaubensgenossen, die er namentlich nannte, eine richtiggehende Verschwörung angezettelt worden wäre. Die Verschwörer hätten ein Gift hergestellt, das aus Spinnen, Fröschen, Eidechsen, Menschenfleisch, Herzen von Christen und geweihten Hostien bestand. Das Pulver, das aus diesem Höllengebräu erzeugt worden wäre, sei an die verschiedenen jüdischen Gemeinden verteilt worden, um es in die Brunnen zu werfen, aus denen die Christen ihr Wasser bezogen. Darauf also war die schreckliche Krankheit, die sich in ganz Europa ausbreitete, zurückzuführen! Dieses lächerliche Gemengsel von Unsinn genügte, um das Schicksal der jüdischen Gemeinde von Chillon zu besiegeln. Die ganze Gemeinde wurde mit ausgeklügelter Grausamkeit hingerichtet. Von hier aus verbreitete sich das Märchen rasch durch die Schweiz, den Rhein entlang und selbst bis nach Österreich und Polen. Den Spuren dieses Gerüchtes folgte die schrecklichste Serie von Metzeleien, die die ganze Geschichte des jüdischen Märtyrertums überhaupt kennt.« [70, 275]

Die Anschuldigung der Brunnenvergiftung wurde vom Volk um so leichter geglaubt, als die Zahl der von der Seuche dahingerafften Juden relativ geringer war als die der Christen, eine Tatsache, die sich vielleicht durch die größere Mäßigkeit und Nüchternheit der Juden (Luthers Kampf gegen den »Saufteufel« der Deutschen!) als auch durch die bei ihnen besser entwickelte Hygiene erklärt, denn Körperpflege war damals im christlichen Abendland kaum üblich. Durch Verunglimpfung des Leibes seitens der Kirche galt sie oft als Eitelkeit und Weltlust, zumal die Mönche als geistlicher Führungsstand in der Askese zeigten, wie man das »Fleisch« und die Begierden abzutöten habe. Dem entsprach die Beargwöhnung der umfänglichen, durch die Thora gebotenen Badevorschriften für die Juden von seiten der Christen. Symptomatisch dafür ist die Tatsache, daß von der spanischen Inquisition der Besitz einer Badewanne bei aus dem Judentum kommenden Neuchristen (Marranen) als Rückfall in die Ketzerei ausgelegt und mit dem Tode auf dem Scheiterhaufen bestraft wurde. – Vergeblich bezog Papst Clemens VI. Stellung gegen den Vorwurf der Brunnenvergiftung, und auch der so teuer bezahlte kaiserliche Schutz erwies sich als unwirksam. Etwa 300 jüdische Gemeinden wurden damals in Deutschland vernichtet. Manche Familien suchten den Freitod in den von ihnen selbst angezündeten Häusern, ehe sie hingemetzelt werden konnten.

Anfang des 16. Jahrhunderts begannen die *Talmud*verfolgungen auf Anstiften der Kölner Dominikaner, die sich dabei des Johann Pfefferkorn bedienten, der das Judentum verlassen und die Taufe gewählt hatte. Dieser ungelehrte Mann erhob mit dem Haß des Abtrünnigen schwere Anschuldigungen gegen die hebräischen Schriften, sie seien voller Schmähungen des Christentums, und forderte von Kaiser Maximilian die Vernichtung der als gefährlich erklärten Bücher. Der um ein Gutachten gebetene Johannes Reuchlin (1455–1522), er darf als erster deutscher Hebraist gelten, sprach sich für die Erhaltung des Talmuds aus und wertete ihn als bedeutendes religiöses Dokument. Außerdem bezeichnete er zum ersten Male die Juden als Mitbürger des deutsch-römischen Reiches. Die unerschrockene Anwaltschaft dieses Gelehrten veranlaßte die Dominikaner, eine Verleumdungsschrift gegen Reuchlin zu veröffentlichen, um dessen Ruf herabzusetzen. In seiner Gegenschrift deckte Reuchlin seinerseits die Böswilligkeit und Verlogenheit dieser geistlichen Bruderschaft auf, und die literarische Fehde, die im Grunde bereits den Anspruch wissenschaftlicher Wahrheit gegenüber dogmatischer Verengung verfocht, geriet zur Auseinandersetzung zwischen freiem Wissenschaftsgeist der *Humanisten* und überlebter klerikaler Bevormundung. Urkunde des Konfliktes sind die von humanistischer Seite verfaßten »Dunkelmännerbriefe« (Epistulae virorum obscurorum, 1515), an denen auch Ulrich von Hutten mitarbeitete. In ihnen wurden die Dominikaner verspottet. Die kuriale Entscheidung aber fiel endgültig durch Papst Leo X. gegen Reuchlin, die Partei der Dominikaner siegte für den Augenblick, obwohl Reuchlin den moralischen Sieg davongetragen hatte.

Was dem deutschen Volke in der Folgezeit widerfuhr, nahm die Juden nicht aus. Überall, wo die Furie des Dreißigjährigen Krieges wütete, wurden auch sie hart betroffen; sie litten mit unter Hunger, Einquartierungen, Schanzarbeit, Kontribution, Plünderungen und Schändungen. Obwohl Kaiser Ferdinand II. die Heerführer angewiesen hatte, die Juden nicht zu brandschatzen, waren Übergriffe unvermeidlich, besonders unter dem harten Herzog Christian von Braunschweig. Gleichwohl hatten Zeitgenossen den Eindruck, daß die katholischen Heerführer die Juden leidlich behandelten, so daß vielfach Protestanten ihr Hab und Gut bei jüdischen Nachbarn in Verwahrung gaben, um es vor Plünderungen zu schützen.

Der Westfälische Friede von 1648 leitete auch für das jüdische Leben in Deutschland eine Reihe von Veränderungen ein. Drei Artikel wurden besonders bedeutungsvoll: die Verleihung der vollen Landeshoheit an alle Reichsstände, die zahlreichen Gebietsveränderungen und die Zubilligung religiöser Toleranz. Mochte sich diese Duldung zunächst nur auf das wechselseitige Verhältnis von Protestanten und Katholiken beziehen, so war doch die Vorstellung eines konfessionell geschlossenen Reiches damit erschüttert, und es konnte die Duldung von Andersgläubigen nur noch eine Frage der Zeit sein. Der beginnende Welthandel brachte zudem mit sich, daß Christen auch in islamischen Ländern Niederlassungen suchten und dort auf Toleranz angewiesen waren. Auf die Dauer mußte diese Entwicklung den abendländischen Juden zugute kommen, mochte auch die politisch-staatliche Anerkennung noch anderthalb Jahrhunderte ausbleiben. Jedenfalls ist die Emanzipation von hier aus erheblich gefördert worden.

Das innere Leben der deutschen Juden wurde bis ins 18. Jahrhundert von den Strömungen der Außenwelt wenig berührt. Die Gemeinden empfingen ihre geistigen Anregungen durch talmudisches Studium und *Kabbala*[45]. Unter den Ostjuden war damals zudem die eigentümliche Frömmigkeitsrichtung des *Chassidismus* (chassid = fromm) aufgekommen. Diese Bewegung erstrebte Vertiefung und Verinnerlichung des Glaubenslebens. Sie muß geschichtlich mitgesehen werden als eine Folge der furchtbaren ukrainischen Kosakenaufstände des 17. Jahrhunderts, in denen Juden wie Polen – beide als Minoritätengruppen – zu Tausenden hingemetzelt worden waren. Diese Erfahrung von der Preisgegebenheit der jüdischen Existenz, die sich nach Kreuzzugsmassakern wiederum erschreckend bewies, führte unter den Ostjuden zur religiösen Besinnung. Die Gemeinden waren verarmt, die Ansätze zu weltlicher Bildung, die es vor den Kosakenpogromen gegeben hatte, völlig zusammengebrochen. Trost boten einerseits die Fügung in den göttlichen Willen, Demut und Leidensbereitschaft, andererseits die überschwengliche, verzückte Freude bei der Zusprache der Thora. Daraus bildete sich die Grundlage des Chassidismus. Die verstörten Überlebenden der Metzeleien sammelten sich damals um Rabbiner, die als charismatische Führer anzusprechen waren. Im Lauschen auf deren Wort, in Gesang und rhythmisch-ekstatischem Tanz ließ man sich hinreißen in den weltüberwindenden Kraftstrom Gottes. Um einzelne berühmte Rabbiner woben sich bald Legendenkränze; man sagte, daß sie Wunder täten und besondere Offenbarungen empfingen.

Die Bewegung verfiel, als sich eine Erbfolge herausbildete, rabbinische Dynastien entstanden, eine Art Hofhaltung aufkam und nicht mehr ein Charisma das Führertum beglaubigte. Die Institutionalisierung, verbunden mit äußerem Pomp, bezeichnet eine religionsgeschichtlich geläufige Verfallserscheinung. *Martin Bubers* Geschichten aus dem Chassidismus haben diese im Faschismus untergegangene Welt weithin bekanntgemacht.

2. Von der Emanzipation bis zum Faschismus

Die Assimilationsepoche wurde durch Moses *Mendelssohn* (1729 bis 1786) eingeleitet. Dieser war in gewissem Sinne Bürger zweier Welten, indem er einerseits ungebrochen aus jüdischer Tradition lebte, andererseits aber in staunenswertem Alleingang nicht nur die deutsche Sprache sich meisterlich aneignete, sondern sogar das europäische Denken mit einem neuen Element bereicherte. So übersetzte er die Bibel ins Deutsche und gewann 1763 mit seiner philosophischen Schrift »Über die Evidenz in metaphysischen Wissenschaften« *vor* Kant den Preis der Berliner Akademie der Wissenschaften. Durch die Mitarbeit an den Briefen, die neueste Literatur betreffend, begründete er seinen Ruf als Kritiker, dessen Feder selbst Friedrich II. von Preußen nicht verschonte, der es ihm damit vergalt, daß er später den zweimal zur Aufnahme in die Berliner Akademie der Wissenschaften Vorgeschlagenen von der Liste strich, obwohl er ihm 1763 das Privileg eines »ordentlichen Schutzjuden« verlieh. Mendelssohns »Phaedon« (1767) bot Anlaß zum Briefwechsel mit dem Schweizer Theologen Lavater und zur Betonung seines jüdischen Glaubens. In einem Brief an den Erbprinzen von Braunschweig–Wolfenbüttel vom Januar 1770 stellt Mendelssohn den für ihn geltenden Vorrang des Alten Testaments vor dem Neuen (AT u. NT) heraus:

»Ich kann keinem Zeugnisse trauen, das, meiner Überzeugung nach, einer ausgemachten, unumstößlichen Wahrheit widerspricht. Nach der Lehre des N. T. (wenigstens wie dieses in öffentlichen Lehrbüchern erklärt wird) muß ich 1) eine Dreieinigkeit in dem göttlichen Wesen, 2) die Menschwerdung einer Gottheit, 3) das Leiden einer Person der Gottheit, die sich ihrer göttlichen Majestät entäußert hat, 4) die Genugtuung und Befriedigung der ersten Person in der Gottheit durch das Leiden und den Tod der erniedrigten Zweiten Person und noch viele andere diesen ähnliche oder aus diesen fließende Sätze bei Verlust meiner ewigen Seligkeit glauben. Nun kann ich zwar und will auch meine Urteilskraft keinem vernünftigen Wesen zur Richtschnur aufdringen. Wer bin ich elendes Geschöpf, der ich mich dieses vermessen sollte? Aber ich selbst kann die Wahrheit nicht anders als nach *meiner* Überzeugung annehmen, und ich gestehe, daß mir die angeführten Sätze den ersten Gründen der menschlichen Erkenntnis schnurstracks zu widersprechen scheinen. Ich kann sie *meiner* Überzeugnung nach mit dem, was *mich* Vernunft und Nachdenken von dem Wesen der Gottheit und ihrer Eigenschaften gelehrt hat, nicht in Harmonie bringen und bin also gezwungen, sie zu verwerfen. Wenn ich diese Lehren im A. T. fände, so würde ich auch das A. T. verwerfen müssen, und wenn ein Wundertäter, sie zu bewähren, vor meinen Augen alle Toten erweckte, die seit Jahrhunderten begraben worden, so würde ich sagen: der Wundertäter hat Tote erweckt, aber seine Lehre kann ich nicht annehmen. Hingegen finde ich im A. T. nichts, das diesen Lehren ähnlich siehet, nichts, das meiner Überzeugung nach mit der Vernunft streitet. Daher kann ich mich mit gutem Grunde auf die historische Glaubwürdigkeit verlassen, die wir diesen Schriften *einstimmig* zuerkennen. Der Unterschied, den ich zwischen den Büchern des Alten und Neuen Testaments mache, besteht also darin: jene harmonieren mit meiner philosophischen Überzeugung oder widersprechen derselben wenigstens nicht, diese hingegen fordern einen Glauben, den ich nicht leisten kann. [75, 334f.]

Am bedeutendsten aber wurde die Freundschaft mit *Lessing;* beide bemühten sich, den Gedanken der allgemeinen Menschenwürde zu begründen. Lessing hat seinem Freunde ein unvergängliches Denkmal gesetzt. Es ist »Nathan der Weise« (1779), denn Nathan, für den Mendelssohn Modell stand, kann gleichsam als verleiblichte Toleranzidee gelten.

Mendelssohn wollte seinen Glaubensgenossen die abendländische Kultur erschließen, gleichzeitig aber die Kräfte der jüdischen Tradition pflegen. Anders jedoch verfuhr eine Gruppe unter Führung von David Friedländer und Lazarus Bendavid. Sie kämpfte um bürgerliche Gleichberechtigung und wollte die Assimilation so weit treiben, daß ein Verzicht auf alles spezifisch Jüdische erfolgen sollte, womit das Mendelssohnsche Polaritätsgefüge (jüdisch *und* deutsch) preisgegeben war. Man wollte das liberale Christentum annehmen und in die bürgerliche Gesellschaft eintreten; um der politischen Freiheit willen sollte das leidvoll bewahrte Erbe verlassen werden. Heines ironisches Wort, daß die christliche Taufe für den Juden das »Entreebillet zur europäischen Kultur« bilde, bezeichnet die damaligen Schwierigkeiten.

Inzwischen hatten, durch Aufklärungsideen bewogen, verschiedene Herrscher die Gleichberechtigung verkündet. Der Habsburger Joseph II. erließ im Jahre 1782 ein Toleranzedikt, das für die folgenden Emanzipationsakte bahnbrechend wurde. Weitere Etappen waren die Verfassung der USA von 1787 und das Gleichberechtigungsdekret der französischen Verfassung von 1791. Eine Generation später als in Wien setzte man auch in Preußen die Juden in bürgerliche Rechte und Pflichten ein. Die Verordnung kam unter der Staatskanzlerschaft Hardenbergs am 11. 3. 1812 zustande:

»Die in Unsern Staaten jetzt wohnhaften, mit Generalprivilegien, Naturalisationspatenten, Schutzbriefen und Konzessionen versehenen Juden und deren Familien sind für Inländer und preußische Staatsbürger zu achten. 2. Die Fortdauer dieser ihnen beigelegten Eigenschaft als Inländer und Staatsbürger wird aber nur unter der Verpflichtung gestattet, daß sie fest bestimmte Familiennamen führen ([46]) 7. Die für Inländer zu achtenden Juden . . . sollen gleiche bürgerliche Rechte und Freiheiten mit den Christen genießen. 8. Sie können daher akademische Lehr- und Schul-, auch Gemeindeämter, zu welchen sie sich geschickt machen, verwalten. 9. Inwiefern die

Juden zu andern öffentlichen Bedienungen und Staatsämtern zugelassen werden können, behalten Wir Uns vor, in der Folge gesetzlich zu bestimmen. 10. Es steht ihnen frei, in Städten sowohl als auf dem platten Lande sich niederzulassen.« [20, 78f.]

Dennoch war es für Juden fast unmöglich, Offizier zu werden oder einen Universitätslehrstuhl zu erhalten, wenn sie sich nicht taufen ließen. Daher rührt die Tatsache, daß es zu Beginn des Ersten Weltkriegs keine jüdischen Offiziere gab, erst durch die militärische Notlage wurde die Bahn frei. Allerdings muß man sich beim Edikt von 1812 auch vergegenwärtigen, daß etwa die Provinzen Posen und Westpreußen, die mit den Friedensschlüssen von 1814/15 an Preußen fielen, einen großen jüdischen Bevölkerungsanteil besaßen. Auf ihn wurde das Edikt aber nicht angewendet, so daß es folglich in Preußen bis 1848 eine Fülle von Juden ohne bürgerliche Rechte gab.

Humanismus und *Kosmopolitismus* wurden neue Ziele der jüdischen Gesellschaft, die Fesseln der alten Zeit sollten fallen. In führenden jüdischen Schichten kamen schöngeistige Bestrebungen auf. Aus diesen Voraussetzungen sind die Berliner Salons entstanden und literarische und gesellschaftliche Mittelpunkte um die Wende des 18. zum 19. Jahrhundert geworden. Diese von französischen Vorbildern angeregten Salons bedeuteten eine Neuerung für Deutschland und verschafften der bis dahin geistig unbedeutenden preußischen Hauptstadt eine wichtige Stellung. Mittelpunkte der neuen Begegnungsstätten waren vor allem Henriette *Herz* (1764–1847) und Rahel *Varnhagen* (1771–1844), die durch Weite des Denkens, Geschmack und leidenschaftliche Hingabe an Kunstwerke einen geistigen Frauentypus prägten.

Die spätere Frauenbewegung hat daraus Impulse empfangen. Vor allem aber wurde im Berliner Salon eine neue gesellschaftliche Form gefunden, die der Feudalismus nicht gekannt hatte. Hier fand man sich über alle ständischen Schranken zum Austausch, zur »freien Geselligkeit«, wie Schleiermacher sagte, zusammen. Was damals unter Künstlern, Wissenschaftlern und Politikern in Berlin aufgeschlossen war, traf sich in jüdischen Häusern. Hier verkehrten die beiden Brüder Wilhelm und Alexander von Humboldt, Jean Paul, Heinrich von Kleist, Schleiermacher, Fichte, Schadow, Alexander v. d. Marwitz, Schlegel, Heine und Prinz Louis Ferdinand von Preußen.

Aber die Salons waren nicht nur Zentren geistreicher und unbefangener Geselligkeit, von ihnen gingen auch die Verehrung Goethes und die Begründung der Romantik in Deutschland aus. Gesellschaftspolitisch signalisieren die Salons freilich zugleich eine Privatisierung: Die tragenden Ideen etwa der Französischen Revolution durften öffentlich nicht geäußert werden, so fanden sie ein Ventil in geistvollen und sensibilisierten Zirkeln. – Durch diese ästhetische Gruppenbildung erlitt aber das Judentum auch empfindliche Substanzverluste, indem die Kinder Mendelssohns, außerdem Rahel Varnhagen und Henriette Herz zum Christentum übertraten. Das Judentum reagierte auf die vielen Verluste durch Reformversuche, über die bereits berichtet wurde.

Die Teilnahme der Juden an den Freiheitskriegen besiegelte scheinbar ihre völlige staatsbürgerliche Gleichheit. Von der allgemeinen Begeisterung waren sie ebenso ergriffen worden wie ihre christlichen Mitbürger, z. T. sogar stärker. In Mecklenburg z. B. war die Zahl der jüdischen Freiwilligen im Verhältnis dreimal so groß wie die der christlichen. Als aber nach der Niederlage Napoleons die Verhältnisse in Europa geordnet werden sollten, vermochten die Juden auf dem Wiener Kongreß völlige Gleichberechtigung nicht zu erringen. Eine reaktionäre Politik nahm ihnen einen Teil der zuerkannten Rechte und schloß sie von allen Staatsämtern aus. Zudem erwachte eine engherzige Deutschtümelei, die sich unter Berufung auf nationalistische Gedanken von den Juden distanzierte. Lübeck und Bremen wiesen die Juden aus. Hamburg führte die alte Judenordnung wieder ein; um solchen Mißhelligkeiten zu entgehen, gaben viele Juden ihre Religion auf, Berlin war damals die Hauptstätte der Taufbewegung. Andererseits versuchten Männer wie Gabriel *Rießer* (1806–1865), der spätere Vizepräsident der ersten deutschen Nationalversammlung in Frankfurt, durch rege publizistische Tätigkeit den Nachweis zu bringen, daß man als Jude durchaus Deutscher sein könne. Durch Rießer wurde die Judenemanzipation Programmpunkt aller Freiheitsbewegungen. Er selbst war der erste deutsche Richter jüdischen Glaubens.

1869 nahm der Norddeutsche Bund das Gesetz an, »alle noch bestehenden, aus der Verschiedenheit des religiösen Bekenntnisses hergeleiteten Beschränkungen der bürgerlichen und staatsbürgerlichen Rechte« aufzuheben. Dieses auf die 1848 von der Frankfurter Nationalversammlung erarbeiteten »Grundrechte des deutschen Volkes« zurückgreifende Gesetz beseitigte auch die Beschränkungen des Wohnrechts und der Berufswahl für die Angehörigen des mosaischen Bekenntnisses, wenngleich der bereits erwähnte heimlich geübte Ausschluß der Juden aus akademischen Ordinariaten und Offiziersstellen bestehenblieb. Der erste ungetaufte Ordinarius in Deutschland wurde 1872 der Jurist Levin Goldschmidt, der das Handelsrecht als eigenes Fach begründete. [2, 92] Die fünfzehnjährige Spanne der Weimarer Republik war die einzige Phase deutsch-jüdischer Symbiose, in der den Anhängern des alten Glaubens tatsächlich die gleiche persönliche Entfaltungsmöglichkeit gewährleistet war wie jeder anderen Gruppe.

Freilich hat gerade diese Epoche auch die Judenfeindschaft erheblich vertieft. In der Propaganda der Rechtsparteien wurde der Weimarer Staat geradezu als »Judenrepublik« abgewertet; man verwies dabei auf die Minister jüdischer Herkunft, die zwischen 1918 und 1933 an der Staatsführung beteiligt waren. Vor allem aber unterstellte man den Juden einen »zersetzenden« Einfluß auf das Volksleben. Schon im 19. Jahrhundert waren jüdische Publizisten mancherorts unangenehm aufgefallen. Heinrich v. Treitschke hatte behauptet, daß mit Ludwig Börne (1786–1837) der »eigentümlich schamlose Ton« in die deutsche Presse gekommen sei. Die drei wohl bekanntesten Publizisten der wilhelminischen Zeit waren ebenfalls Juden: Maximilian Harden, Alfred Kerr und Karl Kraus. Golo Mann [53, 27] hebt hervor, daß diese bedeutenden Leute doch auch mit ihrer Eitelkeit, Neigung zur Sensation wie mit dem Hader untereinander Anstoß erregten. Es fehlte ihnen der Rückhalt einer bejahenden Tradition. Sie respektierten kaum ein Wertgefüge; so konnten sie ihrer Umwelt eben als »zersetzend« erscheinen. Die These von der jüdisch-freimaurerischen Weltverschwörung galt vielen als unbezweifelbare Wahrheit.

Man muß ferner wissen, daß die stark assimilierten deutschen Juden den Zustrom von Ostjuden nach 1918 ins Reich keineswegs freundlich begrüßten, sondern mit Recht fürchteten, daß diese oft mittelalterlich-fremd anmutenden Gestalten Wasser auf die antisemitischen Mühlen leiten würden. [2, 124f.]. Die Einwanderer brachten zudem anstößige wirtschaftspolitische Praktiken mit; Sie waren an korrupte Beamte gewöhnt, die es bekanntlich zur Zarenzeit in Fülle gegeben hatte. Nun versuchten sie, mit derartigen Verfahren im Deutschen Reich ebenfalls Geschäfte zu betreiben und beschworen damit große Bestechungsskandale herauf, in die auch Regierungsmitglieder verwickelt waren.

Die Antisemiten setzten daher das Wort »Judenrepublik« in Umlauf. – Es gibt Zeugnisse von deutschen Juden, die sich von ihren Glaubensbrüdern des Ostens distanzierten, ja teilweise sogar ein Einwanderungsverbot forderten. Diese Form des Gruppenegoismus ist eine sozialpsychologisch bekannte Erscheinung. Sie kann außerdem dazu beitragen, die verbreitete Vorstellung zu entkräften, daß es damals ein weltweites jüdisches Zusammengehörigkeitsbewußtsein gegeben habe. Das deutsche Judentum fühlte zunächst *deutsch* und wünschte zumeist, im deutschen Volk aufzugehen. Auf diesem Wege war es schon weit vorangekommen. Ohne den Antisemitismus hätte es sich vielleicht in weiteren Generationen darin aufgelöst.

3. Die Juden unter dem Faschismus

Schon in der ersten Phase nach der Machtergreifung ließen die braunen Herrscher keinen Zweifel aufkommen, daß sie den Entwurf des Parteiprogramms in die Tat umsetzen würden, wenngleich ihnen anfänglich daran lag, den Schein der Legalität zu wahren. Denn noch galt es, Rücksicht auf bürgerliche Kräfte zu nehmen, die Reichswehr als mächtiges Instrument im Staate zu respektieren und vor allem mit dem konservativen Reichspräsidenten von Hindenburg zu rechnen. Aber das Ziel stand längst vor der Machtübernahme unverrückbar fest: Jeglicher jüdischer Einfluß auf Politik, Kultur und Wirtschaft sollte gänzlich unterbunden und das Judentum über die Grenze abgeschoben werden, damit der »arische Geist« nicht länger von zersetzenden Kräften bedroht sei. Eine glückhafte Zeit, das Heil und das »Tausendjährige Reich aller Deutschen« sollten anheben. Vermutlich wurde es den Ideologen schwer, ihren Judenhaß einstweilen aus taktischen Gründen zu zügeln. Hitler bekannte gesprächsweise [65a, 223], daß »der Jude« nicht ausgerottet werden dürfe, da man stets einen sichtbaren Feind benötige. Habe man ihn nicht, so müsse man ihn erfinden.

Die ersten antisemitischen Akte sollten noch eine gewisse Spontaneität zeigen. So veranstaltete die SA als Schlägertruppe der »Kampfzeit« am 1. April 1933 einen großen Boykott. SA-Leute standen an den Türen jüdischer Geschäfte mit Schildern wie »Deutsche – kauft nicht beim Juden!« Der fränkische Gauleiter Julius Streicher, Herausgeber des »Stürmer«, leitete die »gewaltige Volksbewegung«, die sich auch gegen jüdische Ärzte und Anwälte richtete. Der preußische Innenminister Hermann Göring rechtfertigte die Kampagne mit der »Boykott- und Greuelhetze der Juden im In- und Ausland«. Im übrigen wurden, falls sich Proteste gegen das Rowdytum der SA erhoben, die Zwischenfälle mit »revolutionärem Übereifer« erklärt. Außerdem wüteten einzelne Berserker ohne Auftrag der Regierung.

Auch die ersten gesetzgeberischen Maßnahmen der Faschisten gegen die Juden wollten zunächst noch deren eventuellen völkischen Beitrag in Notzeiten stärker gelten lassen als die »rassische« Herkunft. Das »Gesetz zur Wiederherstellung des Berufsbeamtentums« vom 7. 4. 1933 bestimmte zwar, Beamte »nichtarischer Abstammung« in den Ruhestand zu versetzen; standen diese aber bereits seit dem 1. 8. 1914 im Staatsdienst, so durften sie bleiben, ebenso, falls es sich um Frontkämpfer handelte oder wenn ihre Väter oder Söhne im Weltkriege gefallen waren. Auch die Gesetze gegen Juden in freien Berufen enthielten gleiche Einschränkungen. Daher waren die Auswirkungen relativ gering: Von 717 »nichtarischen« Richtern und Staatsanwälten behielten 336 (47%), von 4505 Rechtsanwälten 3167 (fast 70%) und von 4500 Kassenärzten 75% ihre Stellungen (sämtliche Verordnungen gegen die Juden sind von Bruno Blau [14] zusammengestellt worden). Auch das »Gesetz gegen die Überfüllung von deutschen Schulen und Hochschulen«, das den »nichtarischen« Anteil an den Bildungseinrichtungen reduzieren sollte, galt nicht für Kinder von Frontkämpfern. Durch die Ariergesetzgebung mußten aus dem deutschen Heer 34 Mann und 5 Offiziere, aus der Marine 9 Mann und 2 Offiziere, also insgesamt 50 Soldaten entlassen werden.

Die nächste gesetzgeberische Maßnahme allerdings war bereits sehr einschneidend. Das braune Regime hatte sich inzwischen gefestigt, konnte gewisse außenpolitische Erfolge aufweisen, und die Rücksicht auf Hindenburg entfiel durch dessen Tod 1934.

Am 15. 9.1935 ließ Hitler auf dem »Reichsparteitag der Freiheit« die »Nürnberger Gesetze« verkünden. Diese Gesetze waren propagandistisch vorbereitet worden; so hatte der »Stürmer« zuvor eine Sondernummer über den Ritualmord gebracht. Eheschließungen oder außerehelicher Geschlechtsverkehr zwischen »Ariern« und Juden waren fortan verboten (»Rassenschande« wurde später mit dem Tode bestraft). Außerdem waren die Juden nur noch »Staatsangehörige«, hatten das aktive und passive Wahlrecht verloren und durften kein öffentliches Amt bekleiden. Auch jene jüdischen Beamten wurden pensioniert, die durch die Ausnahmegesetzgebung vom 7. 4. 1933 noch hatten weiterarbeiten dürfen; die bereits 1933 in den Ruhestand Versetzten verloren nun ihre Bezüge. Dieser sogenannte »Arierparagraph« wurde in fast allen sozialen Bereichen wirksam. Den jüdischen Staatsangehörigen standen fortan die arischen »Reichsbürger« gegenüber. Immerhin blieb den Juden auch nach Erlaß der Nürnberger Gesetze noch die Wirtschaft als Betätigungsfeld offen. Eine Anzahl Industriebetriebe stand unter jüdischer Leitung. Dafür gab es zwei Gründe; einmal schien es den Verantwortlichen gegenüber dem Ausland doch zu gefährlich, jüdischen Familienbesitz zu enteignen, weil man mit Boykott der deutschen Ausfuhr rechnen zu können glaubte, andererseits war das Reich mit seinen »Vierjahresplänen« und der gewaltigen Aufrüstung in erheblichen Engpässen und vermied nach Möglichkeit wirtschaftliche Beunruhigungen, die mit der Enteignung jüdischer Betriebe hätten einsetzen können.

Inzwischen versuchte man die Auswanderung zu beschleunigen, denn so gedachte man die »Judenfrage« damals noch zu lösen, obwohl hier und dort schon Stimmen brauner Politiker hörbar wurden, die eine kommende »Abrechnung« mit »Juda« dunkel andeuteten. Die Auswanderung selbst gestaltete sich aus mancherlei Gründen schwieriger, als ursprünglich angenommen, vor allem durch die Tatsache, daß Juden eigentlich nur unter Zurücklassung ihres Vermögens (oder wesentlicher Anteile) das Ausreisevisum erhalten sollten. Das Ausland war verständlicherweise wenig an der Übernahme mittelloser Menschen interessiert, die der Fürsorge zur Last gefallen wären.

Bis Kriegsbeginn verhandelte man zwischen den Regierungen Englands, der USA und Deutschlands über die Auswanderung, gelegentlich sprachen auch zionistische Verbände mit. Bis zum Frühjahr 1939 wanderte etwa die Hälfte der 500000 Juden aus, die 1933 in Deutschland gewohnt hatten. Aber auch während des Krieges wurden noch Zehntausende ins Ausland geschleust, falls sie hohe Lösegelder beibringen konnten. Selbst in der zweiten Kriegshälfte versuchte die SS, mit dem westlichen Ausland über Freigabe von Balkanjuden gegen Lastwagen zu verhandeln. [92]

Offiziell aber wurde am 1. 10. 1941, als noch 164 000 Juden im Altreich lebten, jede Auswanderung verboten und die »Endlösung der Judenfrage« zur einzig möglichen Lösung erklärt.

Eine Massendeportation von Ostjuden bot indirekt Anlaß für den Beginn einer neuen Phase deutscher Judenpolitik. Am 28. 10. 1938 schaffte die SS 17 000 ehemals polnische Juden, die zwischen 1918 und 1933 in Deutschland eingewandert waren, an die Grenze, um sie nach Polen »abzuschieben«. Da auch die polnische Regierung diese Menschen nicht aufnehmen wollte, mußten die Unglücklichen im Niemandsland auf freier Erde kampieren. Unter ihnen befand sich das aus Hannover deportierte Ehepaar Grynszpan, dessen siebzehnjähriger Sohn Herschel sich damals in Paris aufhielt, auf Umwegen aber vom Schicksal der Eltern erfuhr. Daraufhin verschaffte sich der junge Mann eine Pistole und ging am 7. November 1938 zur Deutschen Botschaft. Dort verlangte er, einen Diplomaten zu sprechen, und wurde zum Gesandtschaftsrat Ernst vom Rath geführt. Auf ihn feuerte er mehrere Schüsse ab, durch die der Diplomat schwer verletzt wurde und am folgenden Tage starb. Von Grynszpan wurde die politische Mordtat bei der Vernehmung durch französische Polizei als Racheakt für das Schicksal seiner Eltern bezeichnet, der eigentlich dem Botschafter selbst gegolten habe.

Dieses Attentat kam den Machthabern sehr gelegen. Jetzt hatten sie einen Vorwand, neue antisemitische Maßnahmen einzuleiten, wobei sie auf den 1936 von David Frankfurter an dem Schweizer Landesgruppenleiter der NSDAP, Wilhelm Gustloff, verübten Mord hinwiesen. Es wurde plausibler, daß »Weltjudas Rache« das deutsche Volk bedrohe und darum der »Volkszorn« sich gegen die Verschwörer richten müsse.

Am Abend des 9. November hielt Goebbels vor den in München zur Erinnerung an den »Marsch zur Feldherrnhalle«, den faschistischen Putschversuch von 1923, versammelten höheren SA- und Parteiführern eine antijüdische Hetzrede, aus der die »alten Kämpfer« eine Aufforderung zu organisiertem Vorgehen gegen die Juden im ganzen Reich erkannten. Die alte SA-Kampfparole: Deutschland erwache – Juda verrecke! und das »Sturmsoldaten«-Lied: mit dem Vers: »Wenn das Judenblut vom Messer spritzt, ei, da geht's noch mal so gut!« entfesselten die Instinkte. Die Träger des »Blutordens« gaben noch in derselben Nacht fernmündliche Anweisungen an ihre Heimat-Ortsgruppen, und wenige Stunden später waren jene Stoßtrupps am Werk, die in »Saalschlachten« und Straßenkämpfen während der Weimarer Republik Erfahrungen gesammelt hatten und dem »Führer« einen neuen Beweis ihrer Ergebenheit und der inneren Überwindung der Röhm-Krise (30. 6. 1934) gaben. Überall flammten in Deutschland die Synagogen auf, wurden die jüdischen Geschäfte zerstört, deren Inhaber aus den Wohnungen gezerrt und mißhandelt; als »Kristallnacht« ist jene Aktion in die Zeitgeschichte eingegangen; eine grausige Ironie hat von der »Reichsscherbennacht« gesprochen, um die »Gleichschaltung« auch bei der Zerstörung anzuzeigen. Den deutschen Juden wurde außerdem als Buße für die Ermordung des Diplomaten zunächst eine Sondersteuer von 1 Milliarde RM auferlegt.

Joseph Goebbels antwortete auf den Protest der ausländischen Presse im »Völkischen Beobachter« am 12. 11.1938, daß es sich um »spontane Reaktionen« des deutschen Volkes gehandelt habe. Aber das Ausland erkannte zunehmend, daß Willkür an die Stelle des Rechtes in Deutschland getreten war, denn von keinem ordentlichen Gerichtshof wurden die Brandstifter und ihre politischen Auftraggeber zur Rechenschaft gezogen, selbst Mordtaten blieben ungeahndet, weil das Parteigericht sich die Untersuchung vorbehielt und später die Verfahren niederschlug. Die vorangeschrittene Erweichung des Rechtsbewußtseins und der Zivilcourage, aber auch die vermehrte Verführbarkeit durch Propaganda in fünfjähriger Naziherrschaft zeigten sich daran, daß nirgends Maßnahmen zum Schutze der Juden von der Bevölkerung ausgingen, wobei man sich vor Augen halten muß, daß namentlich in kleinen Städten die jüdischen Familien wohlbekannt und mit der Einwohnerschaft oft seit Generationen vertraut und befreundet waren, zudem genossen jüdische Ärzte vielfach besondere Sympathie.

Diese erschreckende Diagnose hat *Karl Jaspers* veranlaßt, das damalige Deutschland nach repräsentativen Ständen abzusuchen, die auf Grund ihrer gesellschaftlichen Funktion einen öffentlichen Auftrag wahrzunehmen gehabt hätten. Er sagt vom Offizierskorps und seinem Versagen angesichts der Greuel der »Kristallnacht«: »Die Generale standen dabei. In jeder Stadt konnte der Kommandant eingreifen, wenn Verbrechen geschahen. Denn der Soldat ist zum Schutze aller da, wenn Verbrechen in einem Umfang geschehen, daß die Polizei sie nicht verhindern kann oder versagt. Sie taten nichts. Sie gaben die früher ruhmvolle sittliche Überlieferung in diesem Augenblick preis. Es ging sie nichts an. Sie hatten sich von der Seele des deutschen Volkes gelöst zugunsten einer absolut eigengesetzlichen Militärmaschinerie, die Befehlen gehorcht.« [38a, 65]

Nunmehr sah die Reichsführung eine Möglichkeit, zu scharfen antisemitischen Maßnahmen überzugehen. Sie begnügte sich nicht mit der bereits genannten finanziellen Sühneleistung. *Sämtliche* jüdischen Unternehmungen wurden »arisiert«, kein Jude durfte hinfort an öffentlichen Kulturveranstaltungen teilnehmen, und jüdische Kinder sollten nicht mehr in »arische« Schulen gehen. Mit diesen und einer Reihe weiterer Maßnahmen (siehe Geschichtstabelle S. 162ff.) waren die Juden aus dem bürgerlichen Leben Deutschlands ausgeschlossen. Nun blieb ihnen nur noch die Emigration, wenn sie nicht als Rechtlose in der eigenen Heimat einer düsteren Zukunft entgegensehen wollten.

Mit Kriegsbeginn behandelte man die Juden noch schlechter. Ihre Rundfunkgeräte wurden beschlagnahmt, die Lebensmittelrationen gekürzt, keine Kleiderkarten zugeteilt und ihre Ausgangs- und Einkaufszeiten beschränkt. Sie durften ihren Wohnort nicht verlassen und wurden zur Zwangsarbeit herangezogen. Den Rechtsschutz versagte man ihnen und unterstellte sie der »Polizeibehandlung«. Zwei Maßnahmen verdienen besondere Aufmerksamkeit. Ab 1. September 1941 mußte jeder Jude vom sechsten Lebensjahr an den Davidstern sichtbar auf seiner Kleidung tragen; Männer waren zudem gezwungen, »Israel« als Vornamen zu führen, während man den Frauen »Sarah« verordnete. Die faschistischen Ideologen waren sich dessen nicht bewußt, daß sie die vermeintlich gedemütigten Juden symbolisch auszeichneten: Der Davidstern ist das messianische Zeichen, Israel bedeutet wahrscheinlich »der, für den Gott kämpft«, und Sarah »Fürstin« oder »Urmutter«!

Mit der Ausweitung des deutschen Machtbereichs über Europa gerieten Millionen Juden in die Hände der Faschisten, in der Mehrzahl die als besonders minderwertig geltenden Ostjuden. In ihnen hatte sich nach der Ideologie das »Polackenhafte« und Bolschewistische mit dem minderwertigen »jüdischen Blut« vereinigt. Diese Menschen galten als Ungeziefer, und es ist grausige Ironie, daß man sie mit einem Schädlingsbekämpfungsmittel (kristallisierter Blausäure, Cyklon B) beseitigte.

Die biologische Vernichtung des Judentums begann mit dem Rußlandfeldzug. Vermutlich hat Hitler die Abrechnung mit dem Bolschewismus, den er als jüdische Idee sah, zur Bereinigung der »Rassenfrage« ausweiten wollen. Im Sommer 1941 fielen die letzten Hemmungen, der Ausrottungsfeldzug begann. Dieser Umstand hat dem Ostkrieg jene Gnadenlosigkeit vermittelt, die erst endete, als die Rote Armee die Trümmer Berlins besetzte.

Am 31. 7. 1941 beauftragte Reichsmarschall Göring den Chef des Sicherheitsdienstes (SD), SS-Gruppenführer Heydrich, mit der »Endlösung der Judenfrage«. Dieser sollte »alle erforderlichen Vorbereitungen in organisatorischer, sachlicher und materieller Hinsicht« treffen, damit eine »Gesamtlösung der Judenfrage im deutschen Einflußgebiet in Europa« gesichert sei. Daraufhin tagte am 20. 1. 1942 am Wannsee eine Geheimkonferenz unter Heydrichs Leitung, an der Ministerialvertreter und Parteifunktionäre teilnahmen, unter ihnen war Roland Freisler, der spätere Blutrichter, dem am Berliner Volksgerichtshof die Verurteilung der Verschwörer des 20. 7. 1944 oblag.

Heydrich gab bekannt, daß nunmehr die Grenzen gesperrt seien und die Endlösung für 11 Millionen Juden in Europa (einschließlich der russischen und englischen Juden!) vorbereitet werde. Auf drei Wegen erfolgte die Massenvernichtung: 1. Erschöpfung bei Zwangsarbeit durch niedrigste Lebensmittelzuteilung, 2. Ausrottung in den Vernichtungslagern durch Gas, 3. Massenerschießungen durch »Einsatzgruppen« in Rußland, teilweise verbunden mit Vergasungen. Diese drei Methoden wurden von 1941 bis 1945 praktiziert, daneben mißbrauchte man die Häftlinge in Konzentrationslagern für medizinische Experimente als Versuchspersonen [55a] Im gesamten deutschen Einflußgebiet wurden die Juden zur Endlösung nach Osten verfrachtet und mit einer der genannten Methoden beseitigt. Manche der besetzten Länder weigerten sich, ihre jüdischen Mitbürger deportieren zu lassen, so Holland, wo ein Generalstreik in Amsterdam versucht wurde, oder Dänemark, wo die Bevölkerung antijüdische Maßnahmen ablehnte. Der König soll gedroht haben, er selbst würden den Judenstern anlegen, wenn man irgendeinen Bürger seines Landes dazu nötigte. Die jüdische Gemeinde konnte durch tatkräftige Unterstützung der dänischen Bevölkerung fast vollständig nach Schweden entkommen.

Auch Finnland verdient Erwähnung, das als einziger deutscher Satellit keine antisemitische Politik betrieb. In Frankreich wuchs die Abwehr mit der Widerstandsbewegung.

In den Vernichtungslagern wurde zunächst mit Diesel-Auspuffgasen (Kohlenoxyd) getötet, deren technische Unzulänglichkeit den Mördern selbst peinlich war, wie aus dem Augenzeugenbericht *Kurt Gersteins* hervorgeht[47]. Später lieferte die Industrie (Firma DEGESCH = Deutsche Gesellschaft für Schädlingsbekämpfung) das genannte Cyklon B. Nach Angaben des Kommandanten von Auschwitz, Rudolf *Höß* [38], wirkte es rasch. Dieser Mann stellt zudem dar, wie sich in einem Funktionär Reste »bürgerlichen« Unbehagens gegenüber der Massentötung äußerten, die er zu kontrollieren hatte. Er berichtet, daß ihm angesichts des Mordens gelegentlich übel werden wollte. Dann aber habe er an den »Führer« gedacht und dadurch Kraft gefunden, »anständig« zu bleiben. Die Rückbesinnung auf das Treuegelöbnis ließ ihn das Gleichgewicht wiederfinden. Oder er ritt um Auschwitz und beruhigte sich dabei. Dann kehrte er gelassen in die Villa zu seiner Familie zurück.

Unabhängig von den Konzentrationslagern mordeten im Osten und Südosten die »Einsatzgruppen« der SS, die je einer Armee zugeteilt waren und im Fronthinterland Juden, Partisanen und Kommunisten zu liquidieren hatten. Es begannen Massenerschießungen, wobei die Einsatzgruppen teilweise von litauischen, lettischen, weißrussischen und ukrainischen Hilfspolizisten unterstützt wurden. Zu den furchtbarsten Szenen gehörten die Erschießungen von 60 000 Juden auf einer Insel in der Dwina bei Riga, von 20000 Juden in Lutzk, von 32000 in Sarni und von 33000 in der Schlucht Babi Jar bei Kiew.

In Odessa wurden als Repressalie 25 000 Juden von den Rumänen in einer Kaserne durch Maschinengewehrfeuer niedergemäht. Simon Dubnow, der 80jährige Historiker, war unter den Juden, die sofort nach Einnahme der Stadt durch deutsche Truppen auf dem Markt erschossen wurden. [70, 516] Auch über die Tätigkeit der Einsatzgruppen gibt es einen Augenzeugenbericht, der dem Gerstein-Dokument am Furchtbarkeit nicht nachsteht[48].

Nur gelegentlich wurde bei der Deportation von Juden in die Vernichtungslager Widerstand geleistet, wenn die Betroffenen erkannt hatten, daß es dem Tod entgegenging. Das geschah im Zusammenhang mit der Räumung des Warschauer Gettos vom Sommer 1942 an.

Es kam zum »tragischsten und erstaunlichsten Ereignis des ganzen Krieges. In der Nacht vom 18. auf den 19. April (es war der Vorabend des Passahfestes) griffen deutsche Polizei- und SS-Abteilungen das Getto mit Artillerieunterstützung an. Die restliche Bevölkerung führte unter Leitung der Widerstandsorganisation einen verzweifelten Verteidigungskampf mit Waffen, die von außen ins Getto geschmuggelt worden waren. Es war kein planloses Unternehmen. Es gab ein einheitliches Kommando und einen organisierten Sanitätsdienst. Mit der polnischen Untergrundbewegung wurde der Kontakt aufrechterhalten. Frauen und Mädchen bedienten Maschinengewehre. Todesabteilungen durchbrachen die deutschen Linien und sprengten Panzer mit notdürftig hergestellten Handgaranten in die Luft. In der ersten Phase des Kampfes wurden die Deutschen mehrmals zurückgeschlagen, aber schließlich wurde Feuer und Brand eingesetzt, um das zu erzielen, was Gewehre und Geschütze nicht vermocht hatten. Als das Zentrum des Gettos schließlich überwältigt war, setzte sich der Widerstand in den umliegenden Straßen fort. Als auch dieser Widerstand gebrochen war, behaupteten sich noch einige mutige Kämpfer in den Kellern und Kanälen. Erst Ende Mai wurden die letzten Widerstandsnester ausgehoben. Die Überlebenden – etwa 20 000 – wurden zusammengetrieben und in die Todeslager geschickt. Warschau war nun ›judenrein‹. Die dreitausendjährige jüdische Geschichte kennt keine heldenhaftere Episode.« [70, 517]

Die zunehmend schwierige Versorgungslage des Reiches löste bei der SS-Leitung die Spekulation aus, es ließe sich mit den Juden noch ein Geschäft machen. Man versuchte, über jüdische Organisationen von den Alliierten 10 000 Lastwagen zu erhalten und dafür eine Million Juden im deutschen Machtbereich freizulassen. Die Verhandlungen betrieb auf deutscher Seite der »Judenreferent« im Reichssicherheitshauptamt (RSHA), Obersturmbannführer Adolf Eichmann. Wie jene Verhandlungen ungefähr geführt wurden, geht aus dem Bericht Joel Brands hervor, der als Sprecher der ungarischen Juden im April 1944 zu Eichmann in Budapest befohlen wurde. Am 25. 4.1944 eröffnete ihm Adolf Eichmann folgendes:

»Sie wissen, wer ich bin? Ich habe die Aktionen im Reich, in Polen, in der Tschechoslowakei durchgeführt. Jetzt kommt Ungarn an die Reihe. Ich habe Sie kommen lassen, um Ihnen ein Geschäft vorzuschlagen. Vorerst habe ich Sie und Ihre Leute prüfen lassen (. . .) Und ich habe festgestellt, daß Sie noch leistungsfähig sind. Ich bin also bereit, Ihnen eine Million Juden zu verkaufen. Alle werde ich Ihnen nicht verkaufen. So viel Geld und Waren können Sie nicht aufbringen. Aber eine Million, das wird gehen. Ware für Blut – Blut für Ware. Sie können sich diese Million aus allen Ländern holen, in denen es noch Juden gibt. Sie können sie aus Ungarn nehmen, aus Polen, aus der Ostmark, von Theresienstadt, von Auschwitz, von wo immer Sie wollen. Was wollen Sie gerettet haben? Zeugungsfähige Männer? Gebärfähige Frauen? Greise, Kinder? Setzen Sie sich und reden Sie.« [92, 13]

Im Herbst 1944 erteilte Heinrich Himmler an die SS-Obergruppenführer Kaltenbrunner und Pohl den Befehl, die Vernichtungsaktion sofort abzubrechen, wobei einmal an die Bereitstellung von Arbeitskräften für den »totalen« Kriegseinsatz gedacht war, zum anderen wollte Himmler vermutlich mit den Alliierten in ein Gespräch über annehmbare Friedensbedingungen gelangen und sich durch diese Maßnahme persönlich entlasten. Die letzten Kriegsmonate brachten aber keine Erleichterung für die Häftlinge, denn jetzt begannen die Evakuierungen vor den anrückenden Alliierten und endlose Märsche auf Landstraßen und Fahrten in überfrachteten Güterwagen. Wo man in den Lagern verblieb, wie in Bergen-Belsen, brachen Seuchen unter den entkräfteten Menschen aus. Zehntausende von Häftlingen sind in den letzten Kriegsmonaten umgekommen. Die Gesamtzahl der Toten läßt sich nur schätzen. Die braunen Machthaber rotteten das Judentum aus. Himmler sprach von einem »nie zu schreibenden Ruhmesblatt«. Am 8. Mai 1945 befanden sich noch etwa 10 000 bis 15 000 Juden innerhalb des Reiches am Leben. Das waren »Illegale« oder solche, die als Gatten nichtjüdischer Ehepartner Vorzugsbehandlung als »privilegierte« Juden gefunden hatten und der Deportation entgangen waren, meist ältere Personen. Das deutsche Judentum aber ist vernichtet, mit ihm eine tausendjährige Symbiose, deren Erforschung den Historikern anheimfällt: »Das deutschsprachige Judentum und seine Geschichte ist ein durchaus einzigartiges Phänomen, das auch im Bereich der sonstigen jüdischen Assimilationsgeschichte nicht seinesgleichen hat. Die Umstände und Bedingungen dieses Phänomens zu erforschen, das sich unter anderem in einem geradezu bestürzenden Reichtum an Begabungen und wissenschaftlicher und geistiger Produktivität äußerte, wird eine historische Aufgabe ersten Ranges sein, die aber natürlicherweise erst heute in Angriff genommen werden kann, nachdem die Geschichte der deutschen Juden zu Ende ist.« [5, 11]

Kapitel V
Der neue Staat Israel

1. Vorgeschichte des Zionismus

Moses Heß (1812–1875), einer der Väter des modernen Sozialismus – als solcher gelegentlich »Kommunistenrabbi« genannt –, veröffentlichte erstmalig nationaljüdische Erwägungen (»Rom und Jerusalem« 1862). Der Begriff Zionismus[49] wurde 1890 von *Nathan Birnbaum* geprägt und ist die Bezeichnung der jüdischen Bewegung, die eine Wiedererrichtung eines eigenen Staates auf dem Boden Palästinas erstrebte. 1948 wurde das Ziel im Staat Israel verwirklicht.

Die neue Bewegung muß zunächst auf dem Hintergrund der Emanzipation verstanden werden, auf deren Notwendigkeit *Leon Pinsker* in einer Schrift von 1882 hingewiesen hatte. Die Französische Revolution ließ den Gedanken der Volkssouveränität und den Anspruch auf Eigengestaltung des nationalen Lebens erwachsen. Auch die Juden wurden von dieser Idee ergriffen, zumal der wiedererwachte Antisemitismus ihnen die Frage nahelegte, ob eine Assimilation überhaupt möglich wäre. Die »Damaskus-Affäre«[50] zeigte außerdem, wie Minderheiten zur Rolle von Sündenböcken genötigt wurden. Freilich war auch die Sehnsucht nach dem Lande der Väter im versprengten Judentum nie erloschen. Der Zionismus kann daher als politische Formulierung der uralten Bereitschaft zur Heimkehr verstanden werden. *Theodor Herzl* (1860–1904) leistete der jungen Bewegung entscheidende Dienste. Er entstammte einem wohlhabenden liberalen Hause, das sich seiner österreichischen Umwelt angeglichen und alle religiösen Bindungen abgestreift hatte. Herzls Interesse am Judentum erwachte, als er zufällig auf eine antisemitische Schrift des Berliner Dozenten *Dühring* stieß. Wenig später mußte er als Berichterstatter der liberalen »Neuen Freien Presse« (Wien) am Pariser Dreyfus-Prozeß (1894ff.) teilnehmen. Diese erneute schmerzliche Begegnung mit den Problemen seines jüdischen Volkes erweckte in ihm den Wunsch, die Judenfrage lösen zu helfen. Er bekannte später, daß er durch den Dreyfus-Prozeß, der schon das Gepräge später üblicher Schauprozesse trug, zum Zionisten geworden sei. Die Tatsachen, daß Juden allenthalben in eine Sündenbocksituation gedrängt wurden und sich dagegen als Minderheit nicht schützen konnten, festigte in ihm die Überzeugung, daß ihre Belange nur auf dem Wege einer neuen Staatsgründung wahrzunehmen wären. Es ist bezeichnend, daß Herzl – völlig im Geiste der Französischen Revolution – das Judenproblem vorrangig als *nationales* sah:

»Ich halte die Judenfrage weder für eine soziale noch eine religiöse Frage, wenn sie sich auch so und anders färbt. Sie ist eine nationale Frage (. . .) Wir sind ein Volk, *ein* Volk. Wir haben überall ehrlich versucht, in der uns umgebenden Volksgemeinschaft unterzugehen und nur den Glauben unserer Väter zu bewahren. Man läßt es nicht zu. Vergebens sind wir treue und an manchen Orten sogar überschwengliche Patrioten, vergebens bringen wir dieselben Opfer an Gut und Blut wie unsere Mitbürger, vergebens bemühen wir uns, den Ruhm unserer Vaterländer in Künsten und Wissenschaften, ihren Reichtum durch Handel und Verkehr zu erhöhen. In unsereren Vaterländern, in denen wir ja auch schon seit Jahrhunderten wohnen, werden wir als Fremdlinge angeschrien; oft von solchen, deren Geschlechter noch nicht im Lande waren, als unsere Väter da schon seufzten (. . .) Wir sind also vergebens überall brave Patrioten, wie es die Hugenotten waren, die man zu wandern zwang (. . .) Durch Druck und Verfolgung sind wir nicht zu vertilgen. Kein Volk der Geschichte hat solche Kämpfe und Leiden ausgehalten wie wir. Die Judenhetzen haben immer nur unsere Schwächlinge zum Abfall bewogen. Die starken Juden kehren trotzig zu ihrem Stamme heim, wenn die Verfolgungen ausbrechen.«[51]

Herzls revolutionäres Buch ließ das Judentum aufhorchen. Sein Appell entfachte die uralte Sehnsucht nach der religiösen und völkischen Heimat neu, obwohl Herzl nicht vom Glauben der Väter, nicht vom »auserwählten Volk«, sondern lediglich von einem nationalpolitischen Notstand her argumentierte. Aber auch die religiösen und kulturellen Stimmen fielen bald ein, und der Chemiker Chaim Weizmann sprach daher später vom »synthetischen Zionismus«. Auf Herzls unermüdliche Aktivität hin berief man schon 1897 den Ersten Zionistenkongreß nach Basel und erarbeitete das Grundgesetz der neuen Bewegung:

»Der Zionismus erstrebt für das jüdische Volk die Schaffung einer rechtlich gesicherten Heimstätte in Palästina. Zur Erreichung dieses Zieles nimmt der Kongreß folgende Mittel in Aussicht:

1. Die zweckdienliche Förderung der Besiedlung Palästinas mit jüdischen Ackerbauern, Handwerkern und Gewerbetreibenden.
2. Die Gliederung und Zusammenfassung der gesamten Judenschaft durch geeignete örtliche und allgemeine Veranstaltungen nach Landesgesetzen.
3. Die Stärkung des jüdischen Volksgefühls und Volksbewußtseins.
4. Vorbereitende Schritte zur Erlangung von Regierungszustimmungen, die nötig sind, um das Ziel des Zionismus zu erreichen.« [12, 89]

Der Kongreß selbst bot einen Spiegel des damaligen Judentums, da aus allen Erdteilen die Abgeordneten zusammenströmten und in Tracht, Lebensgewohnheit und Weltverständnis den Spannungsbogen ihres Volkes anzeigten.

Die im Basler Programm geforderte politische Aktivität begann notwendig mit Gesuchen bei den europäischen Herrscherhäusern, da man von ihnen eine Unterstützung erwarten zu können glaubte. Herzl selbst hat in unzähligen Audienzen den damaligen gekrönten Häuptern die Ziele der jüdischen Gemeinschaft dargelegt und sie um Förderung gebeten. Durch die hochimperialistische Kabinettspolitik um die Jahrhundertwende geriet aber die zionistische Sache immer wieder ins Spannungsfeld internationaler Gegensätze und wollte nicht vorankommen.

Eine Weile schien es so, als ob der junge Kaiser Wilhelm II. die jüdischen Wünsche unterstützte. Auf seiner Reise nach Jerusalem zur Einweihung der deutschen evangelischen Erlöserkirche im Jahre 1898 empfing er Herzl und brachte dem türkischen Bundesgenossen, dem Landesherrn Palästinas, gegenüber die zionistischen Bestrebungen zur Sprache. Ein greifbares Ergebnis aber kam nicht zustande.

Mit besserem Erfolg konnte indessen das *innerjüdische* Bewußtsein gestärkt werden. Immer mehr begeisterte Zionisten strömten nach Palästina; ihre Leitidee hieß »Erlösung des Bodens und Eroberung der Arbeit«. Diese Pioniere haben den Boden wirklich »erlöst«, denn sie begannen, Sümpfe trockenzulegen, Wüsten zu bewässern und bestimmte Areale aufzuforsten. Ohne ihren Lebenseinsatz wäre der spätere zügige Aufbau des neuen israelischen Staatswesens unmöglich gewesen. Sie haben ihren Auftrag als Generation »zwischen den Zeiten« begriffen und erfüllt.

Um diese Zeit starb Herzl (1904). Die Führung des Zionismus, die bislang im deutschprachigen Raum gelegen hatte, ging später an Großbritannien über, wo Chaim Weizmann (1874–1952) Nachfolger Herzls wurde. Er war Professor für Chemie an der Universität Manchester. Was Herzl bei aller diplomatischen Aktivität nicht erreicht hatte, fiel Weizmann durch geniale Fachbegabung und veränderte politische Umstände zu. Er machte Entdeckungen, die für die britische Kriegsindustrie von hoher Bedeutung waren (synthetisches Azeton).[52] Lloyd George, damaliger Vorsitzender des Munitionsausschusses, wollte Weizmanns Verdienste von der britischen Krone anerkannt wissen. Aber dieser bat, alle ihm etwa zugedachten Ehrungen der Sache des Zionismus zugute kommen zu lassen. Daraus entstand die berühmte »Balfour-Deklaration« vom 2. 11. 1917, ein Brief des damaligen englischen Außenministers Balfour an Lord Rothschild:

»Es ist mir ein großes Vergnügen, Ihnen namens der Regierung Seiner Majestät die folgende Sympathieerklärung mit den jüdisch-zionistischen Bestrebungen zu übermitteln, die dem Kabinett unterbreitet und von ihm gebilligt worden ist.

Die Regierung Seiner Majestät betrachtet die Schaffung einer nationalen Heimstätte in Palästina für das jüdische Volk mit Wohlwollen und wird die größten Anstrengungen (best endeavours) machen, um die Erreichung dieses Zieles zu erleichtern, wobei Klarheit darüber herrschen soll, daß nichts getan werden darf, was die bürgerlichen und religiösen Rechte bestehender nichtjüdischer Gemeinschaften in Palästina oder die Rechte und die politische Stellung der Juden in irgendeinem andern Land beeinträchtigen könnte.

Ich bitte Sie, diese Erklärung der Zionistischen Föderation zur Kenntnis zu bringen.« [12, 90]

Freilich gedachte die hohe englische Politik sich mit dieser Verlautbarung selbst einen Dienst zu leisten. Die Sache der Alliierten stand in jenem Herbst 1917 nicht besonders günstig.[53] Immerhin war das Dokument für die Belange des Zionismus bedeutungsvoll. Erstmalig hatte eine europäische Großmacht offen ihre Bereitschaft verkündet, das Heimatrecht der Juden auf Palästina verwirklichen zu helfen. Daher trat im November 1917 der Zionismus in das Stadium internationaler Diskussion, und es konnte die Zustimmung weiterer Regierungen voraussichtlich nur eine Frage der Zeit sein. England durfte zu Beginn des 20. Jahrhunderts das zionistische Programm unterstützen, denn damals waren die Araber noch kein wesentlicher politischer Faktor. Sie waren rivalisierende Nomadenstämme, kümmerliche Fellachen und bewohnten außerdem in Palästina selbst nur wenige größtere Ansiedlungen. Erst später erfolgte die Einigung, und nun befleißigte sich England stets besonderer Rücksicht ihnen gegenüber, was wiederum das Verhältnis zu den Juden komplizierte und zu vielen Ungerechtigkeiten führte. – Es ist jedenfalls festzuhalten, daß Palästina zur Zeit der Einwanderung der ersten jüdischen Siedlerpioniere Teil des osmanischen Reiches war. Das Land gehörte im wesentlichen türkischen Grundherren, die es mit größtmöglichen Gewinnspannen Kleinpächtern überließen. Weite Landstriche waren zudem gänzlich unbebaut und galten zum Teil als unkultivierbar, da Palästina zum stark verkarsteten Land verkommen war. Solche Gebiete wurden zumeist von den Beduinen mit ihren Herden durchstreift; die spärliche Vegetation litt darunter. Für die jüdischen Siedler wurde das Land den türkischen Grundherren hektarweise abgekauft. Der 1901 gegründete jüdische Nationalfonds (Keren Kayemeth Leisrael) übernahm diese geschäftlichen und juristischen Funktionen, wobei das Land, den üblichen Marktgesetzen zufolge, ständig im Preise stieg, sobald sich herausstellte, daß es entgegen manchen Erwartungen als durchaus kultivierbar zu gelten hatte. Jüdische Menschen in aller Welt haben die erheblichen finanziellen Mittel aufgebracht, größere Ländereien Palästinas käuflich zu erwerben.

Das Deutsche Reich erklärte sich wenige Wochen später ebenfalls für die Sache des Zionismus. Allerdings war gerade diese Eile nach der Balfour-Deklaration wenig geeignet, der deutschen Uneigennützigkeit zu glauben. Durch das Zögern und durch seine unpassende, verspätete Zustimmung verscherzte sich Deutschland politische Sympathien. Die deutsche Erklärung wurde von Staatssekretär v. d. Busche am 5. 1. 1918 abgegeben:

»Wir würdigen die auf die Entwicklung ihrer Kultur und Eigenart gerichteten Wünsche der jüdischen Minderheit in den Ländern, in denen die Juden ein stark entwickeltes Eigenleben haben, bringen ihnen volles Verständnis entgegen und sind zu einer wohlwollenden Unterstützung ihrer diesbezüglichen Bestrebungen bereit.

Hinsichtlich der von der Judenheit, insbesondere von den Zionisten, verfolgten Bestrebungen begrüßen wir die Erklärung, die der Großwesir Tala'at Pascha kürzlich abgegeben hat, insbesondere die Absicht der kaiserlich ottomanischen Regierung, gemäß ihrer den Juden stets bewiesenen freundlichen Haltung, die aufblühende jüdische Siedlung in Palästina durch Gewährung von freier Einwanderung und Niederlassung in den Grenzen der Aufnahmefähigkeit des Landes, und von freier Entwicklung ihrer kulturellen Eigenart zu fördern.« [12, 90f.]

Durch politische Umstände veranlaßt, hat England die Palästinafrage kompliziert. Es versuchte zu Beginn des 1. Weltkrieges, den Zusammenbruch des mürben türkischen Nationalitätenstaates durch Aufwiegelung der arabischen Nomadenstämme fördern zu helfen. Für diese diplomatisch-militärische Aufgabe war der junge Gelehrte T. E. *Lawrence* ausersehen, durch kunstgeschichtliche und archäologische Studien Kenner der vorderorientalischen Welt. Er wurde zum »ungekrönten König Arabiens«, indem er die bedeutendsten Scheichs in gemeinsamer Sache zu verbinden und ihren tiefverwurzelten Bruderzwist durch eine übergreifende Idee zeitweilig zu bannen vermochte. Mehr und mehr identifizierte er sich mit der panarabischen Bewegung, seinem Landsmann Byron vergleichbar, der sich ein Jahrhundert zuvor für die Belange des griechischen Volkes verzehrt hatte. Auf Londoner Geheiß stellte er den Stämmen ein Großarabisches Reich unter Einschluß Palästinas in Aussicht, sofern die Araber sich zur Bundesgenossenschaft entschlössen.

T. E. Lawrence geriet in schwere Konflikte, als sein Offizierswort nach dem Kriege von der britischen Regierung nicht eingelöst wurde. Nach dieser Enttäuschung zog er sich ganz aus der Politik zurück. Juden wie Araber, die beide zum Sieg der Westmächte beigetragen hatten, mußten erkennen, daß sie zwar in Notzeiten willkommene Bundespartner gewesen, nun aber betrogen worden waren. 1920 wurde Palästina durch Völkerbundsbeschluß britisches Mandat. Gleichzeitig aber begannen zwischen Juden, Arabern und Engländern – oft blutige – Auseinandersetzungen, die das Land zwischen dem 1. und 2. Weltkrieg nicht zur Ruhe kommen ließen. Das Palästinaproblem belastete die britische Politik, die Geister, die man gerufen, wurde man nicht wieder los.[54]

Die Lage im Heiligen Land verschlechterte sich in den dreißiger Jahren weiterhin. Besagte das Mandat über Palästina, daß bis zu seinem Ablauf keine einschneidende Veränderung der jüdisch-arabischen Bevölkerungsparität erfolgen dürfe, so wurde dieser Grundsatz durch die politischen Umwälzungen in Europa sinnlos: Hitlers »Machtübernahme« ließ Palästina zu einem wichtigen Auswanderungsland mit hinreichender Kapazität für die in Deutschland hinfort »unerwünschten« Juden werden. Nun aber stand das Mandatsrecht selbst gegen die in ihre Urheimat fliehenden Juden!

Zuvor hatte bereits der erste britische Hochkommissar über Palästina, Lord Herbert Samuel, einen religiös und politisch folgenschweren Schritt unternommen. Vermutlich wünschte er, als englischer Jude seine Unparteilichkeit gegenüber Glaubensgenossen und den Arabern unter Beweis zu stellen. Er ernannte ein Mitglied aus einer der beiden großen, einander ständig befehdenden arabischen Familien, Hadj Emin El Husseini, zum *Mufti* von Jerusalem und führte damit das Amt eines obersten muslimischen Geistlichen ein.

»Hadj Emin, ein gleichsam aus dem finsteren Mittelalter des Fatimiden Hakim hervorgeholter Politiker, späterer Freund Hitlers und Organisator der muslimischen SA-Abteilungen, nützte seine Stellung vor allem dazu aus, zum Mord aufzurufen und Mordorganisationen mit zwei Zielen aufzustellen: mit dem mehr individuellen der Ausrottung der gegnerischen arabischen Familie, der Nachaschibis und ihrer Freunde, und dem kollektiven, die Juden umzubringen. Beides gelang nicht vollständig, aber doch so weit, daß die individuelle Mordaktion schließlich durch das geglückte Attentat auf seinen stärksten Gegner, König Abdallah von Jordanien, gekrönt wurde und daß die sporadischen Überfälle auf jüdische Siedlungen sich zu organisierten Aktionen erweiterten, welche sich mit Unterbrechungen bis zum Jahre 1948 hinzogen. Wieviel tausend Opfer auf beiden Seiten fielen, ist kaum mehr festzustellen.« [12, 50]

Insgesamt hat England sich aus machtpolitischen Erwägungen stets mehr für die Belange der Araber verwendet und sich bemüht, deren Sympathien zu bewahren. Die Gründung der »Arabischen Liga«, die dem Empire im Vorderen Orient das Grab bereitete, ist Londons eigenes Werk. Die Juden dagegen mußten nachgerade an den wohlwollenden Absichten der Mandatsherren ihnen gegenüber zweifeln.

Ein neuer Aspekt auf das Palästinaproblem wurde im Jahre 1939 gefunden. Eine Royal Commission unter Führung von Earl Peel schlug nach eingehendem Studium der Lage in Palästina eine Teilung des Landes in einen arabischen und einen jüdischen Staat vor, da die Gegensätze zwischen den Gruppen unüberwindbar schienen. Gleichzeitig begann aber mit dem Palästina-Weißbuch der britischen Regierung (Mai 1939), das die Zusage der Balfour-Deklaration bereits als erfüllt bezeichnete, die schärfste Auseinandersetzung zwischen Engländern und Juden. Nach dem Weißbuch bedurften Landkäufe der Genehmigung des Hochkommissars, und die für die nächsten fünf Jahre auf insgesamt 75 000 Menschen beschränkte Einwanderung wurde für die folgende Zeit vom Einverständnis der Araber abhängig gemacht. Wegen des europäischen Kriegsbeginns im September 1939 und der Ausweitung der deutschen antisemitischen Maßnahmen auf die nach und nach besetzten Länder hätten die Einwanderungsbeschränkungen für Juden nach Palästina aufgehoben werden sollen:

»Das Verlangen der Jewish Agency (Jüdische Vertretung in Palästina) nach 20 000 Einwandererzertifikaten für Kinder aus Polen und nach 10 000 für solche aus den Balkanländern wurde rundweg abgelehnt. Die Kinder gingen in den deutschen Vernichtungslagern zugrunde. Die englische Kriegsmarine bekam den Befehl, den auf etwa 100 000 Mann angewachsenen, mit Flugzeugen und Radar ausgerüsteten Militär- und Polizeitruppen durch Blockade der Küste in ihrem Kampf gegen die Flüchtlinge aus der nationalsozialistischen Hölle zu Hilfe zu kommen (. . . .) Bald begann der sich beinahe bis zur Staatsgründung hinziehende Seekrieg zwischen der britischen Flotte und den sogenannten ›Sargschiffen‹, uralten, weit über ihre Kapazität mit Flüchtlingen beladenen und zumeist seeuntüchtigen Fahrzeugen. Dieser einseitige Krieg stellt wohl das unmenschlichste Kapitel der Seegeschichte dar. Die meisten der Blockadebrecher, soweit sie nicht unterwegs untergingen, wurden aufgegriffen, und ihre Passagiere wurden in Konzentrationslager nach Zypern oder Mauritius gebracht. Der Haganah (Jüdische Selbstwehr) gelang es nur, einen kleinen Teil der ›Illegalen‹ an Land zu bringen, wo sie sofort, zumeist in den Kollektivsiedlungen, untertauchten. Die unvorstellbare Tragödie dieser einzigartigen Völkerwanderung erreichte einen Höhepunkt, als eines der aufgebrachten Schiffe – die ›Patria‹ – 1940 im Hafen von Haifa in die Luft ging, wobei mehr als 250 Menschen ihr Leben verloren. Ein Jahr später forderte das Weißbuch von 1939 sein größtes Opfer. Ein kleines Schiff, die ›Struma‹, mit 769 Passagieren aus Rumänien, kam nur bis Istanbul. Die Türken verlangten Garantien, daß ein anderes Land die Flüchtlinge aufnehmen würde. Als die englische Palästinaregierung ein diesbezügliches Ansuchen der Jewish Agency rundweg ablehnte, wurde das Schiff gezwungen, den schützenden Hafen zu verlassen, und brach beim ersten Sturm auseinander. Ein einziger Mensch wurde gerettet, 768 ertranken.« [12, 56f.]

Mehr und mehr erschöpfte sich bei den Juden die Geduld, und es kam zu schlimmen Reaktionen. Die Terrorgruppen IZEL und Stern entstanden und hatten Zulauf von jungen jüdischen Einwanderern, welche Hitlers Zugriff entgangen waren. Diese radikalen Gruppen distanzierten sich von der zurückhaltenden und politisch vorausschauenden Jewish Agency und Haganah und verurteilten deren Haltung als Verrat am Volk. Sie selbst unternahmen nach Partisanentechnik Angriffe auf die Exekutivorgane des britischen Weißbuchs, d. h. gegen Polizisten, Beamte und Soldaten der Mandatsmacht. Hunderte von Überfällen, Morden und Sprengungen erfolgten. Der Zustrom der jüdischen Jugend zu diesen radikalen Gruppen war groß; sie wurde fasziniert von dem düster-romantischen Charakter der Unternehmungen und der Entschiedenheit, mit der die aufgegriffenen Partisanen ihren Weg zu Ende gingen: Sie lehnten jede Begnadigung ab und wurden in der Festung Akko von den Engländern erhängt. Immerhin mißbilligte der größere Teil der jüdischen Bevölkerung diese verschärfte Auseinandersetzung. Das gegenseitige Morden aber führte konsequent zu drei hermetisch voneinander abgeriegelten Gettos, einem englischen, einem jüdischen und einem arabischen.

Höhepunkte der Bluttaten von jüdischer Seite waren die Ermordung des britischen Ministerpräsidenten Moyne in Kairo und des UNO-Vermittlers, des schwedischen Grafen Folke Bernadotte, die durch Mitglieder der Sterngruppe in Jerusalem bereits einige Monate *nach* der Gründung des neuen Staates Israel erfolgte.

2. Die Staatsgründung

Inzwischen ging in Palästina alles drunter und drüber. Als die Briten selbst nicht mehr Herren der Lage waren, regten sie eine Sondersitzung der UNO an (24. 4. 1947), und damit begann eine Phase, die unmittelbar zur israelischen Staatsgründung führte. Nachdem eine internationale Kommission erneut die Lage in Palästina geprüft hatte, kam es zur entscheidenden Abstimmung am 29. 11. 1947. 33 Länder stimmten für eine Teilung des Landes in einen jüdischen und einen arabischen Staat unter Internationalisierung Jerusalems, das als heilige Stätte dreier großer Religionen allen zugänglich bleiben sollte (Teilungsplan vgl. S. 184). Die Juden erklärten sich mit diesem Teilungsvorschlag für Palästina einverstanden, während die Araber ihn ablehnten. Die Abstimmung selbst bot einen Sonderfall in der Geschichte der UNO, insofern die USA und die Sowjetunion gemeinsam für die Teilung waren; 13 Staaten stimmten dagegen, unter ihnen sämtliche arabischen Länder; 10 Staaten enthielten sich der Stimme.

Nach der geschlossenen arabischen Ablehnung blieb der Teilungsvorschlag der UNO lediglich eine Empfehlung ohne Aussicht auf Verwirklichung. Während der nächsten Monate hielt sich alles in der Schwebe, nur der Terror der verfeindeten Gruppen verstärkte sich. Am Vorabend der Beendigung des britischen Mandats über Palästina aber ergriffen die Juden die Initiative, um den ihnen von der UNO-Vollversammlung zugebilligten Staat zu verwirklichen. David Ben Gurion, der Führer der Mapai (Sozialdemokraten), rief am 14. 5. 1948 in Tel Aviv den neuen Staat Israel aus. Das Dokument lautet:

»Wir, die Mitglieder des Nationalrates, die Repräsentanten des jüdischen Volkes von Palästina und der zionistischen Bewegung der Welt, treten heute, am Tag der Beendigung des britischen Mandats über Palästina, in feierlicher Versammlung zusammen und proklamieren auf Grund des natürlichen und historischen Rechts des jüdischen Volkes und auf Grund des Beschlusses der Generalversammlung der Vereinten Nationen hiermit die Gründung des jüdischen Staates in Palästina, der Israel genannt zu werden hat. Wir erklären hiermit: Von der Aufhebung des Mandats um die zwölfte Stunde dieser Nacht vom 14. auf den 15. Mai 1948 und bis zur Einsetzung der gesetzmäßig gewählten Behörden des Staates in Übereinstimmung mit einer von der Konstituierenden Versammlung nicht später als am ersten Tag des Monats Oktober zu entwerfenden Konstitution soll der gegenwärtige Nationalrat und seine Exekutive als Provisorische Regierung des Staates Isreal regieren.

Der Staat Israel wird der Immigration aller Juden von allen Ländern ihrer Zerstreuung offen sein und wird die Entwicklung des Landes zu ihrem und zum Wohl aller Einwohner fördern; er wird auf den Prinzipien von Freiheit, Gerechtigkeit und Frieden basiert sein, wie sie die hebräischen Propheten lehrten; er wird aufrechterhalten die volle soziale und politische Gleichberechtigung aller Bürger ohne Unterschied der Rasse, des Glaubens oder des Geschlechtes und wird volle Freiheit des Gewissens, des Glaubens, der Erziehung und der Kultur garantieren. Er wird die Heiligkeit und Unverletztlichkeit der Heiligen Stätten und Plätze aller Religionen schützen und wird die Prinzipien der Charta der Vereinten Nationen achten. Der Staat Israel ist bereit, mit den Organen und Vertretern der Vereinten Nationen in der Verwirklichung der Resolution vom 29. November 1947 zusammenzuarbeiten und will Schritte zur Errichtung einer ganz Palästina umfassenden wirtschaftlichen Union unternehmen. Wir appellieren an die Vereinten Nationen, dem jüdischen Volk im Aufbau seines Staates zu helfen und es in die Familie der Völker aufzunehmen. Inmitten einer mutwilligen Aggression rufen wir die arabischen Einwohner Israels auf, zu den Wegen des Friedens zurückzukehren und teilzuhaben an der Entwicklung des Staates mit vollen und gleichen Bürgerrechten und gebührender Vertretung in allen seinen Institutionen provisorischer oder permanenter Art. Wir bieten Frieden und Freundschaft allen Nachbarstaaten und ihren Völkern und laden sie ein, mit der unabhängigen Jüdischen Nation zum Wohl aller zusammenzuarbeiten. Der Staat Israel ist bereit, seinen Teil zum friedlichen Fortschritt und zum Wiederaufbau des Mittleren Ostens beizutragen.

Wir rufen das jüdische Volk in der ganzen Welt auf, uns in den Aufgaben der Einwanderung und des Aufbaus zu unterstützen und an unserer Seite zu stehen im Kampf um die Erfüllung des Traums von Generationen von der Auslösung Israels.

Im Vertrauen auf Gott setzen wir unsere Hand an diese Deklaration in dieser Sitzung des provisorischen Staatskonzils auf dem Boden des Heimatlandes in der Stadt Tel Aviv, an diesem Vorabend des Sabbat, am Fünften des Monats Ijjar 5708, dem 14. Mai 1948.« [12, 88f.]

Durch diese Proklamation wurde der Krieg fast unvermeidlich. Wenige Stunden nach der geschichtlich einzigartigen Staatsneugründung überschritten militärische Verbände aller arabischen Anliegerstaaten die Grenze des neuen Territoriums, um die israelische Entscheidung rückgängig zu machen. Gleichzeitig riefen die Häupter der Arabischen Liga ihre Glaubensgenossen nachdrücklich auf, das Land bis zum Sieg der arabischen Armeen kurzfristig zu verlassen. Daß dieser Sieg sehr bald errungen sein würde, daran schien angesichts der Kräfteverhältnisses kein Zweifel. Die meisten Araber folgten der Aufforderung – freilich auch durch einzelne jüdische Terrorakte verstört –, während ein kleiner Teil in Israel verblieb. So entstand das folgenschwere Problem der arabischen Flüchtlinge.

Etwa 900 000 Araber haben das neue Staatsgebiet verlassen. Seit 1949 sitzen sie nun bereits in Lagern zumeist nahe der israelischen Grenze und können zum Teil ihre Äcker »drüben« liegen sehen (vgl. Karte S. 184). Die arabischen Regierungen weigern sich, diese Menschen zu versorgen, und denken nicht daran, die Flüchtlinge wieder ins Wirtschaftsleben einzugliedern; sie sollen gewissermaßen das Beweisstück für das den Arabern nach ihrer Meinung durch Israel zugefügte Unrecht bilden. Sie verweisen darauf, daß die jüdische Masseneinwanderung nach Palästina Folge des europäischen Antisemitismus sei, während Araber und Juden zuvor in Palästina zusammenlebten, ohne daß es zu Verfolgungen gekommen wäre. Für die Tatsache, daß Europa mit seinem Judenproblem nicht fertig wurde, wollen die Araber nicht bezahlen. So muß die UNO den gesamten Lebensunterhalt der Unglücklichen in den Lagern bestreiten, d. h. nicht nur Lebensmittel und Bekleidung bereitstellen, sondern auch die sanitäre Betreuung und schulische Ausbildung der Kinder sichern. Israel fühlt sich nach wie vor für diese Menschen mitverantwortlich und hat manche Vorschläge zur Lösung ihrer Probleme dargeboten, ohne freilich – dem gespannten Verhältnis zufolge – von der Arabischen Liga angehört zu werden. Martin Buber hat die Flüchtlingsfrage »eine schwärende Wunde am Volkskörper Israels« genannt. Die in Israel verbliebenen etwa 150 000 Araber genießen als Minderheit volle politische Rechte und haben die ihnen zahlenmäßig zustehenden Sitze im israelischen Parlament, der Knesset, inne. Es geht vielen von ihnen heute wirtschaftlich gut.

Der jüdisch-arabische Krieg nahm einen allen Erwartungen widersprechenden Verlauf. Es gelang den etwa 600 000 Israelis, sich gegenüber Millionen Arabern zu halten und mit bemerkenswerter Tapferkeit deren Armeen zurückzuschlagen, die allerdings durch mangelnde Versorgung nur beschränkt aktionsfähig waren. Darum bemühen sich die Araber heute, zu jener Einstellung zu erziehen, die Amt und Person zu scheiden weiß. Erst langsam wird es möglich sein, die durch den türkischen Nationalitätenstaat, den »kranken Mann am Bosporus«, verbreitete Schlampigkeit zu überwinden. Der Sieg Israels wurde außerdem durch die Rivalitäten im arabischen Lager gefördert, denn der Bruderzwist kann als eine Ursünde der arabischen Welt bezeichnet werden.

Selbstverständlich lassen sich die Gründe für den jüdischen Sieg auch in der Weise interpretieren, wie es David Ben Gurion einmal ausgedrückt hat: »Wer in Israel nicht an Wunder glaubt, ist kein Realist!« Im März 1949 wurde durch den Waffenstillstand eine heiße Grenze geschaffen. Aber der neue Staat Israel hatte seine erste Feuerprobe bestanden.

Es kann hier nicht die Aufgabe sein, die Geschichte der militärischen Auseinandersetzung zwischen Israel und seinen arabischen Nachbarn darzustellen. Darüber liegt inzwischen eine differenzierte Literatur vor. Zudem ist jener Konflik Gegenstand internationaler Sorge und mancher Entschließungen der UNO. Inzwischen haben nämlich die Palästinaflüchtlinge eigene Kampforganisationen geschaffen, die zumeist nach dem Prinzip der Guerillataktik Terrorangriffe in Israel durchführen und ihrerseits entsprechende Kommandounternehmen der israelischen Streitkräfte provozieren.

Bekanntlich ist es zu weiteren erbitterten Waffengängen in Nahost gekommen. 1956 fand der zweite israelisch-arabische Krieg statt, 1967 der dritte, als Präventivschlag von Seiten Israels geführt. Er ist als der »Sechs-Tage-Krieg« in die Geschichte eingegangen, schuf mit den besetzten Gebieten neue Probleme und zeitigte als Konsequenz verschiedene UNO-Aufforderungen an Israel, diese Gebiete unverzüglich zu räumen. 1973 fand der Jom-Kippur-Krieg, der bisher letzte Waffengang, statt, an dessen Ende deutlich wird, daß nur im Zuge einer politischen Nahost-Friedenslösung Aussicht auf dauerhafte Stabilisierung aller Verhältnisse des Vorderen Orients besteht. Das Recht der Palästinenser auf einen eigenen Staat ist dabei unbestritten. Ohne den Konsens der USA mit der UdSSR ist eine solche Lösung nicht erreichbar. Diese Übereinkunft setzt wiederum einen Ausgleich der Interessen beider Staaten für die Nahost-Region voraus. Die weltpolitische Lage und das Sicherheitsbedürfnis der Großmächte bilden Faktoren hochkomplexer Entscheidungsprozesse.

Für die Frage nach der jüdischen Existenz im 20. Jahrhundert stellt der neue Staat eigene Probleme. Der seit 1948 bestehende Verband ist erheblichen inneren Spannungen ausgesetzt, weil nicht alle Israelis auf der Glaubensgrundlage ihrer Väter stehen. Zwar finden sich immer noch viele strenge Juden, die in Tracht und Lebensgewohnheit die Thora sorgfältig wahren. Ihnen gegenüber jedoch steht die Gruppe der religiös und kultisch Indifferenten. Zwischen diesen Extremen liegen die Stufen mehr oder weniger starker Bindung an Tradition und Synagoge. Soll die Grundlage des neuen Staates eine Theokratie oder eine Demokratie sein? Sollen der Staat, der einzelne und die Gesellschaft unter die Thora und damit unter die Offenbarung gestellt werden, wie es im Richterbuch, Kap. 8, 23 heißt, oder geht alle Gewalt vom Volke aus, wie es die politischen Verfassungen der Neuzeit entwerfen? Israel wird sich diese moderne Verfassung erst geben müssen. In der bisherigen politischen Konzeption bestehen durchaus theokratische Elemente, etwa die Heiligung des Sabbat, das Gebot der koscheren Speisen für Gaststätten in Israel, das Fehlen der modernen Zivilehe. Der Kompromiß zwischen säkularem Weltverständnis und religiösem Anspruch auf das ganze Leben muß immer neu gefunden werden. Doch sind im bewußten Judentum auch heute noch starke missionarische Kräfte vorhanden, sich der Säkularisierung entgegenzustemmen. So besteht der Gedanke, das Jerusalemer Oberrabbinat zum Welt-Oberrabbinat zu erweitern und darüberhinaus vielleicht das Große Synhedrion zu erneuern (124, 68). Die Spannung zwischen den religiösen Gruppen zeigt die Bewertung der Staatsgründung Israels an. Das Oberrabbinat prägte das Wort vom

»Anbruch der Erlösung«, während die Synagoge noch traditionell um »Rückkehr nach Zion« betet, als wäre nichts geschehen (124, 52). Extreme Splittergruppen verwerfen die Staatsgründung generell, denn politisches Handeln sei mit der religiösen Existenz Israels unvereinbar.

Die israelischen Behörden wurden durch den endlosen Zuwandererstrom in das vorläufig noch wenig aufnahmefähige Land vor unvergleichliche Eingliederungsprobleme gestellt. Dabei bot die Zahl noch nicht einmal die Hauptschwierigkeit; diese lag vielmehr in den Unterschieden zwischen den Ankömmlingen: Neben hochkultivierten europäischen Einwanderern kamen solche aus Marokko und dem Jemen, die noch in mittelalterlichen Weltvorstellungen lebten und auf entsprechender Zivilisationsstufe standen. So ergab sich über alles Organisatorische hinaus die Frage, wie angesichts der Differenzen unter den Neubürgern ein gemeinsames Volksbewußtsein zu gewinnen sei, wie die genossenschaftliche Verpflichtung Gestalt annehmen solle.

Dieses grundlegende Sozialproblem hat sich auf dem Wege sprachlicher Vereinigung lösen lassen, ist also pädagogisch angegangen worden. Der neue Staat bietet den Beweis dafür, daß *Sprache* als geistig-soziales Ferment wirkt. Welche Sprache dereinst in Palästina die jüdische Gemeinschaft verbinden solle, hat schon die ersten Zionisten bewegt. Üblicherweise hätte es zum Vergleich kommen müssen, bei dem vermutlich das Idiom der zahlenmäßig stärksten Gruppe zur Staatssprache des neuen Gemeinwesens erwählt worden wäre, wie dies zum Beispiel in den USA der Fall war. Einem solchen Verfahren gemäß wäre wahrscheinlich Russisch, Deutsch oder Jiddisch akzeptiert worden, da um die Jahrhundertwende Gruppen entsprechender Herkunftsländer den größten Teil der Einwandererpioniere stellten. Ähnlich kühn wie der Neubeginn eines in der Antike zerschlagenen Staatswesens war der Zugang zur Sprache des Altertums. Man entschied sich für das *Hebräische.* Diese unvergleichliche pädagogische wie nationale Leistung Israels gilt es zu würdigen.

Das Althebräische war zu Beginn der christlichen Zeitrechnung bereits tote Sprache, die lediglich für die gottesdienstliche Praxis und synagogale Lesung der Heiligen Schriften gebraucht wurde. Der Gemeinde mußte sie übersetzt werden, denn man sprach damals das jüngere Aramäisch. Ein wiederum anderer Dialekt ist das Neuhebräische, das Idiom des Talmud. Die Zionisten griffen auf die biblische Grammatik zurück, wobei sie die Artikulation des spanischen (sefardischen) Judentums zur Richtschnur wählten. Unter dem Namen *Iwrith* ist die alte Sprache heute in Israel wiederbelebt. Allerdings mußten entsprechend der Fülle von Erscheinungen, die das Weltbild der Antike nicht enthielt, viele neue Wörter geprägt werden. Der 1922 verstorbene *Elieser Ben Jehuda* modernisierte in Zusammenarbeit mit anderen Gelehrten Hebräisch zur Umgangssprache.

Der Versuch ist gelungen. Dabei fehlt es an Einwänden namentlich orthodoxer Kreise nicht, die hebräische Sakralsprache würde durch Alltagsgebrauch entweiht. Die Verantwortlichen haben trotz solcher Proteste ihren Entschluß aufrechterhalten. So wandelte sich das alte Hebräisch seit den großen Einwanderungswellen innerhalb weniger Generationen von der Sprache rabbinischer Lehrhäuser zur Umgangssprache. Die Ankömmlinge lernen es von ihren Kindern, welche in der Schule spielend die abgesunkene Urvätersprache übernehmen. Kurse der Erwachsenenbildung unterstützen die Arbeit. Für die junge Generation beiderlei Geschlechts ist außerdem die Armee Erziehungsanstalt, die sich über die Vermittlung militärischer Techniken hinaus spezifische Bildungsaufgaben stellt. Die Jugend soll die Geschichte des Volkes kennenlernen und Israels Stellung begreifen. Durch Pionierarbeit in der Wüste und Wiederbelebung biblischer Vorbilder verschmilzt die neue Generation und lernt, ihre Aufgabe in der Traditionskette zu bejahen. Dabei sollte nicht unerwähnt bleiben, daß im Zuge der durch die faschistische Rassenpolitik bedingten Einwanderung nach Israel eine hohe Quote von Akademikern erschien. Diese konnten nur zum geringen Teil in den vorher ausgeübten Berufen wirken, weil das kleine Land keinen Bedarf an derartig zahlreichen Geistesarbeitern hatte. Viele von ihnen sind in die Landwirtschaft gegangen; Juristen, Philologen, Ökonomen und andere Akademiker siedelten. Damit erwiesen sie dem künftigen Sozialgefüge wichtige Dienste. Sie halfen, in der Landwirtschaft einen neuen intellektuellen Menschentyp zu schaffen, ohne den zum Beispiel die innere Dynamik der Kibbuzim kaum verständlich wäre. Sie bewältigten ihr Schicksal der »Deklassierung«, weil sie sich nicht als proletarisiertes Akademikertum fühlten, sondern als eine Generation zwischen den Zeiten, deren unvertauschbarer Auftrag »Erlösung des Bodens« war. Dem Bildungsniveau des Volkes von Israel und einem geistig-politischen Verständnis der Gesamtsituation dürfte diese Zuwanderergruppe unschätzbare Dienste erwiesen haben.

Kapitel VI
Die Judenfeindschaft als sozialpsychologisches und pädagogisches Problem

Vom Ansatz dieses Buches her ist zu fragen, wie die durch den Antisemitismus ausgelöste tiefe Verstörtheit im Zuge sozialpsychologischer und pädagogischer Praxis überwunden und ein neues Verhältnis zwischen den Generationen hergestellt werden kann. Dabei wird dem Bildungsprozeß die entscheidende Aufgabe zuerkannt, den kognitiven und den emotionalen Anteil in der Person zusammenzuführen. Es geht darum, pädagogische Prinzipien zu benennen, die als Maßnahmen gegen das antisemitische Stereotyp brauchbar sind.[55] Das soll in dem nachfolgenden Katalog von fünf Ansätzen geschehen:

a) Man muß sich zunächst darüber klar werden, daß es pädagogisch wenig sinnvoll ist, *gegen* etwas zu unterrichten. Was sollte etwa ein Anti-Antisemitismus? Vielmehr ist über das Judentum angemessen zu belehren; man muß dabei jene Positionen einbeziehen, an denen sich das antisemitische Vorurteil erfahrungsgemäß am zähesten hält. Der älteste Vorwurf gegen die Juden war der »Christusmord«. Aus ihm entwickelte sich eine Reihe weltlicher Ableger: Wucher, Skrupellosigkeit in der Konkurrenz, Zersetzung, parasitäres Wesen, Verschwörerexistenz, Geheimniskrämerei im Brauchtum und »rassische« Minderwertigkeit. Hilfreich ist allein, daß den Jugendlichen im Sinne einer objektiven Information die Menschen mit ihren Besonderheiten dargestellt werden. Tauchen dabei Mißverständnisse auf, sind diese zu überwinden; denn das ist eine Hauptaufgabe der Schule.

Diese Bemühung hat nur Aussicht auf Erfolg, wenn sie im Sinne einer klaren Information betrieben wird; denn besseres Wissen ist die mächtigste Waffe gegen Aberglauben und Verführung jeder Art. Dieses Wissen kann sich aber nur im *Dialog* festigen. Darum muß über das christlichem wie atheistischem Verständnis so ferne und fremde jüdische Kultuszeremoniell gesprochen werden können. Die bloße Übernahme einer objektiv durchaus richtigen Definition durch den Schüler bewirkt wenig. Vielmehr bringt sie ihn in Verlegenheit, sein Wissen nicht elastisch gebrauchen zu können, sofern er auf Widerspruch trifft, und er dürfte erst recht dem Stereotyp verfallen. Man sollte auch die noch bestehenden kleinen jüdischen Gemeinden in unserem Lande aufsuchen, ihre Synagogen kennenlernen und dabei etwa erfahren, daß dort kein Gottesdienst mehr möglich ist, weil nicht überall die dafür erforderlichen 10 Männer vorhanden sind.

Durch die sachliche Information wird den Schülern die Möglichkeit erschlossen, von Verwandten oder sonstigen Gruppen übernommene Stereotype in ihrer Fadenscheinigkeit und Unzulänglichkeit zu erkennen und gegen sie immun zu werden. Alles dies ist nur in Klassen-, Gruppen- oder Einzelgesprächen zu leisten, deren Kennzeichen der gegenseitige Respekt und eine Partnerschaft in der sozialen und geschichtlichen Situation sind. Der Abbau des Vorurteils ist also auch davon abhängig, ob ein *offenes Lernverhältnis* hergestellt wird.

b) Nach dieser Prämisse wird man sich über eine notwendige *Organisation* von didaktischen Versuchen und den Vergleich von gewonnenen Erfahrungen verständigen müssen. Der gute, aber isolierte pädagogische Wille reicht keineswegs aus. Freilich muß der Erzieher immer gegen die Schatten der Vergangenheit wirken und kann nicht warten, bis ihm ein erschöpfendes Kompendium von Unterrichtshilfen vorgelegt wird. Die Bemühung um besseres Verständnis der bisher verhaßten Minderheit ist ohne jede Analogie. Oft tönte die Schule im gesellschaftlichen Chor der Vorurteile mit und fand sich bereit, die junge Generation an einseitige Sicht auf andere Gruppen und Völker zu gewöhnen. Heute steht die Erzieherschaft unter einem offenen Horizont, ausgestattet mit Grundrechten und Freiheiten. Das Gewissen des einzelnen Pädagogen soll samt seiner eigenen staatsbürgerlichen Entscheidung wirken. Gleichzeitig muß der Jugendliche nach Maßgabe seiner Altersstufe einen immer größeren Spielraum an Freiheit gewinnen, zur Mündigkeit befähigt werden. Dieser neue Ansatz wäre schlecht genutzt, wenn jeder allein arbeiten und alle Fehler wiederholen wollte, die man in anderen Fachdidaktiken durch Koordination der Erfahrungen längst als vermeidbar betrachtet. Wenn das in der Didaktik der Muttersprache oder der Mathematik als selbstverständlich gilt, wo man doch kaum von lebensbedrohlichen Irrtümern wird sprechen wollen, so gibt es erst recht keinen plausiblen Grund, dieses organisatorische Verfahren in *dem* Bereich ungenutzt zu lassen, wo es in der Tat um Ablösung mörderischer Stereotype geht.

Konkret gesprochen: Da die Lehrerschaft bisher wenig Erfahrung im Kampf gegen Vorurteile besitzt, ist pädagogische Feldforschung dringlich. Es geht um die Erarbeitung von Methoden und Hilfsmitteln auf den verschiedenen Schulstufen, aber auch in den Bereichen der Erwachsenenbildung, um den spezifischen Unterrichts- und Gesprächsstil zu finden, der einer Einführung in die jüdische Kultur angemessen ist. Auch politische Erwägungen haben hier ihren Ort, wie man angesichts der faschistischen

Nachwirkung in der Gesellschaft zum Abbau der antisemitischen Stereotype beitragen könnte, welche Maßnahmen die Bundesregierung oder die einzelnen Kultusministerien treffen sollten. Dabei ist ein beträchtliches antisemitisches Potential in der Bevölkerung ohne alle Illusionen in Rechnung zu stellen. Wie wenig die Bundesregierung sich mit diesem neuralgischen Punkt zuvor beschäftigt hatte, wie bar jeder Ahnung sie war, zeigt ihre klägliche Reaktion angesichts der antisemitischen Welle seit Weihnachten 1959.

Gleichwohl haben die Bemühungen um neue Lehrprogramme bereits zu einigen Erfolgen geführt. Der deutsche Koordinierungsrat der Gesellschaften für christlich-jüdische Zusammenarbeit in der Bundesrepublik hat wichtige Anregungen für die pädagogische Praxis gegeben. Die Germania Judaica in Köln macht sich ebenfalls um Unterrichtshilfen verdient. Auch die Bundeszentrale für Politische Bildung in Bonn sowie die entsprechenden Landeszentralen bieten dankenswerte Hilfen für Tagungen und Publikationen. Von Lehrerarbeitsgemeinschaften sind in Fortbildungskursen eigene Anstrengungen unternommen worden, sich jüdischen Fragen zu stellen. Dies alles sollte freilich nicht dazu verführen, die Aufgabe pädagogisch bereits als gelöst anzusehen. Die einzelnen Versuche und Erfahrungen müssen abgestimmt und weiterhin sorgfältig überprüft werden, um didaktisch beurteilbar zu sein.

c) Bei dem Ausmaß der christlichen und deutschen Verfehlung an den Juden läge es nahe, das *Grauen* des jüdischen Untergangs zu beschwören. Die unerhörten Leiden des Judentums dünken vielen als besonders geeigneter Zugang zum Problem. Man läßt sich dabei von der Vorstellung leiten, was die Erwachsenengeneration schuldhaft bedrücke, müsse eine ähnliche Reaktion bei Jugendlichen auslösen. Aber hier ist zunächst einmal der Generationshorizont verwechselt. Die Kinder können nicht in die psychischen Druckverhältnisse ihrer Eltern übergehen, weil ihre eigene Erlebnisfrequenz die Ereignisse der Vergangenheit ausschließt. Es sind neue Entscheidungen, die ihnen im Gegensatz zu ihren Eltern bedeutungsvoll und vielleicht bedrückend erscheinen. Darum wird man zunächst wegen der Inkongruenz der Erlebnishorizonte beider Generationen davor warnen müssen, mit der Erinnerung an die Katastrophen eine »Einstimmung« der Jugend zu bewirken. Das Leiden ist ein schlechter Anfang der Belehrung, weil es immer schon die Grenzsituation bezeichnet, statt daß von der Lebensmitte ausgegangen wird. Daraus folgt nicht selten eine perspektivische Verzerrung der Gesamtverhältnisse.

Ein zweiter, nicht minder gewichtiger Einwand gegen eine unterrichtliche Darbietung der jüdischen Leiden in der Hoffnung, dadurch auch die Anteilnahme der Schüler am jüdischen Schicksal zu verstärken, liegt in der

Ambivalenz des Leidens. Wer sich Daten von Verfolgungen und Qualen anderer vergegenwärtigt, braucht davon nicht nur betroffen zu werden. Bei manchen Menschen werden durch Leidenschroniken auch Lustgefühle, Neugier und Kitzel ausgelöst. Das geschieht insbesondere, wenn der Leser oder Hörer sich mit der Person des Verfolgten nicht identifizieren kann, was immer dann vorliegt, wenn statt eines individuell Leidenden die Schicksale einer anonymen Gruppe oder gar von Massen dargestellt werden. Das Individuum ist nur befähigt, mittels *Interpretation, Projektion* und *Identifikation* das Schicksal einzelner zu »erleben«. Wo aber große Gruppen niedergemetzelt, Frauen und Kinder vergast und verbrannt werden, bleibt keine Möglichkeit zum Nachempfinden. Das Grauen jener Ereignisse löst ein Grauen des Betrachters aus, weckt in ihm Ekel, Abscheu und dumpfe Angst. Wie die Sprache vor den Haarhaufen, Prothesenhügeln und Schuhbergen versagt, die man im heutigen polnischen Nationalmuseum Auschwitz aufbewahrt, so auch die Vorstellungskraft.

Das Leiden Unzähliger und Namenloser wirkt abstumpfend und kann zudem durch psychische Überspannung des Betrachters geradezu Pietätlosigkeit auslösen, was oft wieder demjenigen als moralische Verworfenheit zur Last gelegt wird, den es »überkommt«. Ebenso aber kann das Individuum von den greulichen Umständen in der Weise irritiert werden, daß es sich an Nebensachen klammert, etwa, ob die Zahl der jüdischen Opfer unter dem Faschismus genau errechnet sei, da man doch so oft höre, es könnten unmöglich sechs Millionen gewesen sein, sondern allenfalls vier!

Diese ungewollten Nebenwirkungen rechtfertigen das pädagogische Prinzip, nicht mit Darstellung eines kollektiven jüdischen Leidens die Sympathie der Schüler wachrufen zu wollen. Vielmehr gilt es, aus der Anonymität in die Personalität vorzustoßen und an den Widerfahrnissen *einzelner* den jüdischen Weg zu verfolgen. Diese didaktische Entscheidung erlaubt es dem Schüler, sich in den konkreten jüdischen Menschen annähernd einzufühlen und darüber hinaus auch etwas von dem *Gruppenverhängnis* zu ahnen, dem die Juden weithin unterstanden. Dagegen ist es nach den bisherigen Erfahrungen unwahrscheinlich, daß über ein Massenelend das Interesse des Schülers für Einzelschicksale geweckt werden könnte; das ginge auch gegen den Prozeß der Weltdurchdringung, den jeder Heranwachsende für sich selbst leisten muß. Über die personale Begegnung mit einer geschichtlichen oder gegenwärtigen Gestalt ist die Dimension der Gleichzeitigkeit gegeben, und der Heranwachsende kann auch die traditionellen Vorurteile und ihre sozialen Auswirkungen nacherleben. Über die Identifikation lernt und reift der Mensch an der Geschichte. Die entwürdigenden Bilder, an denen das jüdische Schicksal so reich ist, müssen vor dem Schüler nicht versteckt werden, aber sie haben erst dann ihre Berechtigung, wenn an *einem* jüdischen Menschen das Gruppenschicksal verdeutlicht wird. Daraus wiederum kann auch erst der sittliche Impuls erwachsen, gegenüber alten und neuen Stereotypen der *eigenen* Zeit empfindlicher zu werden.

d) Im Zusammenhang mit der Skepsis hinsichtlich der pädagogischen Wirkung eines Imponierleidens muß die Frage erörtert werden, *wie* denn nun der einzelne jüdische Repräsentant im Unterricht dargestellt werden solle. Darauf lautet die simple Antwort: wahrheitsgemäß. Jedoch bedarf hier der Begriff Wahrheit noch einer näheren Bestimmung. Zu sehr und zu lange sind Wirklichkeit und Wahrheit gegenüber den Juden bösartig entstellt worden, als daß sich durch einen Akt guten Willens unmittelbar alles wieder ins rechte Gleis rücken ließe. Leicht gibt es gegenläufige Tendenzen, indem sich antisemitische Potentiale flugs in philosemitische Bestrebungen verwandeln. Die spezifische Judenfreundlichkeit, die heute vielerorts zu beobachten ist – das Land Israel dient manchen als Ersatz für eine nationale Wallfahrtsstätte –, birgt ihre eigene Problematik, da sie letztlich genauso wahrheits- und wirklichkeitsverkürzend ist wie früher die Judenfeindschaft. Beide Haltungen sind, wo sie exponiert erscheinen, immer ein Zeichen gestörter sozialer Bezüge und mangelnden Abstandes. Es gibt eine Fluchtbewegung, ein Ausweichen vor sich selbst, weil man mühelos anbeten kann, was man verbrannte, und verbrennen kann, was man anbetete. Dieses Wortspiel besitzt eine wahrhaft bestürzende Aktualität. Im nächsten Punkt sind die spezifischen innenpolitischen und sozialen Gefahren zu untersuchen, die aus philosemitischen Ansätzen drohen.

Die *Wahrheit* über den jüdischen Mitbürger, sein Brauchtum und seine Geschichte muß unter dem Schuttberg der Vorurteile erst freigelegt werden. Es ist ein solches Übermaß an historischer Fälschung, Bösartigkeit und Unrat aufgehäuft worden, daß die Realität nicht ohne Mühe sichtbar wird. Unbezweifelbar ist das mythische Judenbild so stark, daß die wahren Züge häufig gar nicht wahrgenommen werden. Im Drama »Andorra« hat *Max Frisch* bekanntlich den Mechanismus der verdrängten und darum tödlichen Tatsachen klassisch dargestellt. Es geht darum, den Mythos zu überwinden und den *wirklichen* jüdischen Mitmenschen in Geschichte und Gegenwart zu entdecken.

Dabei wird sich herausstellen, daß die Juden ganz *gewöhnliche* Menschen sind, durch nichts vor andern ausgezeichnet, es sei denn, man faßte ihre heilsgeschichtliche Sonderrolle ins Auge. Da diese heilsgeschichtliche Bedeutung für viele Zeitgenossen aber nicht mehr gilt, wie sie überhaupt nur typologisch zu verstehen ist und der einzelne jüdische Repräsentant in der europäischen Diaspora damit sozial ohnehin nichts zu tun hat, bleibt tatsächlich keine andere Entscheidung, als die prinzipielle Gleichheit der jüdischen Gruppe mit jeder anderen zu postulieren. Wollte man bei der einen ihre Not und möglicherweise ihren Ruhm für die gegenwärtige Legitimation mitveranschlagen, würde man sie notwendig gegenüber einer anderen exponieren und damit die notwendige Chancengleichheit bei der jeweiligen Lebensgestaltung außer Kraft setzen. Art. 3 (3) des Grundgesetzes lautet: »Niemand darf wegen seines Geschlechtes, seiner Abstammung, seiner Rasse, seiner Sprache, seiner Heimat und Herkunft, seines Glaubens, seiner religiösen oder politischen Anschauungen benachteiligt oder bevorzugt werden.«

Die Schüler müssen also feststellen, wie wenig die Juden von ihren Mitbürgern und Zeitgenossen unterschieden werden können. Sie sind gewöhnliche Menschen mit aller Last und Würde, die dieses Wort ursprünglich meint. Dazu bedarf es einer repräsentativen pädagogischen Analyse und diaktischen Auswahl, damit die Juden nicht mit dem Schimmer des Außerordentlichen umkleidet sind.

Die Wahrheit über die jüdischen Mitbürger wird sich am sinnvollsten über das *gestaltengeschichtliche* Verfahren erschließen lassen. Dieses Verfahren ist nüchtern. Es will nicht *Liebe* provozieren, sondern nur jenes Maß an *Respekt,* das jedem einzelnen und jeder Gruppe zusteht. Es kann sich nicht darum handeln, eine Verklärung oder Heroisierung der Gestalten vorzunehmen, sie dürfen vielmehr auch in Anfechtung und Versagen gezeigt werden. *Gerhard von Rad*, Heidelberger Alttestamentler, hat einmal festgestellt, die Juden seien das einzige Geschichtsvolk, das seine Vergangenheit nicht heroisiert habe; sie seien geradezu beflissen, Sünde und Schande unversöhnlich hart aufzuzeigen.[56] Man sollte ferner vermeiden, sie als »Juden« einzuführen. Es ist also falsch, zu Beginn einer Unterrichtseinheit etwa zu erklären: »Wir wollen uns mit dem großen jüdischen Physiker Albert Einstein beschäftigen.« Das Judentum hat nämlich einmal mit seiner Physik nichts zu tun, zum anderen wird mit dem Etikett »Jude« eine Einstimmung erzeugt, die nüchterner Arbeit entgegensteht. Erst wenn die Gestalt von ihrem Werk her vertraut ist, ergibt sich der Augenblick, da das jüdische Herkommen des jeweiligen Repräsentanten ins Gespräch gebracht werden kann. Damit löst sich sozusagen ein pädagogischer Effekt selbständig aus: das Überraschungserlebnis des Schülers, daß dieser Max Liebermann, dieser Stefan Zweig, dieser Franz Kafka, oder wer es sonst sein mag, einer jüdischen Familie entstammte. Ihr Werk wird damit immer *vor* ihrer Glaubensgemeinschaft rangieren, und es wird ein Beitrag zur Stärkung einer objektiven *Werkanalyse* sein, die allen religiös, politisch oder rassisch gefärbten Vorurteilen entgegentritt. Zudem ist dies die für den Schüler einsichtig werdende Nahtstelle der jüdisch-christlichen Symbiose in Deutschland: das Zusammenwirken der Kräfte, unabhängig vom weltanschaulichen Herkommen. Der kulturelle Substanzverlust durch den Untergang des deutschen Judentums wird damit am ehesten zu ahnen sein.

e) Die letzte dieser prinzipiellen pädagogischen Erwägungen versucht, das Verhältnis von Gesellschaft und Erziehung aufzuzeigen. Daran kann deutlich werden, wie manche soziale Dispositionen das Vorurteil direkt oder indirekt schützen. Wollte man diese Umstände nicht wahrnehmen, käme man zu einer verhängnisvollen pädagogischen Fehldeutung.

Untersuchungen gelangen zum Urteil, daß die Kultur, wobei vor allem die der USA gemeint ist, den *Ethnozentrismus* erlaube und ermutige, gleichzeitig aber ein Lippenbekenntnis zur Demokratie fordere, wodurch das Kind bereits früh die »Doppelzüngigkeit« lerne.[57] Für die deutschen Verhältnisse müßte man fragen, ob eine solche Heuchelei großen Ausmaßes nicht auch hier vorliege. Wenn die empirischen Befunde darin übereinstimmen, daß es einen Antisemitismus in nennenswertem Umfang in der Bundesrepublik gibt, wenn aber gleichzeitig die offiziellen Bulletins der Regierung dies leugnen[58], wie soll man dann einen solchen Widerspruch erklären?

In der Tat ist davon auszugehen, daß in Deutschland kräftige opportunistische Tendenzen wirken. Einer von ihnen hat sich die politische Karikatur bemächtigt, woraus folgt, daß diese Opportunität vom öffentlichen Bewußtsein rezipiert ist: Der Vertreter des Entwicklungslandes erhält vor seiner Abreise zum Staatsbesuch in der Bundesrepublik die Auflage, zunächst an der Berliner Mauer ausgiebig auf die Kommunisten zu schelten, nachher aber um so nachdrücklicher in Bonn seine finanziellen Erwartungen anzumelden. Die andere nicht minder makabre Opportunität liegt in der Tabuierung aller kritischen Äußerungen gegen die Juden. Es gibt ihnen gegenüber einen Stil des Leisetretens, der peinlich berührt.

Der israelische Schriftsteller *M. Y. Ben-Gavriêl* hat diesen Umstand scharf gekennzeichnet. In einem Interview mit der »Zeit« berichtete er von einer Anekdote, die ihm zu Ohren gekommen war[59]:

»Ein Auto überholt ein anderes und streift es dabei. Beide Wagen halten an, der Fahrer des überholten springt heraus und schreit den andern an: »Herr, sind Sie ein Jude?« Dieser verneint sehr erstaunt. Brüllt der erste: ›Na, dann komm heraus, du Schwein!‹ – Verstehen Sie, was das sagen will? Der Beschädigte war bereit, seine Wut zu sublimieren, um nicht in Gefahr zu geraten, in die augenblicklich nicht dem guten Ton entsprechende antisemitische Kategorie eingereiht zu werden. Jeder Jude, der nach Hitler nach Deutschland kommt, hat nämlich etwas von einem Heine-Denkmal an sich. Man kann ganz gut ohne Heine-Denkmal, ja, sogar ohne Heine in Deutschland auskommen, aber da es zur Wiedergutmachung gehört, das Heine-Denkmal wieder aufzustellen, muß man es sogar besser als das der Herren Goethe und Schiller behandeln, deren Werke man ja gleichfalls nicht liest [. . .] Immer wieder kommt etwas Verkrampftes, völlig Unnatürliches zum Vorschein, wenn der deutsche Gesprächspartner – vor allem der über vierzig Jahre alte – erfährt, daß sein Gegenüber ein Jude ist [. . .] Ich meine, daß ein Jude in Deutschland heute denselben Effekt auslöst, wie ein körperlich Behinderter, ein Blinder sagen wir. Wenn ein Blinder ein

Handwerksstück verfertigt, wird man es, selbst wenn es noch so schlecht ist, weit wohlwollender beurteilen, als das eines normalen Menschen, dessen künstlerisches Empfinden gleichfalls gering ist. Ein kürzlich von einer Jüdin herausgegebenes Buch über den jiddischen Witz wurde von sonst durchaus ernst zu nehmenden Kritikern über den grünen Klee gelobt, obwohl es ein systematisch jeden Witz tötendes, infernalisch schlechtes Handwerksstück war [. . .] In einem geradezu überströmenden Philosemitismus stürzt man sich auf alles, dessen Titelblatt auf irgendeine jüdische Beziehung schließen läßt.«

Im Zusammenhang damit darf man noch erwähnen, daß ein Bonner Diplomat vor einiger Zeit sagte: Das Schlimmste, was Hitler uns angetan hat, ist wohl, daß man hinfort jeden Juden schön finden muß. Auch dieses Wort kann als eine Form der Selbstbemitleidung interpretiert werden.

Das schlechte Gewissen ist zu Konzessionen bereit; manche wären sogar geneigt, offene Rechtsbrüche von jüdischen Deutschen hinzunehmen, sofern sie vorkämen.

Man hat – durch die Untaten der Vergangenheit bedingt – weithin das Bewußtsein dafür verloren, daß über Verfolgern und Verfolgten wieder *ein Recht* besteht. Rechtsunsicherheit gehört aber zu den neurotischen Symptomen und verrät eine politische Gleichgewichtsstörung. Auch der Verfall der Weimarer Republik war an ihrer Strafpraxis abzulesen.[60] Es ist darum unumgänglich, das öffentliche Bewußtsein zu stärken, daß Deutsche als Christen, Juden, Atheisten oder welcher Überzeugung auch immer, vor den Gerichten unseres Landes mit gleichem Maß gemessen werden. Viele meinen jedoch, selbst die Richter wagten es nicht, Juden und Christen ohne Unterschied der Person vor ihre Schranken zu rufen. Das dahinterstehende Tabu ist deutlich: Wer sich in der Bundesrepublik unterstünde, einen Juden eines erwiesenen Delikts zu zeihen, würde sich sofort des antisemitischen Verdachts aussetzen. *»Antisemit«* droht zum *neuen Stereotyp* zu werden, was eine Reihe von bürgerlichen Konsequenzen einschließt. Wer etwa als Beamter unter diesen Verdacht geriete, dessen weitere Beförderung könnte zu Ende sein.

Diese Umstände gilt es deutlich zu sehen. Dabei bietet die deutsche Rechtsprechung bisher kaum Anlaß zu der Unterstellung, sie wisse nicht objektiv zu richten. Es scheint mehr ein dumpfes Gefühl zu sein, daß manche glauben, selbst die Richter müßten heucheln. Das Beispiel des jüdischen Rechtsanwalts *Hans Deutsch*, der im Winter 1965/66 angeklagt wurde, hohe Summen an Wiedergutmachungsgeldern veruntreut zu haben, spricht zum Glück dagegen.[61] Dabei braucht keine Bedrückung aufzukommen, daß der Verurteilte *Jude* ist. Würden keine Straftaten durch Juden verübt, müßte man geradezu fragen, wo denn der prozentuale Anteil der Verbrecher unter den Juden bleibe, sofern diese ganz gewöhnliche Menschen seien und nicht unter der Gloriole der Außerordentlichkeit stünden, auch nicht unter der Gloriole, durch Leiden »geheiligt« zu sein. Manchmal gewinnt man den Eindruck, es gebe Kreise, die geradezu süchtig nach dem »reinen« Juden Ausschau hielten, um sich selbst eine Art von Erkenntnisbuße für die Verfolgungen von gestern aufzuerlegen. Sie kasteien sich, indem sie behaupten, ethisch Hochwertige statt ganz gewöhnliche Menschen ins Leiden gestoßen zu haben. Ein animoses Gegenüber zu solchen sind diejenigen, die eine »Läuterung« vom widerfahrenen Schmerz ableiten und es dem einzelnen Juden wie der jüdischen Gruppe verargen, wenn sie sich »nach Auschwitz« wie ganz gewöhnliche Menschen benehmen und um die Durchsetzung ihrer Ansprüche mit überall gebräuchlichen Mitteln bemühen. Man möchte sie lieber in einer abgeklärten musealen, gleichsam ätherischen Existenz wissen. Da diese Erwartungen nicht erfüllt werden, reagieren manche ehemaligen Verfolger und Verdränger befremdet.

Der Staat Israel braucht Gefängnisse wie jedes andere Land, und die jüdische Gruppe dürfte sich kaum von einer anderen in der Deliktstatistik unterscheiden. Dies weder abschätzig noch enttäuscht zu verzeichnen wird geradezu ein Prüfstein für die politische und demokratische Reife des deutschen Volkes werden. Die idealisierende Betrachtung der Juden schließt Gefahren ein, weil die Idealisierten selbstverständlich die Erwartungen so wenig erfüllen können wie jede andere Gruppe. Die Reaktion der Enttäuschten aber ist Rückfall in die sich scheinbar bestätigenden Vorurteile von gestern. Es sei also »doch etwas dran«, daß »die Juden« Mängel hätten! Insofern sind Antisemitismus und Philosemitismus nur verschiedene Objektbesetzungen auf der Basis des Ungewöhnlichen.

In einer Atmosphäre der Unsicherheit, der alten und neuen Vorurteile wächst das Kind heran. Darin wird es erzogen, aus ihr soll es seinen Weg in die Zukunft finden. Jungen Deutschen wird es schwer gemacht, Identität aufzubauen, da sie sich kaum wie einst die Sturm- und Dranggeneration oder die Jugendbewegung in eine Idylle zurückziehen können. Wohin immer sich die junge Generation wendet, welche Expeditionen sie auch unternimmt, stets wird sie auf die Verwüstungen stoßen, stets den Versehrten begegnen, die aus der Schuldzone ihrer deutschen Vorfahren stammen. Das Generationsproblem ist heute und hier zugleich das Problem, wie man mit den untilgbaren Entstellungen des Menschen in Zukunft leben soll.

Beide pädagogischen Instanzen, Eltern und Lehrer, stehen als ältere und übriggebliebene noch im Widerschein der verbrecherischen Taten des Dritten Reiches. Man muß sich vergegenwärtigen, was es für den *Vater* bedeutet, nicht von irgendeiner »großen Zeit« berichten zu können. Frühere Traditionen waren davon gekennzeichnet, daß Väter Kindern und Enkeln erzählten, wie man die Franzosen oder wen immer überwand und siegte. Bei Metz, Sedan, Verdun oder Tannenberg mitgefochten und vielleicht geblutet zu haben, schuf die nationale Weihe der Person, verlieh Glanz. Viele nahmen ihren Söhnen »heilige Schwüre« ab, und die Söhne schworen in überströmender Begeisterung, daß sie genauso tapfer kämpfen wollten, wenn »der altböse Feind« wiederkäme. Kinder früherer Zeiten hatten Ursache, auf den Vater *stolz* zu sein, und der Vater gefiel und bestätigte sich im Stolz seiner Kinder.

Die Väter unserer Generation haben kaum Ursache zum Stolz. Wo immer sie mitkämpften, kämpften sie für Hitler, obwohl sie vielleicht meinten, es sei für Deutschland. Ihre Tapferkeit diente dazu, daß hinter ihrem Rücken gefoltert werden konnte. Wäre die Front früher zusammengebrochen, wären Hunderttausende in Deutschland nicht mehr ermordet worden. Aber solche Einsicht, die hier den Vätern abverlangt wird, ist zu schmerzlich, als daß sie klar bejaht werden könnte. Sie widerspricht der traditionellen Erfahrung. Und doch gilt: Wer für Hitler kämpfte, stand auf der falschen Seite und verzögerte die Rückkehr von Recht und Humanität. Es ist eine eigentümliche Not, daß auch ein »Ritterkreuz« des vergangenen Krieges redlicherweise keinen Anlaß zum Stolz bieten kann. Der weiße Fleck im Leben der Väter, der die Spanne des Krieges und des Faschismus symbolisiert, kann Kompensationen folgender Richtung nahelegen: wenigstens sei der Kampf gegen den Bolschewismus sinnvoll und nötig gewesen.

Zusammenfassend läßt sich sagen: Nie zuvor war eine Unterrichtsaufgabe so problematisch wie diese. Über Hunnenzüge und Religionskriege läßt sich abständig berichten, aber die Zeitgeschichte brennt uns auf den Nägeln. Bei der Bearbeitung der geschichtlichen Zusammenhänge muß nämlich auch der eigene Standort sichtbar werden. Denn jeder Ältere ist überlebender Chronist, der eine Epoche bezeugt, deren Perversion für die Nachwachsenden immer weniger einfühlbar wird. Wo stand der einzelne damals? Welches war sein persönlicher Beitrag gegen das Unrecht? Und wenn jemand bekennen muß, daß er selbst mitmarschierte, weil er die Dinge *damals* anders sah, als sie sich rückschauend enthüllten, daß er an das Gute glaubte und um des »völkischen« Aufbruchs willen manche Auswüchse hinnahm und daß er später vielleicht nicht mehr zu protestieren wagte, weil es einem Selbstmord und schweren Repressalien gegen die Angehörigen gleichgekommen wäre – dann ist eine pädagogische Situation gegeben. Nun können nämlich die Heranwachsenden *partnerschaftlich* in den Prozeß einer gemeinsamen Analyse einbezogen werden, in welcher zu finden wäre, was fundamental *recht* ist. Es werden die Bedrohung und die Zerbrechlichkeit der Demokratie erkennbar, die bereits morgen verfällt, wenn man nicht bereit ist, sich der Lüge und dem Vorurteil *heute* entgegenzustellen.

Kapitel VII
Einige Fragen zur Unterrichtspraxis

1. Allgemeines

Unterricht über das Judentum sollte nicht im Sinne eines neuen Faches geplant werden. Damit wäre die Verbesserung der Gruppenverhältnisse einem speziellen Lehrgang anheimgegeben, der diese weit über den Einzelunterricht hinausgehende Aufgabe keineswegs allein leisten könnte. Viele Überlegungen zum Lehrplan zielen darauf ab, die Flut der Einzeldisziplinen einzudämmen und es dem Schüler zu ermöglichen, Zusammenhänge zu sehen.

Außerdem müßte durch die fachliche Ausgliederung der jüdischen Belange beim Schüler erst recht der Eindruck entstehen, hier handele es sich um etwas Besonderes, eine völlig vom normalen gesellschaftlichen Leben abweichende Gruppe oder Religionsgemeinschaft, die nur im Rahmen eines speziellen Faches wie bei einer Fremdsprache oder in der Erdkunde erarbeitet werden könne. Damit wäre das zuvor aufgestellte Prinzip, die Juden seien als gewöhnliche Menschen darzustellen, wieder aufgehoben. Es kann also nur darum gehen, die jüdischen Mitbürger unter vielen Aspekten kennenzulernen: in der muttersprachlichen Bildung, im Geschichtsunterricht, der Staatsbürgerkunde und der politischen Bildung, dem Religionsunterricht, der Geographie, sofern sie als Lehre vom Menschen in den verschiedenen Landschaften der Erde verstanden wird. Dadurch ist nicht ausgeschlossen, daß ein Fach gelegentlich speziellen Mißdeutungen der Juden entgegenwirkt, wenn etwa im Biologieunterricht die ganze Haltlosigkeit und Heimtücke der faschistischen Rassenideologie erörtert wird. Jedes Unterrichtsfach muß prinzipiell seinen eigenen Beitrag zum Verständnis der Juden geben, sooft Belange der jüdischen Gruppe berührt werden. Im übrigen aber dient *aller* Unterricht in einer demokratischen Gesellschaft dem Aufbau einer gemeinsamen Sittlichkeit.

Zwei Schulfächer sollen jedoch wegen ihres exponierten Charakters näher betrachtet werden. Das eine ist das jüngste Fach des Bildungskanons, das andere ihr ältestes: Politische Bildung und Religionsunterricht.

2. Politische Bildung

Obwohl die Ansätze der politischen Bildung als Staatsbürgerkunde bereits in die Weimarer Republik zurückreichen, hat doch erst die faschistische Katastrophe die Gesellschaft nach dem Zweiten Weltkrieg bewogen, ihre schulischen Lehrpläne und Richtlinien auch dahingehend zu befragen, ob sie dazu aufriefen, junge Menschen zu politisch verantwortlichen und damit mündigen Zeitgenossen zu erziehen. Die Radikalität dieser Frage schließt ein, daß es nicht mehr ausreiche und vielleicht sogar verderblich sei, treue Bürgergesinnung und Staatsfrömmigkeit zu erstreben. Der junge Mensch ist zu einer Unterscheidung der Geister und zur Kritikfähigkeit gegenüber politischen Lebensformen zu befähigen. Denn der erste große organisierte Akt des *Ungehorsams* in der deutschen Geschichte, das Attentat auf das Staatsoberhaupt am 20. Juli 1944, geschah aus *Gehorsam* gegenüber dem eigenen Gewissen in einem Meer von Opportunismus, Trägheit, Dummheit und Feigheit. Hinter dieses unbequeme und auf Dauer beunruhigende Beispiel aus der deutschen Zeitgeschichte kann niemand mehr zurück; es hat ein eigenes Gewicht für die politische Bildungsarbeit. Das daraus gewonnene Prinzip aber ist bereits deutlich: Der Schüler muß ermutigt werden, notfalls seine Einsichten und Überzeugungen auch gegen Meinungen, Trends, Konventionen und Tabus der Gruppe zu behaupten.

Freilich kann nicht zum Märtyrertum erzogen werden, wohl aber muß es um Hilfe zur Individuation gehen, um das Bekenntnis zu sich selbst, und eben hier kann unmittelbar die Verbindung zum Problem der Judenfeindschaft und zu einer vorurteilsfreien Erziehung aufgenommen werden.

Die politische Bildungsarbeit in der Schule muß sich durch gesellschaftliche Offenheit legitimieren. Dadurch stößt sie aber notwendig an manche geschichtlichen Schranken. Denn Überlieferung kann auch aus mangelnder Information entstehen, wie das für die bisherige Judenfeindschaft gilt. Daran sollte die politische Bildung die Eigengesetzlichkeit der Vorurteile verdeutlichen. So stellt sich dem Pädagogen die Aufgabe, die Schichten der Judenfeindschaft und die Gruppenmechanismen verständlich und gegen alle Versuche, die Schuld bei »den anderen« zu suchen, skeptisch zu machen. Es gibt in der Praxis der politischen Bildung eben das gelegene, wiewohl traurige Ereignis: Die Deutschen gewinnen durch ihre Verfehlungen vor anderen Völkern Anlaß zur Revision mancher geläufigen Ansichten. Weitere Nationen müssen in ihrem Bereich ebenfalls aufräumen oder hätten doch Anlaß dazu. Einstweilen aber kann bei uns die didaktische Erörterung nur an einheimischen Ereignissen erfolgen.

Freilich muß im Rahmen der politischen Bildung den Pädagogen ein Spielraum zugebilligt werden, *wie* sie die schmerzliche Erfahrung der Judenfeindschaft zum Neubau der politischen Einsicht und gleichermaßen der Sittlichkeit gedeihen lassen. Sie werden dabei vielfach die Erfahrung machen, daß der Antisemitismus *familiengeschichtlich* verwurzelt ist, so daß der Erzieher behutsam verfahren muß, um keine Verstörungen im Zögling auszulösen.

Auf den pädagogischen Einfallsreichtum kommt es an, die Situation zu nutzen, in der die Schäbigkeit des antijüdischen Vorurteils exemplarisch deutlich wird. Dabei bietet das Fach Politische Bildung viele Möglichkeiten, das Judentum besser verstehen zu lehren, das jahrhundertelang in Europa unzweifelhaft die mißverstandene Minorität dargestellt hatte.

Die politische Bildungsarbeit sollte aber durch die notwendige Beschäftigung mit dem Judentum nicht der Gefahr erliegen, sich auf den antisemitischen Komplex zu *fixieren* und ihn beständig neuen Überlegungen zu unterwerfen. Das jüdische Schicksal kann als soziales, religiöses und politisches Ereignis den Blick für die dauernden Gruppenspannungen schärfen und damit tüchtig machen, die Gegenwart zu bestehen. Was den Juden an Unrecht geschah, empfängt nur dann einen geschichtlichen »Sinn«, erfüllt nur dann das »Vermächtnis« der Umgebrachten, wenn es hinfort dem besseren wechselseitigen Verständnis dient, Gewissen weckt, Kräfte der Vergebung und den Mut auch *gegen* die eigene Gruppe aktiviert.

Wenn die Schule ihre politische Bildungsarbeit in diesem Sinne versteht, dann führt sie durch die Beschäftigung mit dem Judentum und den Spielarten der Judenfeindschaft zugleich darüber hinaus: Sie vermittelt Schlüssel zu kritischen Gegenwartsanalysen, in denen die Nachwachsenden erkennen, daß das »Unbehagen in der Kultur« als sozialpsychologische Gegebenheit am billigsten durch die Gestalt eines erklärten »Feindes« oder »Sündenbocks« abzureagieren ist. Solche Sündenböcke werden manchmal bereits in der kindlichen Spielgruppe gefunden, um in anderen Zusammenhängen bis zum »Weltfeind« weiterzuwachsen. Wenn der politische Bildungsauftrag davon eine erste Kenntnis zu vermitteln vermag, ist bereits viel zum Abbau alter und neuer Ideologien geleistet.

Die Juden als die durch Vorurteil in der Weltgeschichte bisher am schwersten getroffene und geschädigte Gruppe dürften einer solchen Funktion von politischer Bildung im gesellschaftlichen Prozeß zustimmen.

3 Religionsunterricht

Der Religionsunterricht als ältestes Schulfach im abendländischen Bildungskanon hat eine eigene »Vergangenheit« gegenüber dem Judentum zu bereinigen. Die oben dargestellten theologischen Dimensionen der Judenfeindschaft (S. 65 f.) wurden durch den Religionsunterricht naiv aufgenommen und an die junge Generation herangetragen. Das Vorurteil gegen die Juden und ihre »Verworfenheit« erbte sich ohne Abstriche von einer Generation zur anderen fort. So konnte man guten Gewissens judenfeindlich handeln, weil es schon immer so gewesen war.

Die Schwierigkeit des Religionsunterrichts liegt zentral in der Person Jesu. Er und seine Apostel selbst waren *Juden.* Das Evangelium spielt auf einem national-jüdischen Hintergrund. Jesus versuchte vergeblich, sein Volk um sich zu sammeln und beklagte die Ablehnung (Mt. 23, 37f.). Er erreichte das Herz seiner Landsleute nicht und scheiterte. Beim Prozeß vor der Besatzungsmacht sagten die versammelten Bürger Jerusalems und die Passah-Festpilger sich vollends von ihm los und erbaten statt seiner vom römischen Prokurator einen Mörder frei und verdammten Jesus (Mt. 27, 20ff.). Die Schuld an seinem Tode nahmen sie ausdrücklich an und erregten sich so leidenschaftlich, daß sogar ihre Nachkommen für jene Entscheidung noch einstehen sollten (Mt. 27, 25). Selbst der am Kreuz sterbende Jesus wurde vom Hohn seiner jüdischen Landsleute getroffen (Mt. 27, 39ff.). Eine unheimliche und rätselvolle Geschichte dunkler Leidenschaften spielte sich ab; hatte gar der Teufel seine Hand im Spiel? Wenn der Schüler die Evangelienberichte im Religionsunterricht hört, legt sich ihm nahe, die Juden pauschal als die Schuldigen am Tode Jesu anzusehen.

Die Passion als Kernstück der biblischen Erlösungslehre begründet im Schüler leicht judenfeindliche Affekte. Es bildet sich das Trauma, die Juden hätten boshaft den Gottesgesandten verworfen, gequält und getötet. Der Schüler lernt in ihnen Menschen kennen, deren Motive er schlechterdings nicht versteht.

Der landläufige Religionsunterricht verfährt ja kaum nach dem juristischen Grundsatz, wie es bei einem Prozeß angemessen wäre, daß man auch die *andere* Seite hören müsse. Dann würde man nämlich der jüdischen Geschichte und ihrer Messiaserwartung entnehmen, daß Jesus von seinem Volk verworfen werden *mußte,* da er den messianischen Anspruch erhob, ihn aber nicht einhellig bewies und die Erlösung nicht brachte. Freilich ist dies eine schwierige Aufgabe für den Religionslehrer, die gesamte Bibel zu erschließen und der jüdischen Seite zuzugestehen, daß sie sich mit Recht von Jesus distanzierte, da ihre Messias-Erwartung nicht nur religiös, sondern auch politisch und sozial bestimmt war.

Hier liegt jedenfalls ein Problem vor, das auch erst nach der europäischen Judenkatastrophe von einigen Theologen und Religionslehrern gesehen wird. Man beginnt zu ahnen, daß die unerschütterte Weitergabe mancher Teile des Neuen Testaments unvereinbar mit einer Erziehung zum Respekt vor dem jüdischen Partner ist. Freilich wirkt dem wieder das überlieferte Bekenntnis entgegen: Man müsse zentral von der Botschaft Jesu ausgehen, da man sonst unweigerlich die biblische Verkündigung verfehle. Darin ruht zweifellos ein innertheologisches Problem, dem nicht weiter nachgegangen werden soll. Hier interessieren die pädagogischen Konsequenzen.

Solange im Religionsunterricht die erste Begegnung der Schüler mit den Juden nicht unter dem Respekt für die Eigenart, die Würde und das dauernde geschichtliche Recht der Juden auch gegenüber dem Neuen Testament steht, so lange wird man in späteren Schuljahren mit religionsgeschichtlichen Betrachtungen, konfessions- und kirchenkundlichen Erwägungen kaum etwas wieder zurechtrücken können. Die Juden bleiben dann eine unheimliche Gruppe in der christlichen Heilsgeschichte, die ihren »Retter« verwarfen und sich bis heute trotzig der »Wahrheit« verschließen. Das gilt um so mehr, als die psychologische Forschung zu der Erkenntnis gelangt, daß Kindheitserlebnisse nicht ausgewechselt werden können. Sie sind Bestandteile der späteren Persönlichkeit.

Und in der Tat läßt sich empirisch aufweisen, wie die Stereotype über die Juden vom schulischen Religionsunterricht wirksam bleiben, da es eine religiöse Weiterbildung bisher so gut wie nicht gibt. Mit andern Worten: Der Erwachsene lebt weithin noch aus Vorstellungen, die ihm der Religionslehrer vermittelte. Mag er sich in vielen Bereichen, vor allem aus Berufsgründen oder aus Neigung weiterbilden, für die Religion besteht dazu wenig Anreiz. Und in der Schule nahm er ein für allemal das neutestamentliche Stereotyp auf: Vom »Pharisäer« erhielt der Jude das *Heuchlerische, Scheinheilige* und *Listige*, vom Priester das *Hartherzige, Erbarmungslose* und *Formalistische.* Mit dieser zeitbedingten antijudaistischen Polemik gewann »der Jude« auf Dauer sein Profil. Seine Religion schien starr, finster und kasuistisch. Man unterstellte ihm, er seufze unter dem Druck selbstersonnener, törichter Vorschriften und verfalle in *Gesetzesneurose,* aus der allein Jesus ihn zu befreien vermöge. Welcher christliche Religionslehrer aber berichtet wohl seinen Schülern, daß das Gesetz dem Volke Israel bis heute Befriedigung bietet, daß in der Synagoge sogar ein Fest der Gesetzesfreude (Simchat Thora) gefeiert wird? – Schließlich hat das vom Neuen Testament dokumentierte Verhalten der Juden beim Prozeß Jesu ihnen den Zug der *Heimtücke* und *Blutgier* eingetragen, die Erfolglosigkeit der Predigt Jesu die Zeichen der *Blindheit,* seine Nichtannahme als Messias schließlich die Merkmale der *Verworfenheit.*

Daraus wird gefolgert, sie seien nicht mehr auserwählt, sondern ihre einstige Berufung sei durch einen *neuen* Gottesbund erloschen. Die Juden seien damit tiefer gefallen als jedes andere Volk. Sie hätten ihre Daseinsbestimmung verloren und seien wie fallendes Laub vom Sturm der Geschichte fortgewirbelt worden. Damit ist das Bild von *Ahasverus,* dem ewig ruhelosen Juden, vollständig.

Die christliche Dogmatik wird sich verständlicherweise schwertun, ihre Position gegenüber den Juden zu revidieren, weil sie mit Recht das Neue Testament als Glaubensgrundlage gefährdet sieht. Aber hier geht es um die Frage, wie überhaupt Religionen zusammenleben sollen, die dem gleichen

Wurzelgrund entstammen und die beide Anspruch darauf haben, daß die Gegenseite sachliche Korrekturen an der eigenen Lehre und Verkündigung vornimmt, wenn nachzuweisen ist, welche verfehlten Auffassungen damit in die Geschichte eingetreten sind. Die christliche Kirche und ihre Theologie wird in diesem Problemkreis noch weitreichende Reflexionen anstellen müssen.

Zusammenfassend läßt sich sagen: Der christliche Religionsunterricht hat nicht selten judenfeindliche Vorurteile in den Heranwachsenden verankert. Das Kreuz und der blutende Gehenkte an ihm aktualisieren ständig die »Widersacher«-Rolle der Juden im Heilsplan Gottes neben dem Schock, den das Kind von den Umständen der Passionsgeschichte überhaupt erhält. Der Religionsunterricht wird daher vorzüglich bestrebt sein müssen, die biblischen Ereignisse aus christlicher *und* jüdischer Sicht darzustellen, was freilich die Möglichkeit einer Relativierung einschließt. Aber hier steht der Pädagoge vor der Gewissensfrage, ob er die judenfeindlichen Aussagen der Bibel nur deshalb nicht mildern dürfe, um das Kind ganz nahe am Zentrum des Neuen Testaments zu belassen. Wenn damit zugleich eine antijudaistische Prägung des Kindes eingeleitet wird, dann gerät der pädagogische Auftrag in Widerspruch zum »Wort Gottes«. Dieser Widerspruch muß im Rahmen schlüssiger Bildungstheorie bearbeitet werden.

Gefordert ist, daß der christliche Religionsunterricht heute zum pädagogischen Pionier interkonfessioneller und interreligiöser Verständigung wird. Da die sakralen Institutionen und die Hierarchie sich erfahrungsgemäß nur sehr langsam und mühsam wandeln, kann die Schule vorangehen. Nur ein solcher Religionsunterricht rechtfertigt sich *nach Auschwitz*, der sich vom »Wort Gottes« in der Weise betreffen läßt, daß er mit den Schülern die ganze Bibel befragt und dann erfahren muß, daß Gott den »Alten Bund« nicht gekündigt hat.[62] Wenn das so ist, dann stehen die Juden als ältere Brüder mit ungekündigtem Heimrecht im Reiche Gottes, und die Christen haben ihnen Dankbarkeit und Respekt zu bezeugen für alles, was sie durch sie und über sie empfingen. Erst wenn die Christenheit verstanden hat, daß sie durch die Barmherzigkeit Gottes Zugang zum Heil gewann, dann erst wird sie auch ihren Religionsunterricht mit jener Ehrfurcht leisten können, der der jüdischen Geschichte annähernd gerecht wird.

Kapitel VIII
Die Deutschen und die Juden

Im Januar 1979 hat die vierteilige amerikanische Fernsehserie »Holocaust« – als »vollständige Verbrennung« aus dem Griechischen zu übersetzen – das deutsche Fernsehpublikum offenkundig seelisch tief aufgewühlt. Die nach Millionen zählenden Zuschauer haben geradezu in einer Sturzflut von Anrufen, Briefen, Telegrammen, Sendungen mit authentischen Beweismaterialien über die faschistischen Greuel, die gegenüber »Holocaust« oft als weit schlimmer charakterisiert wurden, zum Ausdruck gebracht, daß sich in ihnen seelisch unverarbeitete Erfahrungen, Skrupel, Mutmaßungen aufgestaut hatten, die zur Äußerung drängten. Damit wird ein Großgruppenproblem angesprochen, für das wissenschaftlich noch so gut wie keine Beurteilungsmaßstäbe bestehen, da seelische Kleingruppenprozesse schon Schwierigkeiten genug aufgeben, das Geschehen multidimensional zu erfassen.

Doch darf zumindest mit einer hohen Rate von Plausibilität unterstellt werden, daß die Jahrzehnte seit der militärischen Befreiung vom Faschismus innerhalb der deutschen Bevölkerung einen weitreichenden Verdrängungsprozeß in Gang gesetzt haben. Denn seit die Marshallplangelder Ende der vierziger Jahre zu fließen begannen, als der gesamtgesellschaftliche Einfallsreichtum und die physischen Kräfte für den grandiosen und von aller Welt bestaunten Wiederaufbau absorbiert wurden, blieb sozusagen kein seelisches Potential mehr für die Beschäftigung mit der Vergangenheit übrig. Der Morgenthau-Plan, der die Reduktion Deutschlands auf einen agrarischen Standard durch Demontage von Industrieanlagen durch die Siegermächte vorgesehen hatte, war lediglich Episode. Als im Zuge der Integration in das westliche Verteidigungsbündnis Deutschlands Beitrag auch militärisch gefordert wurde, kam dies für viele einem Schlußstrich unter die Verlegenheit bereitende Zeitgeschichte gleich – man wähnte sich in die Gemeinschaft freier Völker wieder aufgenommen. Die bürgerlich-privatkapitalistische Gesellschaftsordnung brachte ihre eigene Philosophie des Als-ob hervor und bemaß sich lieber am eigenen materiellen Erfolg als an dem ungenügenden Vermögen zum Umgang mit der beschwerlichen Zeitgeschichte. War die bürgerliche Gesellschaft im 17. und 18. Jahrhundert mit den großen Freiheitspostulaten, dem Kampfruf der Gleichheit aller Menschen in die Auseinandersetzung mit dem Feudalismus eingetreten, so waren ja eben diese Verheißungen zwar nicht erst im Faschismus mißachtet, in ihm jedoch zur Beleidigung der Menschheit verkehrt worden, als an die Stelle der Hoffnung auf Brüderlichkeit für alle der Ausschluß bestimmter Völker und Rassen aus dem Recht auf Dasein nicht nur proklamiert, sondern auch grauenvoll praktiziert wurde.

Für die Generationen an der Wende von den siebziger zu den achtziger Jahren birgt die deutsche Zeitgeschichte auch deshalb Schwierigkeiten, weil die oft gestellte Frage, wie es eigentlich zu Auschwitz kommen konnte, wer davon zu jener Zeit alles, vieles, manches, weniges oder nichts wußte, wer etwas hätte wissen können, wenn er hätte wissen wollen, was man überhaupt jederzeit wissen müsse, unter diesem Tenor nur vordergründig oder überhaupt nicht zu beantworten ist. Hier wird sozusagen nur Entlastungs-Roulette gespielt. *Dostojewskis* Wort »alle sind an allem schuld und ich am allermeisten« gerät dabei nicht in den Horizont.[63]

Das bürgerliche Subjekt, das sich wegen seiner schmählichen damaligen Rolle quälen und in sich gehen mag, oder, wenn es jünger ist, sich an andere, moralische Kühnheit gebietende näherliegende Ereignisse traumatisch erinnert sieht, kann solche Erfahrungen nur auf dem Hintergrund des eigenen Zeitalters klären: Es steht vor dem Bildungsanspruch seiner Epoche. Die bürgerliche Bildungsidee aber hat als ihre größte geschichtliche Triebkraft den Gedanken der *Toleranz* entwickelt, die *brüderliche Aussicht* auf alle Menschheit, die Freundschaft über ständische und nationale Schranken hinweg. Nur mit diesem Richtmaß kann überprüft werden, was im Faschismus wirklich geschah, aber zugleich auch, wo die parlamentarische Demokratie auf ihre eigenen Vorgaben erst dringlich aufmerksam gemacht werden muß.

Es wird sich Konsens darüber herstellen lassen, daß der strenge Anspruch nach der Bildung jedes einzelnen als Bedingung für sittliche Selbständigkeit weder gestern noch heute erfüllt wurde. Aber »Holocaust« bietet die Nagelprobe für eine gesellschaftliche Situation, in der sowohl der Freudsche Begriff der »Trauerarbeit« als auch der sittliche Anspruch der Bildung unbekannt geblieben, zumindest kaum in Kraft gesetzt waren. Nun aber bewegte das Schicksal jener Berliner Arztfamilie, deren Liquidation zwischen 1933 und 1945 auf dem Filmstreifen exemplarisch nachgezeichnet wurde, die Gemüter von Millionen, setzte zaghafte Identifikationsprozesse und Sympathisierungsakte in Gang, zeigte kathartische Symptome: Das Drama, wie es die antike Poetologie verstanden hatte, sollte im Anschauen von Schicksal und Tragik die Seelen der Beiwohnenden reinigen und läutern, zu reflektiertem Dasein befähigen.

Schwieriger aber dürfte sich die Verständigung darüber anlassen, ob von der Traumatisierung eines Volkes auszugehen ist, das sich zumindest familiengeschichtlich von den Vorgängen nicht freisprechen kann, die mit dem Faschismus unzähligen Menschen widerfuhren, mochte es sich um Juden, Zigeuner, Kommunisten, Zeugen Jehovas, Homophile oder andere Minoritäten handeln. Diese Traumatisierung wäre dann auch in den Erziehungsprozessen der nachwachsenden Generation vermittelt, weil sich jemand als Erzieher, namentlich in der Elternrolle, nicht über Jahre verstellen kann. Was er wirklich denkt, fühlt, wovor er sich fürchtet, wie er handelt, geht in den erzieherischen Gesamtgestus ein. Die an »Holocaust« anschließenden Erfahrungen besagen ja gerade, daß sehr junge Menschen, also solche, die in den fünfziger und sechziger Jahren geboren wurden und keinen direkten Kontakt mit der faschistischen Periode haben konnten, zum Teil nicht weniger allergisch reagierten als jene Älteren, die noch heute ihr Gedächtnis martern, ob und was sie in jenen Jahren von Auschwitz erfuhren, und ihr Gewissen auf den Prüfstand zu heben versuchen, was man denn als einzelner dagegen schon hätte tun können, da man die Verfahren des Unrechtstaates zur Genüge wahrnahm. Sicher könnte man diese Vorgänge als eine Art faschistogener Neurose interpretieren und noch weitere sozialpsychologische Varianten zur Erklärung bemühen. Jedenfalls eröffnete die Sendefolge geradezu Sturzbäche von psychischen Ausbrüchen, zeigte, wie gefährlich verspannt die seelische Situation ist und wie vielleicht letztmalig eine Chance besteht, daß Verfolger und Verfolgte die Wahrheit in gemeinsamer Erinnerung aufspüren und damit ihre persönliche Identität (wieder-)herstellen, das Verdrängte zur Sprache bringen.

Wichtig ist einstweilen nur, daß die Sendefolge »Holocaust« verschüttetes oder für verschüttet gehaltenes seelisches Material wieder an die Oberfläche beförderte und damit die These zu bestätigen scheint, daß die Erkenntnis von der Wirkung unaufgearbeiteter Schuldzusammenhänge im individuellen Leben auch für den sozialen Großverband nicht bedeutungslos ist. Freilich – und das wurde bereits gesagt – kann eine empirisch orientierte Sozialpsychologie dafür kaum unwiderlegliche Beweise vortragen, weil die in Rede stehenden sich über Jahrzehnte erstreckenden Vorgänge alle bisherigen methodologischen Absicherungen weit überfordern. Böte die Psychoanalyse von Sozietäten ein überzeugendes Verfahren, so könnte sie den Weg zu den zeitgeschichtlich verzerrten Erinnerungen, zur Skrupulosität bürgerlicher Rechtfertigung aufzeigen. Das mit sich selbst identische Bewußtsein wäre das Ziel im mühsamen Rekonstruktionsprozeß der Person zu ihrer eigenen Urteilsfähigkeit.

Nicht über den Weg psychologischer Forschung führt der erzieherische Zugang zum Problem. Es ist die Aufgabe gestellt, in der deutschen Bevölkerung die *Ungeübtheit im Umgang mit Minoritäten* pädagogisch zu überwinden. Dies kann nur in einem generationenübergreifenden Lernprozeß geschehen, weil die Erzogenen immer unbewußt die Vorstellungen ihrer Erzieher weitertragen und daher nur langsam abgebaut werden kann, was das Verhältnis zwischen den Gruppen verzerrte und schließlich vergiftete. Soviel jedoch ist klar, daß nach den faschistischen Greueln eine Umgestaltung der zwischenmenschlichen Beziehungen unter dem Maßstab der Humanität erfolgen muß, soll überhaupt die Barbarei ein Ende finden. *Theodor W. Adorno* hat darüber in seiner kleinen Abhandlung »Erziehung nach Auschwitz« entscheidende Einsichten vorgetragen. Der offene Faschismus stellt insofern einen geschichtlichen Einschnitt dar, als er die Haltlosigkeit der bürgerlichen Existenz offenkundig machte und sie auf ihre Anfänge zurückverwies, in der das gegen den Feudalismus kämpfende Bürgertum *für alle sprach* und *allen Befreiung verhieß*, bevor es sich dem Gesetz der kapitalistischen Produktion selbst unterwarf und sein Ethos heimlich demontierte, ohne dabei dessen Fassade mit abzutragen. Der Faschismus erst hat die Schizophrenie dieser Existenz vollends deutlich gemacht, indem er auch den Konkurs von Vertrauen und Toleranz, Freiheit und Identität bewirkte.

Angesichts des schuldhaften Scheiterns der deutsch-jüdischen Beziehungen und der psychischen Folgen für beide Gruppen verbieten sich alle nur auf die Verbesserung von »Human Relations« bedachten Hilfen. Helfen kann lediglich die grundlegende Erfahrung des Ich am Du, wie sie etwa in der dialogischen Philosophie *Martin Bubers* entworfen ist. Nur wenn die kostbare Einmaligkeit jedes Menschen und das Recht auf allseitige Entfaltung seiner Anlagen, auf die Kultivierung seiner Bedürfnisse anerkannt und verwirklicht wird, kann überhaupt der Begriff Mensch festgehalten, unter dem Merkmal von Menschlichkeit gehandelt werden. Gemäß dieser strengen Vorgabe ist die Menschheit zweifellos noch nicht in ihre gestaltete und verantwortete Geschichte eingetreten. Sie irrt noch im Labyrinth ihrer Vorgeschichte, wie bereits der junge *Karl Marx* erkannte, und die chaotische ökologische Praxis, d. h. der verantwortungslose Raubbau an der Natur, die Bedrohtheit durch atomare, bakteriologische und chemische Waffensysteme in der Hand fehlbarer und von Leidenschaften abhängiger Menschen sowie die mißratende Weltinnenpolitik, wie *Carl Friedrich von Weizsäcker* formuliert hat, lassen Zweifel daran aufkommen, ob die Geschichte überhaupt noch beginnen kann.

Doch gerade angesichts solcher resignativer Stimmungen, die den Denkenden vermutlich stärker heimsuchen als denjenigen, der sich damit tröstet, es werde schon alles irgendwie weitergehen, kann der Blick noch einmal auf das Judentum zurückgelenkt werden. Es stellt sich die Frage, was das Judentum die Nichtjudenheit überhaupt lehrt. *Lessing* hat bekanntlich in der Ringparabel seines »Nathan« die drei großen, in gewissem Sinne miteinander um ihren Wahrheitsanspruch konkurrierenden Weltreligionen, Judentum, Christentum und Islam, auf den Weg der Barmherzigkeit gewiesen und gebeten, das Urteil darüber, wer die Wahrheit besitze, den Erfahrungen der Zeit anheimzustellen.

Von den drei großen Religionen hat nur das Judentum in einer zweitausendjährigen Geschichte von Vertreibungen, Demütigungen und Leiden einen Beweis von Beharrlichkeit und Treue gegenüber dem Gott der Väter geboten, demgegenüber die sogenannte christliche Märtyrerzeit, also die Spanne, bevor im römischen Reich das Christentum zunächst erlaubter Kult, wenig später Staatsreligion wurde, fast zu einem Nichts zusammenschmilzt und der Islam eine vergleichbare Leidenszeit ebenfalls nicht aufweisen kann. Religion, Gesellschaft und Staat waren beim Islam von Anfang an identisch, und in der Gegenwart bemühen islamische Kräfte sich, das Konzept eines religiös geprägten Gesellschaftsverbandes neu zu fassen.

Man wird daher, freilich mit gebotener Zurückhaltung, sagen dürfen, für die beiden Nachfolgereligionen des Judentums habe es ähnliche Epochen der individuellen wie kollektiven Bewährung nicht gegeben. Christentum und Islam sind auf den Weg der Massen- und Herrschaftsreligionen geraten, mit allen Folgen, die eine solche soziale Entwicklung einschließt. Kollektive Barmherzigkeit aber ist allenthalben schwierig zu praktizieren, und Hierarchie ist zumeist mehr an ihrer eigenen Unangreifbarkeit als am ungeschützten Dialog über religiöse Praxis interessiert, der ja nicht ausschließt, daß an seinem Ende die eigene Auffassung zur Modifikation ansteht. Für Christentum und Islam also hat bisher die historische Herausforderung kaum eingesetzt, durch die jedoch jüdische Existenz gekennzeichnet ist.

Jüdisches Dasein der letzten zweitausend Jahre aber vermittelt die Lehre, daß Glaube und gesellschaftlich verantwortbares Handeln, also Religion und Sozialismus, eine Synthese einzugehen in der Lage sind, weil durch Thora und Talmud die Pflichten vor Gott und den Mitmenschen zusammenfallen. Dies bildet die mächtigste Triebkraft zur jüdischen Identität; wie diese Identität sich durchgehalten hat, kann zur Lektion derer werden, die bisher unversucht blieben.

Das Judentum lehrt durch sein Dasein, daß Religion sich bis in die alltäglichen Verrichtungen verästeln, transzendente Erfahrungen inmitten von gewöhnlicher Wirklichkeit vermitteln kann. Dazu ist der jüdische Kultus fundamental angelegt. Die Speisevorschriften erschließen, daß sich Religion elementar kosten läßt, daß der Sabbat schmeckt, daß mit dem Corpus von Geboten auch leibliche Fühlung zu nehmen ist. Der Genuß des religiösen Trägerstoffes verbindet Genossen, ermöglicht Genossenschaft. So ist der jüdische Kultus eine menschenfreundliche Einrichtung, der auf den Bund zurückverweist und zugleich an künftiger Heilszeit, an messianischer Erwartung festhält. Mit der jüdischen Eschatologie ist das Prinzip Hoffnung aufgestellt, das auch das Richtmaß für eine unbefriedete Weltstunde hergibt. Wenn *Martin Buber* einem gewaltfreien Sozialismus in seinen Reden und Schriften immer wieder Ausdruck gegeben hat, so ist damit auch das Thema der Zukunft angeschlagen, wie Glaube und sozialer Prozeß zusammengeführt, wie Friede vorbereitet werden kann. Das Judentum hat durch seine Existenz bezeugt, daß die Verheißungen nicht aufgehoben sind, sondern angesichts der geschichtlichen Erfahrungen nur dringlicher auf gestaltete Gegenwart und zu bewältigende Zukunft verweisen.

Perspektive

Aus dem Nahen Osten stammen die jüdischen, christlichen und islamischen Verheißungen, daß die Völker in gegenseitigem Verständnis miteinander leben sollen und können. Gerechter, gesicherter und dauerhafter Frieden in jenem Teil der Erde gehört zu den großen Hoffnungen der Menschheit. Wenn es dort gelingt, den arabisch-jüdischen Konflikt vernünftig zu regeln, tragfähigen Konsens aufzubauen, dann ist für andere Regionen ein Beispiel gegeben zur Lösung politischer Probleme und zum Ausgleich internationaler Interessen.

Das Volk Israel und das Judentum werden vermutlich überdauern, wenn die beiden jetzigen Machtzentren USA und UdSSR längst von ihrem Zenit abgesunken sind. Israel hat die Weltmächte der Antike, des Mittelalters und der Neuzeit und schließlich den größten Massenmord der Geschichte überlebt, seiner Identität nunmehr gewisser als zuvor. Es ist ein kleines Volk, aber die historische Dialektik kam ihm schließlich zugute. *Nahum Goldmann,* Emigrant aus Deutschland und späterer Präsident des jüdischen Weltkongresses, bemerkt, ohne Hitler und Auschwitz gäbe es heute keinen jüdischen Staat; das schlechte Gewissen der Völker habe jene UNO-Abstimmung im Jahre 1947 ermöglicht. Was die Zionisten jahrzehntelang durch Appelle, Kongresse und private Vereinbarungen zu erreichen versuchten, gelang erst, als die Weltöffentlichkeit durch das Ausmaß faschistischer Verbrechen an den Juden tief bestürzt und als offenkundig war, daß andere europäische Nationen, insbesondere die Westmächte, aber auch kleine reiche Völker, wie zum Beispiel die Schweiz, sich keineswegs angemessen hilfsbereit oder in der Sprache der Bibel: barmherzig erwiesen hatten. Als man die Juden in Deutschland verfolgte, hätten viele von ihnen gerettet werden können, wenn jene Völker zu unbürokratischer Hilfe und zu einem finanziellen Engagement bereit gewesen wären. Nun erst ließ sich *Theodor Herzls* Einsicht nachvollziehen, daß in politischen Krisenzeiten der Haß sich immer wieder auf die jüdische Minderheit richte, daß sie als Sündenböcke dienlich seien und daß man ihnen daher, wie jedem anderen Volk, eine Heimat in sicheren Grenzen gewähren müsse.

Anmerkungen

[1] St. Milgram: *Milgram-Experiment. Zur Gehorsamsbereitschaft gegenüber Autorität.* Reinbek 1974.

[1a] *Der Prozeß gegen die Hauptkriegsverbrecher vor dem Internationalen Militärgerichtshof Nürnberg.* Amtlicher Text in deutscher Sprache. Bd. XII. Nürnberg 1947. S. 346.

[2] L. Zunz: *Die synagogale Poesie des Mittelalters.* Berlin 1855. S. 9.

[3] Mit dem Jahwenamen hat es eine eigentümliche Bewandtnis. Die Juden sagen, man wisse nicht, wie JHWH (das sind die hebräischen Wurzel-»Radikal«-Buchstaben des Wortes) auszusprechen sei, und außerdem darf der Name Gottes (der »Große Name«) von einem frommen Juden nicht ausgesprochen werden. So las man »Adonai« (Herr), wenn diese besondere Buchstabenverbindung (Tetragramm) im Text erschien (sie kommt 6700mal im Alten Testament vor). Aus dieser Überstülpung mit der entsprechenden Punktation ist bei Nichtjuden die Mißdeutung »Jehowa« entstanden, die durch die »Zeugen Jehovas« sehr verbreitet wurde.

Das Geheimnis um den Gottesnamen hat zu allerlei magischen Praktiken Anlaß geboten. So bildete sich die Vorstellung, daß jemand, der als Eingeweihter den Namen Gottes wisse und ihn aufschreibe, in den Besitz von Wunderkräften gelange. Der »Hohe Rabbi Löw« in Prag (1520–1609) soll eine künstliche Menschenfigur, den Golem, besessen haben; jedesmal wenn er dieser den Pergamentstreifen mit dem Namen Gottes in den Mund legte, gewann sie Leben und stand dem berühmten Talmudgelehrten als Diener zur Verfügung; habe er das Pergament wieder entfernt, so sei der Golem in seinen todesähnlichen Schlaf zurückgefallen. – Der »Hohe Rabbi Löw« ist übrigens Urbild der Faustgestalt, und Goethe hat vom Golem das Problem der Erschaffung eines künstlichen Menschen (Homunculus) übernommen.

Buber und Rosenzweig geben in ihrer Übersetzung des AT das Gottestetragramm mit »ER« wieder, 1. Mos. 17, 1 lautet bei Buber-Rosenzweig: Aber als Abraham 99 Jahre war, gab ER sich Abraham zu schauen und sprach zu ihm: Ich bin der gewaltige Gott. Geh einher vor mir! Sei ganz!

Das Hebräische besaß ursprünglich keine Vokalzeichen. Die »Wurzelbuchstaben« bildeten das Wortgerüst. Die hebräische Schrift stammt von der phönizischen, aus der auch die griechische und lateinische und damit unsere eigene herrühren. Nachdem die hebräische Sprache keine lebende, sondern nur noch eine gottesdienstliche war (schon zur Zeit Jesu, in der man bereits aramäisch sprach), ergab sich die Notwendigkeit, die Aussprache des Hebräischen für den Gottesdienst festzulegen. Wollte man den Vorgang im Deutschen veranschaulichen, dann ginge es darum, für die drei Konsonanten lbn zu bestimmen, ob es »laben«, »leben«, »lieben« oder »loben« heißen sollte.

Wie tatsächlich durch verschiedene Vokalisation das gleiche Wort mehrdeutig wurde, dafür gibt es ein kunstgeschichtliches Beispiel: In 2. Mos. 34, 29ff. ist in manchen Bibelausgaben von Mose »glänzendem« oder »strahlendem« Angesicht die Rede. Die Wurzelbuchstaben krn sind von Hieronymus (347–420), dem frühen Übersetzer des Alten Testaments ins Lateinische (sog. Vulgata), als »keren« (Horn) gelesen worden, während es in Wahrheit »karan« (Lichtstrahl) bedeutet. So ist in die Vulgata, die verbindliche katholisch-mittelalterliche Übersetzung, Moses »gehörntes Antlitz« (facies cornuta) eingegangen. Auf diesem Mißverständnis beruht die Tatsache, daß Michelangelo seiner bekannten Mosestatue am Grabmal Papst Julius II. in Rom zwei Hörner auf die Stirn gesetzt hat.

Jüdische Gelehrte (Punktatoren) haben die Definitionsaufgabe des Hebräischen gelöst. Es waren vor allem die Familien Ben Ascher und Ben Naphtali in Tiberias, die vom 8. bis 10. Jahrhundert die Vokalzeichen einfügten (»Massora« – Überlieferung) und damit eine einheitliche Aussprache der heiligen Texte sicherten (»Tiberiensisches Vokalisationssystem). – Im Anhang (S. 172ff.) sind das hebräische Alphabet und eine Auswahl von 100 hebräischen Wörtern abgedruckt.

4 Es kann bei dieser Darstellung außer acht gelassen werden, daß die Wissenschaft die Patriarchenerzählungen nicht als geschichtliche Berichte von einzelnen Gestalten, sondern als Kompositionen uralter typologischer Erzähleinheiten versteht, die in langem Wachstumsprozeß verschmolzen. In dieser Darstellung geht es lediglich um das jüdische Selbstverständnis, und darin bilden die Erzväter den Ausgangspunkt der Tradition.

5 Die ackerbautreibenden semitischen Völker kamen frühzeitig dazu, ihr wichtigstes Haustier, das Rind, dessen Kraft sie im Stier bewunderten, göttlich zu verehren. Die Israeliten dachten sich die Cherubim mit einem Stiergesicht (Ez. 1, 10), das große Becken im Tempel zu Jerusalem ruhte auf zwölf Stieren (1. Kön. 7, 25), der Altar hatte Hörner, Beweise dafür, daß auch in Israel der Stierkultus nicht verschwand. Wenn Jerobeam zwei goldene »Kälber« in Bethel und Dan aufrichtete, die er vom Volk göttlich verehren ließ (1. Kön. 12, 28f.), so kann das nur mit dem alten semitischen Stierkultus erklärt werden, dem man eben dem Jahwe-Kultus anpaßte. [41, IV, 2, 730] Vgl. auch den ägyptischen Apisstier (Inkarnation des Gottes Ptah) und Zeus beim Raub der Europa in Stiergestalt.

Es gibt keine Gemälde oder Beschreibungen, die jenen »Tanz um das goldene Kalb« festhielten. Aber Heinrich Heine dürfte dank seiner Einfühlungsgabe in die Vergangenheit seines Volkes etwas von dem rauschhaften Ereignis erspürt haben, wie es in seinem Gedicht zum Ausdruck kommt:

Doppelflöten, Hörner, Geigen
Spielen auf zum Götzenreigen,
Und es tanzen Jakobs Töchter
Um das goldene Kalb herum –
Brum – brum – brum –
Paukenschläge und Gelächter!

Hochgeschürzt bis zu den Lenden
Und sich fassend an den Händen,
Jungfraun edelster Geschlechter
Kreisen wie ein Wirbelwind
Um das Rind –
Paukenschläge und Gelächter!

Aaron selbst wird fortgezogen
Von des Tanzes Wahnsinnswogen,
Und er selbst, der Glaubenswächter,
Tanzt im Hohenpriesterrock
Wie ein Bock –
Paukenschläge und Gelächter!

[6] »Kuß Gottes« ist die talmudische Bezeichnung für ein sanftes, friedliches, ohne Schmerz und Todeskampf vor sich gehendes Sterben. Nach der Tradition wurden außer Mose die drei Patriarchen sowie Aaron und Mirjam auf diese Weise erlöst. Maimonides erblickte in dem »Kuß Gottes« die höchste Wonne durch das im Sterben gewonnene Erlebnis wahrer Gotteserkenntnis. Im jüdischen Volksmund wird jeder leichte und ohne Agonie eingetretene Tod »Kuß Gottes« genannt und als Zeichen großer Verdienste und Folge guter Werke gedeutet.

[7] Das spätere Judentum hat dieses Mischvolk als religiös minderwertig verachtet, und darum vielleicht hält Jesus im Gleichnis vom »Barmherzigen Samariter« (Luk. 10) seinen Zeitgenossen vor Augen, wie tätige Nächstenliebe gerade von einem Samariter geleistet wird, während die korrekten Theologen des Jerusalemer Tempels angesichts einer elementaren Notlage versagen.

[8] Durch kirchlichen Bekehrungseifer ist die Gruppe der Marranen (span. »Schweine«) entstanden, die sich unter dem Druck der Inquisition taufen ließ. Schon 418 taufte Bischof Severus auf der spanischen Insel Minorca 450 Juden zwangsweise. Diese Neuchristen hatten zwar ihr Leben gerettet, gewannen oft auch höhere Staats- und Kirchenämter, wurden aber sowohl von strengen Juden als auch von manchen Christen als Menschen zweiter Klasse angesehen, da sie für ihre Überzeugung nicht zu leiden bereit gewesen waren. Ob die Marranen »rechtgläubig« waren, wurde von der Inquisition überprüft. »Diese Gerichte entwickelten rasch ihre innere Organisation und Torquemada wurde der erste Großinquisitor. Listen wurden verbreitet, die die kleinsten (und oft grotesken) Anzeichen aufzählten, an denen man die Zuneigung zum Judentum erkennen sollte: vom Wechseln der Wäsche am Sabbattage bis zum Waschen der Hände vor dem Gebet, von der Benennung der Kinder mit alttestamentarischen Namen bis zur Hinwendung des Gesichtes zur Wand im Augenblick des Todes. Die Bevölkerung wurde unter Androhung schwerster weltlicher und geistlicher Strafen aufgefordert, jede Person anzuzeigen, die der Verübung dieser oder anderer abscheulicher Gebräuche verdächtig war. Auch die Juden wurden in diese Aufforderung einbezogen. Die Rabbiner wurden gezwungen, von ihren Gemeinden bei Strafe der Exkommunikation die Mitteilung von ihnen bekanntgewordenen belastenden Tatsachen zu verlangen. In kurzer Zeit sollen fast dreißigtausend Personen durch das Inquisitionsgericht hingerichtet worden sein und weitere Hunderttausende wurden zu

weniger strengen Strafen oder Bußen verurteilt. Selbst die Toten in ihren Gräbern wurden nicht verschont. Es kam vor, daß man Gebeine ausgrub, um sie zu verurteilen und zusammen mit den Bildern der Verstorbenen zu verbrennen. Das war kein bloßes Schauspiel, sondern hatte praktische Folgen, die darin bestanden, daß das Eigentum der Toten beschlagnahmt wurde und deren Nachkommen der Schande verfielen. Mit jedem Jahr verwurzelte sich die Tätigkeit der Inquisition tiefer und tiefer im Boden Spaniens, und so begann der Prozeß, der zum Ruin des Landes führen mußte.« [70, 289]

Die Autodafés (actus de fide; Glaubenshandlung) gehörten zu den großartigsten Schauspielen, die das damalige Spanien zu bieten hatte. »Vor Tausenden von Zuschauern, die aus der Umgebung gekommen waren, erhielten harmlose Personen, deren Treue zur heiligen katholischen Kirche in Zweifel gezogen wurde, ihre wohlverdiente Strafe. Diejenigen, die Reue zeigten, wurden ihres Eigentums verlustig erklärt und zu Gefängnisstrafen, zur Deportation oder zum Galeerendienst verurteilt. Die Minderheit, die sich weigerte, ihr Verbrechen einzugestehen oder sich dessen gar rühmte, wurde lebendig verbrannt. Adelige, Fürsten und regierende Herrscher beehrten diese Schauspiele oft durch ihre Anwesenheit, und manchmal wurden die Verbrennungen mit einem Höchstmaß von Ironie zur Feier einer königlichen Hochzeit oder zur Geburt eines Thronfolgers veranstaltet.« [70, 368 f.]

9 *Septuaginta* (Abk. LXX) ist der herkömmliche Name für die älteste griechische Bibelübersetzung. Der Name stammt aus der Sage, die der Aristeasbrief erzählt: Siebzig Gelehrte seien vom Ägypterkönig Ptolemäus II. Philadelphus (um 250 v. Chr.) aus Jerusalem nach Alexandria berufen worden, um die Übersetzung abzufassen. Diese sei bei allen wörtlich gleich geworden, obwohl sie getrennt arbeiteten. Die Erzählung ist unhistorisch. In Wahrheit ist die Septuaginta wohl allmählich aus den Bedürfnissen der ägyptischen Juden entstanden, die das Hebräische verlernt hatten. Später hat diese große Übersetzung die Ausbreitung des Christentums gefördert. Die Schriftsteller des NT zitieren und kennen wahrscheinlich das AT nur in Form der LXX, auch hat die LXX die Umwelt für den Monotheismus vorbereitet.

Im Zusammenhang mit der Septuaginta soll kurz auf den Vater der jüdischen Philosophie hingewiesen werden, der ebenfalls der hellenistischen Epoche angehört: Philo von Alexandrien (geb. um 20 v., gest. um 45 n. Chr.). Er wurde unter seinen Zeitgenossen hoch geschätzt, denn sie übertrugen ihm die Führung einer Gesandtschaft an Kaiser Caligula. Philo sollte in Rom die Juden gegen allerlei Vorwürfe verteidigen und galt als Repräsentant der Diaspora. – Mittels der Allegorie wollte er die Thora tiefer verstanden wissen, als der bloße Wortsinn es anbot. Dazu benutzte er das in der Spätantike übliche elektische Verfahren, d. h., er fügte Elemente verschiedenartiger philosophischer Systeme zu einem neuen zusammen. Ihm ging es um Ausgleich zwischen hellenistischer Bildung und Offenbarung. Deshalb betätigte er sich als Kommentator der Bibel. Die Geschichte der Erzväter deutete er als Mysterium der Vergottung des Menschen und kam damit griechischer Auffassung entgegen. Den nichtjüdischen Zeitgenossen und ihrer Philosophie konnte er sich überlegen fühlen, da er mit dem Dokument der göttlichen Anrede – der Thora – eine unvergleichliche Urkunde besaß, die es der Welt kenntlich zu machen galt. Die biblische Aussage wurde zur Quelle aller Theologie, Philosophie und Ethik. Philos allegorisches Auslegungsverfahren hat über die Kirchenväter bis heute stark auf die christliche Theologie gewirkt.

10 Das Wort ist aus dem lat. rabbinus übernommen und in alle modernen Sprachen eingegangen; die hebr. Grundbedeutung ist: »Mein Meister«, und dieser Titel wurde ursprünglich den Häuptern von Lehrhäusern (talmudischen Forschungsstätten) beigelegt. Dem Rabbiner kommt die Belehrung in religiösen Fragen zu. Er ist Theologe, Familien- und Kultrechtler, Ratgeber und Seelsorger in einer Person. Erste Gestalt fand der Rabbinismus im Pharisäismus, der damals noch im Gegensatz zum Sadduzäismus stand. Aus dem Pharisäismus ist nach dem Fall Jerusalems (70), der auch die sadduzäische Partei untergehen hieß, der Rabbinismus hervorgegangen. Die Pharisäer stellten eine religiöse Laienbewegung dar, die im Christentum mit dem Pietismus verglichen werden könnte. Pharisäer bedeutet »Abgesonderter«. Man wollte die wahre Gottesgemeinde bilden und befleißigte sich äußerster Sorgfalt im Umgang mit der Thora. Sorgfältig bedachte Lebensanweisungen sollten ein »Zaun« sein und vor Gesetzesverletzungen schützen. So verweigerte man z. B. »Sündern« die Tischgemeinschaft, denn man konnte nie wissen, ob einem dort nicht levitisch unreine Speisen vorgesetzt wurden.

Die wichtigste Arbeit wurde in den Synagogen und Schulen geleistet, »an denen die römischen Legionäre mit dem Ausdruck höchster Verachtung vorbeizogen. Das nationale Ideal war von nun an nicht der Priester, der Krieger oder der Landbesitzer, sondern der Gelehrte. Die aristokratische Stellung eines Mannes wurde nach seiner Gelehrsamkeit und nicht nach dem Reichtum seiner Familie bestimmt. Das bedeutet nun nicht, daß die Gelehrsamkeit als berufliche Laufbahn im materiellen Sinne dienen sollte. Der Mann sollte das Studium als bindende Verpflichtung betrachten und das Verdienen des Lebensunterhaltes als nebensächlich ansehen. Die Thora aber wurde nicht als Beruf betrachtet, den man ›ausübt‹. Vom Rabbi erwartete man daher, daß er noch einen anderen Beruf hatte, und je niedriger dieser Beruf war, um so größere Achtung zollte man ihm.« [70, 152]

11 A. Jeremias hat darauf hingewiesen, zu welcher Gedächtnisarbeit am Talmud schon der jüdische Junge erzogen wurde: »Es ist ganz erstaunlich, wie das Gedächtnis von 12- bis 13jährigen Knaben, die in dieser Zeit die Würde eines ›Bar Mizwah‹ bekommen, durch das Talmudlernen trainiert ist. Es kommt häufig vor, daß ein ganz junger Knabe den ganzen Pentateuch auswendig weiß samt den Psalmen. In einem Cheder (Lehrstube) zu Warschau stellte ich einem besonders auffallend eifrigen Knaben von elf Jahren eine auf eine Bibelstelle bezügliche Frage. Er erhob sich und kommentierte mir wie ein kleiner Professor mit erstaunlicher Spitzfindigkeit an der Hand der Texte die schwierige Sache.« Ebendort sagte A. Jeremias: »Schon ganz kleine Knaben lernen mit fanatischem Eifer. In einer Judenschule in Palästina sah ich, wie der gütige Melammed (Lehrer) die in Holz geschnittenen heiligen Buchstaben mit Honig bestrich und sie erfolgreiche Abc-Schützen zur Aufmunterung ablecken ließ. Die heiligen Buchstaben sind ja süßer als Honig. Das wollte er nebenher demonstrieren.« (Vgl. Ps. 119, 103) A. Jeremias: *Jüdische Frömmigkeit.* Leipzig [2]1929. S. 27f. Ein großes Wort über die Funktion des Talmud in Israel hat Leo Baeck gesprochen: »Ein geduldiges Den-

ken hat der Talmud durch diese seine Art das Volk gelehrt, zu einem geduldigen Lernen hat er es während der Jahrhunderte erzogen. Und was mehr noch ist: Eine Logik der Geduld, die zur Lebenslogik, zu einer Lebensphilosophie wurde, ist ihm so zu eigen geworden.« [9, II, 81]

Eine Gefahr bestand für das Judentum in der Wandlung talmudischer Studien zur reinen Gedankenspielerei, wofür die in Süddeutschland entwickelte Methode des Pilpul (»Pfeffer«, d. h. kritische Untersuchung) bezeichnend ist. »Es handelt sich um eine Art geistiger Gymnastik auf der Grundlage des talmudischen Textes. Als Gipfel der geistigen Leistung galt bei dieser Methode die Herstellung einer künstlichen Beziehung zwischen verschiedenen Themen; die Schaffung sorgfältiger Unterscheidungen zwischen Stellen, die miteinander verbunden waren; die Herstellung eines Syllogismus zwischen Texten, die keinerlei Verbindung miteinander hatten; oder die Verbindung des Schlusses eines Traktats mit dem Beginn des nächsten zu einer kontinuierlichen Einheit (obgleich die beiden Stellen verschiedene Gegenstände behandeln). Trotz einigen Widerstands von seiten gelehrter Autoritäten hat dieses außerordentliche System sehr schnell eine beherrschende Stellung im Erziehungswesen der polnischen Juden gewonnen. Das Studium des bloßen Textes wurde als eine elementare Angelegenheit betrachtet und nur ein Gelehrter, der sich in den Komplikationen des *Pilpul* bewährt hatte, konnte nun Geltung beanspruchen. Die Methode war sinnlos, unfruchtbar und von gewissen Gesichtspunkten aus sogar verderblich. Aber der Geist, der auf diese Weise geschult wurde, erhielt eine außergewöhnliche Schärfe, und so wurde im Laufe der Generationen in Polen ein intellektuelles Niveau, eine geistige Anpassungsfähigkeit und ein Grad des Scharfsinns erreicht, der wohl nicht seinesgleichen hat.« [70, 347]

12 Das jahrtausendelange Ausbleiben des »Gesalbten« hat Bewegungen hervorgerufen, in denen die messianische Erwartung sich bis zur Siedehitze steigerte, zumal die mißlichen Verhältnisse des Judentums während seiner Zerstreuung auf Änderung drängten. Gelegentlich glaubte man, bestimmte Gestalten mit dem Verheißenen identifizieren zu sollen; jede einzelne aber erwies sich als Pseudomessias. Unter ihnen waren die bekanntesten: Bar Kochba, der den Aufstand gegen die Römer entfesselte (132–135 n. Chr.), David Alroy (12. Jahrhundert) unter den persischen Juden, David Rubeni (16. Jahrhundert) unter den Portugiesen. Sabbatai Zwi (1626–1676) bezeichnete sich in Smyrna als Messias und gab als »messianisches Jahr« 1666 an. Als letzte Gestalt dieser Richtung kann Jakob Frank (1726–1791) gelten, der seinen Ausgang von Polen nahm. Schließlich hat Israel die messianische Erwartung verinnerlicht. Die große jüdische Frömmigkeitsbewegung des Chassidismus zeugt dafür. Der Auftrag wurde nun so gesehen, statt ungeduldig nach dem »Gesalbten« auszuspähen, sich durch Erfüllung der Thora auf ihn vorzubereiten. Ein altes talmudisches Gleichniswort lautet, der Messias werde kommen, wenn ganz Israel einen Sabbat halte oder wenn ganz Israel den Sabbat nicht mehr halte.

13 Die Todesstunde Rabbi Akibas (50–135 n. Chr.) zeigt den Zusammenhang mit diesem Gebet. Der Talmud berichtet: Die Stunde, da man Rabbi Akiba zur Hinrichtung führte, war gerade die Zeit des Schma'lesens, und man riß sein Fleisch mit eisernen Kämmen; er aber nahm das Joch der himmlischen Herrschaft auf

sich. Seine Schüler sprachen zu ihm: Meister, so weit?! Er erwiderte ihnen: Mein ganzes Leben grämte ich mich über den Schriftvers: mit deiner ganzen Seele, sogar, wenn er deine Seele nimmt, indem ich dachte: wann bietet sich mir die Gelegenheit, und ich will es erfüllen, und jetzt, wo sie sich mir darbietet, sollte ich es nicht erfüllen!? Er dehnte so lange (das Wort) einzig, bis ihm die Seele bei einzig ausging. Da ertönte eine Hallstimme und sprach: Heil dir, Rabbi Akiba, daß deine Seele bei einzig ausging . . . Heil dir, Rabbi Akiba, du bist für das Leben der zukünftigen Welt bestimmt.

14 Ein aus dem Horn des Widders gefertigtes, krummes Blasinstrument. Das Schofarhorn wurde in alter Zeit für Kriegssignale gebraucht: Sammlung des Heeres, Angriff, Ende der Verfolgung u. a. Das Horn wurde auch zum Jahresanfang und bei Beginn des Jubeljahres geblasen, ebenso beim Bundesakt am Sinai. Durch das Neujahrsfest (Rosch Haschana) erhielt es eine dauernde religiöse Bedeutung. Seine schmetternden Töne wurden als Ruf zur Besserung empfunden. Auch die Ankündigung des göttlichen Weltgerichtes am Ende der Zeit soll durch das Schofarhorn erfolgen.

15 Das Judentum hat ungewöhnlich prägnante und geistig anspruchsvolle Witze hervorgebracht. Die Forderung des Großen Versöhnungstags, seinen Widersachern zu vergeben, ließ folgende Szene entstehen: Zwei eingeschworene Feinde treffen einander an diesem hochheiligen Tag in der Synagoge. Der eine überwindet sich und sagt zum anderen: »Ich wünsch dir alles, was du mir wünschst!« Darauf der andere: »Fängst du schon wieder an?« – Vgl. dazu auch S. Landmann: *Der jüdische Witz*. Olten/Freiburg 1960.

16 Die religiöse Geringerschätzung der Frau kommt besonders durch einen Abschnitt des Morgengebetes zum Ausdruck. Die Männer sprechen: »Gesegnet seist Du, o Herr unser Gott, König der Welt, der Du mich nicht als Weib geschaffen hast«, während die Frauen sprechen: »Gesegnet seist Du, o Herr unser Gott, König der Welt, der Du mich nach Deinem Willen geschaffen hast.« Über diese »herabsetzende Unterscheidung« empörte sich Victor Gollancz schon als Junge. (Vgl. V. Gollancz: *Aufbruch und Begegnung*. Gütersloh 1954. S. 20f.)

17 »Genisa« (Versteck, Aufbewahrungsort). Nach einer alten Tempelvorschrift wurden für das Heiligtum unbrauchbar gewordene Gegenstände gesondert aufgehoben, also nicht vernichtet. Auch religiöse Bücher wurden auf diesem Wege der Benutzung entzogen. Wollte man dem Kanon bereits einverleibte Schriften aus dogmatischen Gründen wieder ausscheiden, so »versteckte« man sie, indem man sie zu den apokryphen Büchern warf. Auf diese Weise ist der Begriff der biblischen Apokryphen überhaupt entstanden. Nach der Beseitigung des Tempeldienstes und jüdischer Zentralbehörden erlosch diese Funktion der Genisa; die Einrichtung, für den heiligen Gebrauch nicht mehr verwendbare Dinge zu verbergen, erhielt sich jedoch. Man stellte bei der Synagoge einen Kasten auf, in den man unbrauchbar gewordene religiöse Utensilien werfen konnte, von wo aus sie dann beerdigt wurden, entweder direkt auf dem Friedhof oder in unterirdischen Gewölben neben der Synagoge. Der Grund für diese Praxis beruhte in der Scheu, geweihte Gegenstände zu mißbrauchen, indem man sie wie Müll fortwarf. Von großer Bedeutung ist vor einigen Jahrzehnten die Genisa von Kairo geworden, wo man bei Bauarbeiten auf diese Weise »versteckte« wertvolle hebräische Hand-

schriften fand, die der Wissenschaft manchen Aufschluß über die Entwicklung des jüdischen Kanons vermittelten.

18 Unter »Schächten« versteht man die religiös vorschriftsmäßige Schlachtung der zum Genusse erlaubten Tiere. Große Tiere werden zum Schächten niedergelegt. Durch Zurückbeugen des Kopfes wird der Hals gespannt, dann folgt der blitzschnell geführte Halsschnitt mittels eines langen Messers, der die Weichteile bis zur Wirbelsäule durchschneidet. Luft- und Speiseröhre sowie Halsschlagader sind damit auf einmal durchtrennt. Der Schnitt muß ohne Unterbrechung in einem Zuge geführt werden. In starken Strömen ergießt sich dann das Blut aus den zerschnittenen Gefäßen. Infolge des Nervenschocks sowie der plötzlichen Stokkung in der Blutzufuhr zum Gehirn tritt augenblicklich Bewußtlosigkeit ein. Das Tier darf vorher nicht betäubt werden, auch die Elektronarkose lehnt man ab. Gutachten von Veterinärsachverständigen besagen, daß es sich beim Schächten nicht um Quälerei handele, sondern daß der Vollzug selbst ein Betäubungsverfahren des Tieres einschließe.

19 J. Pedersen: *Kanaanäische Religion*, in: Handbuch der Religionsgeschichte, Hg. von J. P. Asmussen (u. a.). Bd. 2. Göttingen 1972. S. 48.

20 ebd., S. 44. – Die Geschichte Israels bietet heroische Beispiele der Ablehnung des Schweinefleischgenusses; manche Juden sind bereit gewesen, dafür das Martyrium auf sich zu nehmen (2. Makk. 7). Bis ins Neue Testament wirkt diese Problematik nach: Der »Verlorene Sohn« hat mit dem Schweinetrog als Jude die letzte Stufe menschlicher und kultischer Preisgegebenheit erreicht (Luk. 15, 15 ff.).

Die anklagende und spöttische Karikierung der Juden, die eine deutsche Erfindung ist [41, III, 596 ff.], wählte als Thema besonders die »Judensau« (um 1300 aufgekommen), die in Skulpturen und Reliefs dargestellt wurde. Um das Tier waren Juden abgebildet, die dessen Milch und Exkremente zu sich nahmen. Solche Bildwerke finden sich u. a. an den Domen zu Magdeburg, Regensburg, Freising und an der Pfarrkirche zu Wittenberg (Schem Hamphoras), letzteres hat Luther beschrieben. Durch die »Judensau« ist früh der Glaube an perverse Gebräuche im Judentum genährt worden, der sich zum antisemitischen Komplex verdichtete.

Auch der Judeneid (Eid more judaico) enthielt das Schweineattribut. Wurde im Mittelalter ein Jude zur gerichtlichen Eidesleistung gefordert, so verlangte das sächsische Recht, daß er dabei auf der abgezogenen Haut einer Sau stehe, die kurz zuvor geworfen hatte. Nach dem Schwabenspiegel mußte der schwörende Jude zusätzlich einen Dornenkranz tragen und dreimal auf seinen Penis spucken (Berufung auf das Beschneidungsmotiv und Appell an den »Bund«, d. h. Versuch einer religiösen Bannung). Im allgemeinen ist erst durch die Emanzipation der bürgerliche Eid auch für Juden zugelassen worden, obwohl die begleitenden (vielfach noch variierten) Zeremonien des Judeneids schon früher ungebräuchlich wurden.

21 »Ich lebe nicht fern von der Stadt Worms, an die mich auch eine Tradition meiner Ahnen bindet; und ich fahre von Zeit zu Zeit hinüber. Wenn ich hinüberfahre, gehe ich immer zuerst zum Dom. Das ist eine sichtbar gewordene Harmonie der Glieder, eine Ganzheit, in der kein Teil aus der Vollkommenheit wankt. Ich umwandle schauend den Dom mit einer vollkommenen Freude. Dann gehe ich zum jüdischen Friedhof hinüber. Der besteht aus schiefen, zerspellten, formlosen,

richtungslosen Steinen. Ich stelle mich darein, blicke von diesem Friedhofgewirr zu der herrlichen Harmonie empor und mir ist, als sähe ich von Israel zur Kirche auf. Da unten hat man nicht ein Quentchen Gestalt; man hat nur die Steine und die Asche unter den Steinen. Man hat die Asche, wenn sie sich auch noch so verflüchtigt hat. Man hat die Leiblichkeit der Menschen, die dazu geworden sind. Man hat sie. Ich habe sie. Ich habe sie nicht als Leiblichkeit im Raum dieses Planeten, aber als Leiblichkeit meiner eigenen Erinnerung bis in die Tiefe der Geschichte, bis an den Sinai hin. Ich habe da gestanden, war verbunden mit der Asche und quer durch sie mit den Urvätern. Das ist Erinnerung an das Geschehen mit Gott, die allen Juden gegeben ist. Davon kann mich die Vollkommenheit des christlichen Gottesraumes nicht abbringen, nichts kann mich abbringen von der Gotteszeit Israels. Ich habe da gestanden und habe alles selber erfahren, mir ist all der Tod widerfahren: all die Asche, all die Zerspelltheit, all der lautlose Jammer ist mein; aber der Bund ist mir nicht aufgekündigt worden. Ich liege am Boden, hingestürzt wie diese Steine. Aber aufgekündigt ist mir nicht.« Diese Worte wurden am 14. Januar 1933 von Martin Buber im jüdischen Lehrhaus in Stuttgart gesprochen. [75, 345 f.]

22 Schon im Mittelalter hielten es geistliche und weltliche Fürsten für nötig, durch besondere Verordnungen jüdische Friedhöfe unter Schutz zu nehmen und ihre Zerstörung oder Schändung zu bestrafen. In seinem Judenprivileg vom 1. 7. 1244 bestimmte Herzog Friedrich II. von Österreich: »Wenn ein Christ einen Judenfriedhof zu verwüsten oder in ihn einzudringen sich unterfängt, so soll er nach Form rechtens sterben, und all sein Eigentum, wie immer es heißen mag, fällt an die Kammer des Herzogs.« [41, II, 820] Diese Bestimmung wurde von einer Reihe späterer Herrscher in ihre Judenprivilegien übernommen.

Nach dem Ersten Weltkrieg kam es häufig zu Schändungen jüdischer Friedhöfe in Deutschland, nicht wie früher aus religiösen, sondern aus nationalistischen Motiven. 1923–1928 wurden 58 Friedhofsschändungen in Deutschland bekannt. Unter den in 14 Fällen ermittelten Tätern waren nur in einem Falle Kommunisten, dagegen in sieben Fällen Angehörige völkischer Verbände und in sechs Fällen Jugendliche. [41, II, 821] Nach dem Zweiten Weltkrieg sind in der Bundesrepublik vielfach jüdische Friedhöfe geschändet worden.

23 Die Psychoanalyse erblickt in der weitverbreiteten Beschneidung eine Inzestprophylaxe. Sigmund Freud deutet sie als »Symbolersatz der Kastration« als »Ausdruck der Unterwerfung unter den Willen des Vaters«. S. Freud: *Abriß der Psychoanalyse.* Frankfurt 1955, S. 65.

24 Martin Buber schreibt im Vorwort: »Für diese Neubearbeitung habe ich Franz Rosenzweigs Notizen zu Verbesserungen im ersten Buch und in einem Teil des zweiten verwerten können. Wir hatten schon seit Jahren an eine verbesserte einbändige Neuausgabe der ›Fünf Bücher der Weisung‹ gedacht. Daß ihr durch die Aktion des unabhängigen Ordens Bne Brith eine so große Verbreitung innerhalb der deutschen Judenheit in Aussicht gestellt wurde, ist in den letzten Lebensmonaten Rosenzweigs eine seiner Freuden und Stärkungen gewesen. Er hatte vor, im Winter und Frühjahr 1930 mit mir an der Neuausgabe zu arbeiten. Nun habe ich die Arbeit ohne ihn ausführen müssen. Und doch nicht ohne ihn; denn ich würde nach seinem Tod unsre Verdeutschung der Schrift nicht fortzusetzen ver-

mocht haben, hätte ich damals nicht sein Sprachgewissen, wie es in unsrer Werkgemeinschaft gegenwärtig geworden war, in mein eignes aufgenommen, darin es seither lebt und wirkt.«

25 *Theodor Fritsch*, geb. 1852, gest. 1933, von Hitler durch ein Staatsbegräbnis geehrt. Sein 1887 erschienenes »Handbuch der Judenfrage« wurde 1943 in 49. Auflage gedruckt. Daran allein ist abzulesen, daß Hunderttausende von Deutschen sich in ihrer Judenfeindschaft »wissenschaftlich« zu orientieren wünschten.

26 Vgl. K. Baschwitz: *Hexen und Hexenprozesse. Die Geschichte eines Massenwahns und seiner Bekämpfung*. 1963.

27 W. Maurer: *Kirche und Synagoge. Motive und Formen der Auseinandersetzung der Kirche mit dem Judentum im Laufe der Geschichte*. Stuttgart 1953. S. 22ff.

28 Vgl. noch Goethes *Faust I*, Verse 1410ff.

29 Vgl. Münchener Ausgabe. Bd. VI. S. 426ff.

30 Man wußte noch nichts von den Kräften des Unbewußten, sondern hielt etwa Träume für dämonische Erscheinungen. So konnten auch Geistliche bekennen, daß sie im Traum von einem zur Sünde verlockenden Frauenbild beunruhigt würden. Die Mitbürgerin, die mit diesem Bild identisch zu sein schien, wurde als Hexe angeklagt, gefoltert und verbrannt. Dabei handelte es sich vermutlich um eine Projektion der eigenen zölibatär gefesselten und ungestillten Sexualität. Vgl. K. Baschwitz, a.a.O., (Anm. 26), S. 269.

31 Vgl. dazu C. Roth: *Geschichte der Juden*. S. 368ff.

32 W. Sulzbach: *Die zwei Wurzeln und Formen des Judenhasses*. Stuttgart 1959. S. 26.

33 *Die zionistischen Protokolle. Das Programm der internationalen Geheimregierung*. Hrsg. von Theodor Fritsch. Leipzig 1932. 11. Aufl.

Diese »Protokolle« sind eine der folgenschwersten Fälschungen der Weltgeschichte; denn um ihretwillen flossen Ströme jüdischen Blutes. Die Broschüre behauptet, daß auf dem Baseler Zionistenkongreß (1897) jüdische »Weise« ein Programm zur Übernahme der Weltherrschaft ausgearbeitet hätten. Die Schrift wurde, als sie Anfang des zwanzigsten Jahrhunderts in Moskau erschien, zunächst kaum beachtet, erregte aber nach dem Ende des Ersten Weltkrieges, dem Zusammenbruch Rußlands und der Mittelmächte ungeheures Aufsehen, denn sie »offenbarte« nachträglich die Ursachen des großen Völkerkonflikts, dessen politisches Zustandekommen manchen nur durch eine »Verschwörergruppe« plausibel erschien. Jetzt wurde die Schrift in fast alle Sprachen übersetzt und für die Antisemiten zu einer Enthüllung über die geheimen Ziele der Weltfeinde. Da sich viele Juden an den Revolutionen beteiligten, schien dies wiederum Bestätigung für die umstürzlerischen Absichten des »internationalen Judentums«.

Heute sind die Ursprünge der »Protokolle« geklärt. Weite Partien entstammen einer Broschüre, die zuerst 1864 in Brüssel erschien (Maurice Joly: *Gespräche in der Unterwelt zwischen Macchiavelli und Montesquieu)* und gegen Napoleon III. gerichtet war. Außerdem enthalten sie Reminiszenzen an jüdische Geheimversammlungen, wie zum Beispiel die Schilderung einer Zusammenkunft des kabbalistischen Sanhedrins auf dem Prager Judenfriedhof. Eine solche Szene wird in dem Roman »Biarriz« (1868) von Sir John Retcliffe (Pseudonym des deutschen Antisemiten Goedsche) geschildert. Die Fälschung war ein Werk der russischen

Geheimpolizei (Ochrana) und diente zur Vorbereitung der Pogrome um die Jahrhundertwende.

34 E. Reichmann: *Flucht in den Haß. Die Ursachen der deutschen Judenkatastrophe.* Frankfurt o. J.

35 *Mayer Amschel Rotschild* (1743–1812) gründete 1760 das Frankfurter Privatbankhaus. Seine fünf Söhne erweiterten das Unternehmen. Außer in Frankfurt bestanden familiäre Niederlassungen in London, Neapel, Paris und Wien.

36 Jüdischen Familien entstammten die Minister *Preuß, Rathenau, Landsberg, Gradnauer, Hilferding.*

37 Er gründete später die judenfreie Kolonie »Neu-Germania« in Paraguay.

38 K. A. Varnhagen von Ense: *Denkwürdigkeiten und vermischte Schriften.* Neue Folge. 5. Bd. Leipzig 1859. S. 614ff. – Vgl. dazu E. Sterling: *Er ist wie du.* S. 189ff.

39 J. Hoffmeister: *Wörterbuch der philosophischen Begriffe.* Hamburg 1955. S. 505.

40 A. Hitler: *Mein Kampf.* München 1943. S. 312.

41 H.-J. Gamm: *Der braune Kult.* Hamburg 1962.

42 Das 4. Laterankonzil von 1215 bestimmte, daß Juden und Sarazenen beiderlei Geschlechts eine von den Christen unterschiedene Kleidung tragen müßten. Weitere kirchliche und weltliche Beschlüsse verordneten Einzelheiten. Die Juden sollten gehörnte Hüte (pileum cornutum) oder Kappen tragen; außerdem wurde ein gelber Ring auf Rock oder Kopfbedeckung gefordert. Die jüdische Kleiderordnung des Kölner Rates vom 8. 7. 1404 besagt: »Juden und Jüdinnen, jung und alt, die in Köln wohnen oder die fremd dahin kommen, sollen solche Kleider tragen, daß man sie als Juden erkennen kann, und zwar in folgender Weise: Ärmel sollen sie an ihren Überwürfen und Röcken tragen, nicht weiter als eine halbe Elle. Die Kragen an Röcken und Kapuzen dürfen nicht breiter als einen Finger sein. An ihren Kleidern darf keine Pelzfütterung gesehen werden, die oben oder unten heraustritt . . . Die Mäntel müssen befranst sein und müssen mindestens bis an die Waden reichen . . . Sie sollen keine grauen Schuhe tragen, weder innen noch außen grau. Über dem Ohrläppchen dürfen sie sich nicht scheren lassen.« [20, 37]

43 Seit dem Ende des 11. Jahrhunderts werden Judengassen erwähnt. Die Gemeinsamkeit der Interessen führte die Juden in besonderen Quartieren zusammen, die zunächst also nicht Zwangswohnstätten waren. Erst seit dem Ende des 13. Jahrhunderts sind in Deutschland typische Judenviertel entstanden, die ausschließlich zur Wohnung der Juden bestimmt und durch Mauern und Tore abgesperrt wurden. Die Kirche schuf dafür die Grundlagen, da sie ein Zusammenleben von Christen und Juden als unzuträglich erachtete (Konzil von Basel 1434); 1516 kam in Venedig die Bezeichnung Getto auf (Etymologie nicht völlig geklärt), die später auf alle Judenviertel überging. Die Gettos waren meist enge, übervölkerte, düstere Viertel. Die Gettomauern verschwanden erst durch die Parolen der Französischen Revolution.

44 Es gab kaum »eine Unterbrechung der regelmäßigen Folge von Judenmassakern. Das Beispiel des ersten Kreuzzuges wurde mit schicksalhafter Regelmäßigkeit wiederholt. Wenn ein äußerer Anlaß fehlte, war die Beschuldigung des Ritualmordes oder der Hostienschändung immer zur Hand, um als Vorwand zu dienen. Solange die kaiserliche zentrale Gewalt einige Stärke behauptete, genossen die Ju-

den ein gewisses Maß von Schutz. Mit dem Verfall der zentralen Gewalt waren die Juden jeder Welle des Vorurteils, des Aberglaubens, der Unzufriedenheit oder der Gewalttätigkeit ausgeliefert. Boppard im Jahre 1179, Wien im Jahre 1181, Speyer 1195, Halle 1205, Erfurt 1221, Mecklenburg 1225, Lauda und Bischofsheim 1235, Pforzheim 1244 . . . All diese Orte waren nacheinander die Schauplätze von Massakern, die in der Geschichte eines jeden anderen Landes denkwürdig gewesen wären.« [70, 273] Der Begriff »Sündenbock« stammt aus dem alten Israel, aber Israel ist der Sündenbock einer christlichen Welt geworden: »Wer sollte für zerstörende Feuersbrünste, die in den mittelalterlichen Städten so häufig und so tragisch waren, verantwortlich sein, wenn nicht die Juden? Wenn die Pest ausbrach, dann war es selbstverständlich, daß die Juden sie gebracht hatten. Waren sie zuerst von der Pest befallen, dann war dies der Beweis für ihre Schuld; blieben sie aber von der Pest verschont, dann war ihre Schuld nicht weniger überzeugend dargetan (denn dies bewies ihre böse Absicht). Jede Ketzerei war gewiß von ihnen gefördert worden und für Morde, die unaufgeklärt blieben, machte man sie verantwortlich. Wenn ein Feind (und vor allem ein ungläubiger Feind) ins Land eindrang, dann wurde als selbstverständlich angenommen, daß die Juden den Feind dazu aufgefordert hätten. Bei Bürgerkriegen und Kämpfen um den Thron wurden sie von beiden Seiten geplündert, weil die Kämpfenden sie der Sympathie für die Gegenseite bezichtigten. Könige beschuldigten sie des Einverständnisses mit den Rebellen, und Rebellen behaupteten, daß sie die Werkzeuge der Könige wären. Manchmal war überhaupt kein Vorwand für einen Angriff auf die Juden nötig. Es genügte das Herannahen der Osterzeit mit ihren Erinnerungen an die Passion – und manchmal brauchte es nicht einmal das. An den gewöhnlichen Leidensschicksalen in Krieg und Frieden (Belagerung, Eroberung, Aufruhr) trugen sie zumindest ihr gerüttelt Maß. Es ist jedoch angezeigt, die Tatsache im Auge zu behalten, daß das Menschenleben im Mittelalter nicht als ein so kostbares Gut angesehen wurde wie in dem kurzen viktorianischen Zeitalter des 19. Jahrhunderts. Das Leben des Juden wurde allerdings als weniger wertvoll angesehen als das Leben seines Nachbarn. Aber die Existenz beider stand auf schwacher Grundlage. Der normale Prozentsatz gewaltsamer Todesarten war um vieles größer als heute. Religiöse Zwiste verwüsteten ganze Länder. Einige der fruchtbarsten und zivilisiertesten Gebiete Südfrankreichs wurden während des Kreuzzuges gegen die Albigenser fast in Wüsten verwandelt. Katholiken stürzten sich auf Hussiten mit ebensolcher Überzeugung wie später Protestanten auf Katholiken. In Kriegszeiten gab es keinen Menschen, der als außerhalb des Kampfes stehend betrachtet wurde. Die ländlichen Gebiete wurden von jedem Eroberer systematisch verwüstet und jede eroberte Stadt wurde selbstverständlich geplündert.« [70, 227f.]

45 Unter *Kabbala* (»Überlieferung«) versteht man die jüdische mystisch-theosophische Geheimlehre, die im 13. Jahrhundert in Spanien aufkam. Sie erhob den Anspruch, alte Offenbarung zu sein, und richtete sich gegen jeglichen Rationalismus. Ihr Wurzelboden war die jüdische Mystik. Das anonyme Hauptwerk der Kabbala ist das Buch *Sohar* (»Glanz«, Dan. 12, 3), darin wird der Kosmos als Weltbaum oder großer Mensch (Adam kadmon, Urmensch) beschrieben. Später führte die mystische Spekulation der Kabbala zu magischen Praktiken.

46 Die jüdischen Familiennamen stellen ein besonderes kulturgeschichtliches Problem dar. Erst um die Wende vom 18. zum 19. Jahrhundert, im Zuge der Emanzipation, mußten die Juden unterscheidbare Familiennamen annehmen. Bis zum Beginn der Nazizeit war der häufigste deutsch-jüdische Name Cohn (mit Variationen), den jeder 30. Jude trug. Es folgten: Levy, Mayer, Stern, Wolf, Strauß, Rosenthal, Goldschmidt, Heymann, Weil, Hirsch, Bär, Salomon, Adler, Katz usw. Sehr verbreitet waren auch die Ortsnamen: Oppenheimer, Landauer, Frankfurter, Wiener u. a. Die Wiener Kanzlei Josephs II. gab mit der Gleichberechtigung den galizischen Juden neue Namen. Diese Namen wurden nicht alle durch Zwang verliehen, sondern teilweise auch von den Juden gewünscht. Zu den Geldnamen gehören: Diamant, Goldbaum, Karfunkel, Bernstein, Silbermann, Rubiner, Perl; Geldverleiher erhielten oft die Namen: Cassirer, Wechsler. Ebenfalls verliehen wurden die »Duftnamen«: Blumenfeld, Liliental, Rosenzweig, Veilchenduft. Eine andere Gruppe entstammt der – wie es scheint – sarkastischen Laune der k. u. k. Kommission und ihren Kanzleiräten: Ladstockschwinger, Pulverbestandteil, Schulklopfer, Kanalgeruch, Luftgas usw.

47 Dipl.-Ing. Kurt Gerstein war als entschiedener Christ in die SS eingetreten, um zu erfahren, ob Menschen in den Konzentrationslagern getötet würden. Als Sachverständigem in Desinfektionsfragen wurde ihm die Beschaffung der tödlichen Gase übertragen. Er hat seinen Bericht nach Kriegsende gegeben: »Am anderen Morgen um kurz vor sieben Uhr kündigt man mir an: In zehn Minuten kommt der erste Transport! Tatsächlich kam nach einigen Minuten der erste Zug von Lemberg aus an. 45 Waggons mit 6700 Menschen, von denen 1450 schon tot waren bei ihrer Ankunft. Hinter den vergitterten Luken schauten, entsetzlich bleich und ängstlich, Kinder durch, die Augen voll Todesangst, ferner Männer und Frauen. Der Zug fährt ein: 200 Ukrainer reißen die Türen auf und peitschen die Leute mit ihren Lederpeitschen aus den Waggons heraus. Ein großer Lautsprecher gibt die weiteren Anweisungen: Sich ganz ausziehen, auch Prothesen, Brillen usw. Die Wertsachen am Schalter abgeben, ohne Bons oder Quittung. Die Schuhe sorgfältig zusammenbinden (wegen der Spinnstoffsammlung), denn in dem Haufen von reichlich 25 Meter Höhe hätte sonst niemand die zugehörigen Schuhe wieder zusammenfinden können. Dann die Frauen und Mädchen zum Friseur, der mit zwei, drei Scherenschlägen die ganzen Haare abschneidet und sie in Kartoffelsäcken verschwinden läßt. ›Das ist für irgendwelche Spezialzwecke für die U-Boote bestimmt, für Dichtungen oder dergleichen!‹ sagt mir der SS-Unterscharführer, der dort Dienst tut. –

Dann setzt sich der Zug in Bewegung. Voran ein bildhübsches junges Mädchen, so gehen sie die Allee entlang, alle nackt. Männer, Frauen, Kinder, ohne Prothesen. Ich selbst stehe mit dem Hauptmann Wirth oben auf der Rampe zwischen den Kammern. Mütter mit ihren Säuglingen an der Brust, sie kommen herauf, zögern, treten ein in die Todeskammern! – An der Ecke steht ein starker SS-Mann, der mit pastoraler Stimme zu den Armen sagt: Es passiert Euch nicht das geringste! Ihr müßt nur in den Kammern tief Atem holen, das weitet die Lungen, diese Inhalation ist notwendig wegen der Krankheiten und Seuchen. Auf die Frage, was mit ihnen geschehen würde, antwortete er: Ja, natürlich, die Männer müssen arbeiten. Häuser und Chausseen bauen, aber die Frauen brauchen nicht zu arbeiten.

Nur wenn sie wollen, können sie im Haushalt oder in der Küche mithelfen. – Für einige von diesen Armen ein kleiner Hoffnungsschimmer, der ausreicht, daß sie ohne Widerstand die paar Schritte zu den Kammern gehen – die Mehrzahl weiß Bescheid, der Geruch kündet ihnen ihr Los! – So steigen sie die kleine Treppe herauf, und dann sehen sie alles. Mütter mit Kindern an der Brust, kleine nackte Kinder, Erwachsene, Männer und Frauen, alle nackt – sie zögern, aber sie treten in die Todeskammern, von den anderen hinter ihnen vorgetrieben oder von den Lederpeitschen der SS getrieben. Die Mehrzahl ohne ein Wort zu sagen. Eine Jüdin von etwa 40 Jahren mit flammenden Augen ruft das Blut, das hier vergossen wird, über die Mörder. Sie erhält fünf oder sechs Schläge mit der Reitpeitsche ins Gesicht, von Hauptmann Wirth persönlich, dann verschwindet auch sie in der Kammer. – Viele Menschen beten. Ich bete mit ihnen, ich drücke mich in eine Ecke und schreie laut zu meinem und ihrem Gott. Wie gern wäre ich mit ihnen in die Kammern gegangen, wie gern wäre ich ihren Tod mitgestorben. Sie hätten dann einen uniformierten SS-Offizier in ihren Kammern gefunden – die Sache wäre als Unglücksfall aufgefaßt und behandelt worden und sang- und klanglos verschollen. Noch also darf ich nicht, ich muß noch zuvor künden, was ich hier erlebe! – Die Kammern füllen sich. Gut vollpacken – so hat es der Hauptmann Wirth befohlen. Die Menschen stehen einander auf den Füßen. 700 bis 800 auf 25 Quadratmetern, in 45 Kubikmetern! Die SS zwängt sie physisch zusammen, soweit es überhaupt geht. – Die Türen schließen sich. Währenddessen warten die andern draußen im Freien, nackt. Man sagt mir: Auch im Winter genauso! Ja, aber sie können sich ja den Tod holen! sage ich – Ja, grad for das sinn se ja doh! – sagt mir ein SS-Mann darauf in seinem Platt. – (. . .) Mit den Dieselauspuffgasen sollen die Menschen zu Tode gebracht werden. Aber der Diesel funktioniert nicht! Der Hauptmann Wirth kommt. Man sieht, es ist ihm peinlich, daß das gerade heute passieren muß, wo ich hier bin. Jawohl, ich sehe alles! Und ich warte. Meine Stoppuhr hat alles brav registriert. 50 Minuten, 70 Minuten – der Diesel springt nicht an! Die Menschen warten in ihren Gaskammern. Vergeblich. Man hört sie weinen, schluchzen (. . .) Der Hauptmann Wirth schlägt mit seiner Reitpeitsche dem Ukrainer, der dem Unterscharführer Heckenholt beim Diesel helfen soll, zwölf-, dreizehnmal ins Gesicht. Nach 2 Stunden 49 Minuten – die Stoppuhr hat alles wohl registriert – springt der Diesel an. Bis zu diesem Augenblick leben die Menschen in diesen vier Kammern, viermal 750 Menschen in viermal 45 Kubikmetern! – Von neuem verstreichen 25 Minuten. Richtig, viele sind jetzt tot. Man sieht das durch das kleine Fensterchen, in dem das elektrische Licht die Kammern einen Augenblick beleuchtet. Nach 28 Minuten leben nur noch wenige. Endlich, nach 32 Minuten ist alles tot! – –

Von der anderen Seite öffnen Männer vom Arbeitskommando die Holztüren. Man hat ihnen – selbst Juden – die Freiheit versprochen und einen gewissen Promillesatz von allen gefundenen Werten für ihren schrecklichen Dienst. Wie Basaltsäulen stehen die Toten aufrecht aneinandergepreßt in den Kammern. Es wäre auch kein Platz, hinzufallen oder auch nur sich vornüber zu neigen. Selbst im Tode noch kennt man die Familien. Sie drücken sich, im Tode verkrampft, noch die Hände, so daß man Mühe hat, sie auseinanderzureißen, um die Kammern für die nächste Charge freizumachen. Man wirft die Leichen – naß von Schweiß und

Urin, kotbeschmutzt, Menstruationsblut an den Beinen, heraus. Kinderleichen fliegen durch die Luft. Man hat keine Zeit, die Reitpeitschen der Ukrainer sausen auf die Arbeitskommandos. Zwei Dutzend Zahnärzte öffnen mit Haken den Mund und sehen nach Gold. Gold links, ohne Gold rechts. Andere Zahnärzte brechen mit Zangen und Hämmern die Goldzähne und Kronen aus den Kiefern.

(. . .) Die nackten Leichen wurden auf Holztragen nur wenige Meter weit in Gruben von 100 mal 20 mal 12 Meter geschleppt. Nach einigen Tagen gärten die Leichen hoch und fielen alsdann kurze Zeit später stark zusammen, so daß man eine neue Schicht auf dieselben draufwerfen konnte. Dann wurde zehn Zentimeter Sand darübergestreut, so daß nur noch vereinzelte Köpfe und Arme herausragten . . .« W. Hofer: *Der Nationalsozialismus. Dokumente 1933–1945.* Frankfurt 1960. S. 308ff.

48 Der Bauingenieur Hermann Gräbe wurde auf dem Flugplatz Dubno (Wolhynien) zufälliger Zeuge einer Massenerschießung:

Eine alte Frau mit schneeweißen Haaren hielt das einjährige Kind auf den Armen und sang ihm etwas vor und kitzelte es. Das Kind quietschte vor Vergnügen. Das Ehepaar schaute mit Tränen in den Augen zu. Der Vater hielt an der Hand einen Jugen von etwa zehn Jahren, sprach leise auf ihn ein. Der Junge kämpfte mit den Tränen. Der Vater zeigte mit dem Finger zum Himmel, streichelte ihm über den Kopf und schien ihm etwas zu erklären. Da rief schon der SS-Mann an der Grube seinem Kameraden etwas zu. Dieser teilte ungefähr 20 Personen ab und wies sie an, hinter den Erdhügel zu gehen. Die Familie, von der ich sprach, war dabei. Ich entsinne mich noch genau, wie ein Mädchen, schwarzhaarig und schlank, als sie nahe an mir vorüberging, mit der Hand an sich herunterzeigte und sagte: 23 Jahre.

Ich ging um den Erdhügel herum und stand vor einem riesigen Grabe. Dicht aneinandergepreßt lagen die Menschen so aufeinander, daß nur noch die Köpfe zu sehen waren. Von fast allen Köpfen rann Blut über die Schultern. Ein Teil der Erschossenen bewegte sich noch. Einige hoben ihre Arme und hoben den Kopf, um zu zeigen, daß sie noch lebten. Die Grube war bereits dreiviertel voll. Nach meiner Schätzung lagen darin bereits ungefähr tausend Menschen. Ich schaute mich nach dem Schützen um. Dieser, ein SS-Mann, saß am Rande der Schmalseite der Grube auf dem Erdboden, ließ seine Beine in die Grube herabhängen, hatte auf seinen Knien eine Maschinenpistole liegen und rauchte eine Zigarette. Die vollständig nackten Menschen gingen auf einer Treppe, die in die Lehmwand der Grube gegraben war, hinab, rutschten über die Köpfe der Liegenden hinweg bis zu einer Stelle, die der SS-Mann anwies. Sie legten sich vor die toten oder angeschossenen Menschen, einige streichelten die noch Lebenden und sprachen leise auf sie ein. Dann hörte ich eine Reihe Schüsse. Ich schaute in die Grube und sah, wie die Körper zuckten oder die Köpfe schon still auf den vor ihnen liegenden Körpern lagen.

49 Zion war ursprünglich der SO-Hügel des alten Jerusalem, später wurde der Name auf den Tempelberg und schließlich auf ganz Jerusalem übertragen. Religiös-typologisch galt das Volk Israel als junge Frau: Tochter Zion (Jes. 1, 8)

50 Am 5. 2. 1840 verschwand in Damaskus der Kapuzinermönch Pater Tomaso, der

sich häufig im jüdischen Viertel aufgehalten hatte. Die jüdische Gemeinde zu Damaskus zählte damals etwa 20 000 Personen, darunter viele reiche und vornehme sefardische Familien. Die Kapuziner verbreiteten das Grücht, die Juden hätten den Pater ermordet, um sein Blut für die Mazzot (Passah) zu verwenden. Diese Ritualmordbeschuldigung fand Glauben und führte zu fürchterlichen Repressalien gegen die Juden. Die Weltöffentlichkeit erfuhr von den unwürdigen Vorkommnissen, und mancherorts protestierte man. Entscheidend war aber, daß Adolphe Cremieux, Moses Montefiore und Baron James Rothschild sich der Sache annahmen und eine Rehabilitierung der Gemeinde in Damaskus bewirkten. Dieser Einsatz profilierter Juden Europas für ihre Glaubensbrüder in der Levante hat das jüdische Nationalbewußtsein bestärkt und dem Zionismus vorgearbeitet.

51 *Der Judenstaat. Versuch einer modernen Lösung der Judenfrage.* 1896. In: Ges. Zion. Werke 1, 1933, S. 25ff.

52 Man mag es als wunderlichen Zufall ansehen, daß gleichzeitig in Deutschland ein anderer jüdischer Forscher ein Verfahren zur Stickstoffgewinnung aus der Luft entwickelte und damit die Munitionsherstellung des blockierten Deutschlands im ersten Weltkrieg sicherte: Prof. Fritz Haber, Berlin, Nobelpreisträger des Jahres 1918.

53 »Rumänien hatte ausgekämpft, die russische Armee war demoralisiert, Deutschland hatte Lenin nach Rußland verfrachtet, um dieses für einen Separatfrieden reif zu machen. Italien war bei Caporetto geschlagen worden, und kein amerikanischer Soldat hatte noch den Kontinent betreten. Es war also kein allzu ungewöhnlicher Gedanke, das nicht einflußlose amerikanische Judentum in die Propaganda für den Kampf gegen die Mittelmächte einzuschließen.« [12, 40f.]

54 Englische Politiker haben das Doppelspiel ihrer Regierung später eingestanden. Der britische Ministerpräsident Ramsey MacDonald sagte 1922: »Wir ermutigten einen arabischen Aufstand gegen die Türkei durch das Versprechen, ein arabisches Königtum mit Einschluß Palästinas zu errichten. Gleichzeitig ermutigten wir die Juden, uns zu helfen, indem wir versprachen, ihnen Palästina zur Besiedlung und Beherrschung zu übergeben. Und gleichzeitig schlossen wir im geheimen mit Frankreich das Sykes-Picot-Abkommen, welches dasselbe Gebiet aufteilte, das auf Anweisung der britischen Regierung der britische Generalgouverneur in Ägypten den Arabern versprochen hatte. Es ist die Geschichte eines großen Doppelspiels, und wir dürfen nicht hoffen, seinen unvermeidlichen Folgen zu entgehen.« H. Röhrig: *Die arabische Welt.* München 1955, S. 32.

55 Ich greife dabei Ausführungen wieder auf, die ich bereits 1966 der Öffentlichkeit in meinem Buch *Pädagogische Studien zum Problem der Judenfeindschaft* Neuwied/Berlin 1966 (S. 71ff.) vorgetragen hatte, worin ich die These vertrat, daß sich nur anhand einzelner deutlich dargestellter und damit glaubwürdiger Menschen, also in einem gestaltengeschichtlichen Verfahren, die Katastrophe von Millionen nachdenken und nachempfinden lasse, während das Leiden Unzähliger und Namenloser abstumpfend wirke (a.a.O. S. 75ff.).

56 Vgl. G. v. Rad: *Das 1. Buch Mose,* in: Das Alte Testament Deutsch. Bd. 2/4. Göttingen 1953. S. 26.

57 A. Karsten: *Die Anderen im Urteil der Jugend.* München 1965.

58 Vgl. Presse- und Informationsamt der Bundesregierung (Hrsg.): *Die antisemiti-*

schen und nazistischen Vorfälle in der Zeit vom 25. 12. 1959 bis 18. 1. 1960. Bonn 1960.

59 in: *Die Zeit.* Nr. 37/1963. S. 9f.

60 Vgl. H. Pross: *Die Zerstörung der deutschen Politik. Dokumente 1871–1933.* Frankfurt 1959. S. 139ff.

61 Vgl. P. Stähle: *Der Fall Hans Deutsch.* in: *Die Zeit.* Nr. 34/1965.

62 Vgl. D. Goldschmidt – H. J. Kraus (Hrsg.): *Der ungekündigte Bund. Neue Begegnungen von Juden und christlicher Gemeinde.* Stuttgart 1962.

63 Zitiert nach W. Nigg: *Das Buch der Ketzer.* Zürich 1949. S. 227.

Anhang

Zur Geschichte und Religion des Judentums

Abrahams Geschlecht. Stammtafel der Erzväter

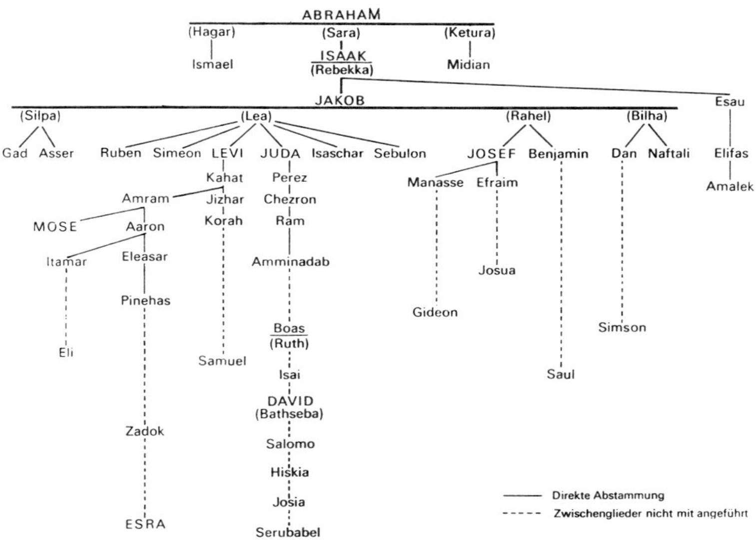

Quelle: J. F. Oppenheimer (Hg.): *Lexikon des Judentums.* Gütersloh 1967. Spalte 23/24

Zeittafel zur Geschichte Alt-Israels und des Judentums

Vor Beginn der christlichen Zeitrechnung

um 2500	Eindringen der Kanaaniter in Kanaan und Phönizien.
um 1700	Hammurabi, baylonischer Großkönig, einigt Babylonien, wird Gesetzgeber des Orients. Codex Hammurabi als Rechtskanon von weitreichender Bedeutung.
von 1500 ab	Kanaan unter ägyptischer Herrschaft. Thutmosis I. bringt Palästina völlig in ägyptische Gewalt.
um 1400	Erschütterung der ägyptischen Herrschaft durch die Hethiter in Nordsyrien und durch die Einfälle der nomadischen Chabiri in Palästina.
um 1400	Briefe von Tell el Amarna (Staatsarchiv der Pharaonen Amenophis III. und IV.) in babylonischer Keilschrift. Sie beziehen sich auf die unsicheren Zustände in Palästina (s. o.) und bitten um königliche Hilfe. Das Archiv wurde erst 1888 entdeckt.
um 1300	*Mose.* Auszug Israels aus Ägypten. Nach Ramses III. (20. Dynastie) zerfällt das ägyptische Weltreich. Palästina geht Ägypten verloren.
1300–1200	Die ägyptische 19. Dynastie (Setos I., Ramses II., Merneptah) verteidigt sich noch gegen die Hethiter und eindringende »Seevölker«.
um 1200	Landnahme der Israeliten in Palästina von Osten her, während gleichzeitig vom Westen her die Philister (»Seevölker«) dort Fuß fassen. Damit leitet sich die kommende jahrhundertelange Auseinandersetzung zwischen Israel und Philistern ein.
1200–1000	Kämpfe Israels mit Kanaanitern und Philistern um den Besitz Kanaans.
um 1050	*Samuel.* Die Schwäche der ägyptischen und der babylonischen Großmacht ermöglicht die Bildung des israelitischen Stämmebundes.

Das Königtum:

um 1020	*Saul*
um 1000	*David*
um 970	*Salomo.* Beginn des israelitischen Handels. Freundschaft mit Hiram von Tyrus (969–936). Erster Tempel in Jerusalem
930	Spaltung des Reiches in Nordreich (Israel) und Südreich (Juda). Rehabeam (932–917) König von Juda; Jerobeam I. (932–912) König von Israel.
930–722	Bestand des Reiches Israel. Könige: Jerobeam I., Nadab, Baesa, Ela, Simri, Omri, Ahab, Ahasja, Joram, Jehu, Joahas, Joas, Jerobeam II., Sacharja, Sallum, Menahem, Pekahja, Pekah, Hosea. Propheten des Nordreichs: Gad, Nathan, Elia, Elisa, Amos, Hosea.

854	Schlacht bei Karkar, in der Ahab gegen die Assyrer kämpft.
842	Jehu zahlt Tribut an Salmanassar II. von Assyrien.
738	Menahem zahlt Tribut an Thiglath-Pileser von Assyrien und wird völlig abhängig.
722	Samaria, Hauptstadt des Nordreichs, vom assyrischen König Sargon erobert. Ende des Nordreichs, Israel wird assyrische Provinz.
930–586	Bestand des Südreichs Juda.

Könige:

	Rehabeam, Abia, Asa, Josaphat, Joram, Ahasja, Athalja, Joas, Amazja, Usia, Jotham, Ahas, Hiskia, Manasse, Amon, Josia, Joahas, Jojakim, Jojachin, Zedekia.
701	Belagerung Jerusalems durch die Assyrer.
622	Josia veranlaßt eine Kultreform: Jerusalem wird einziges Heiligtum.
608	Josia fällt bei Megiddo im Kampf gegen Pharao Necho.
	Die großen Propheten des Südreichs: Jesaja (740–701) und Jeremia (627–585).
597	Erste Wegführung von Judäern nach Babylon.
586	Jerusalem von Nebukadnezar erobert und zerstört. Deportation der Bevölkerung. Ende des Südreichs. Beginn des babylonischen Exils.
586–536	Babylonisches Exil. Beginn des Judentums. Es bilden sich fromme Gemeinden, die an der väterlichen Tradition festhalten. In der Verbannung wirken die Propheten Ezechiel und Deuterojesaja (Unbekannter Verfasser der Kapitel 40–55 des Jesajabuches).
538	Der Perserkönig Cyrus (558–529), der das babylonische Reich erobert hat, gestattet den Juden die Heimkehr und den Tempelbau. Fürst Serubabel, vermutlich eine Nachkomme aus dem Geschlecht Davids, und Oberpriester Josua. Esra und Nehemia geben die geistigen Impulse. Propheten Haggai und Sacharja. Bewußtsein der gesetzlich-kultischen Sonderexistenz der Juden schließt die Samaritaner aus.
536	Grundsteinlegung des Tempels. Darius I. (521–548) begünstigt den ins Stocken geratenen Bau. 516 Einweihung des Tempels (Zweiter Tempel). Priesterliche Verfassung der Gemeinde.
479	Esther wird Gemahlin des Perserkönigs Xerxes I. (458–465). Der persische Minister Haman plant (474) die Vernichtung der Juden; Rettung geschieht durch Mardochai und Esther; daher Einsetzung des Purimfestes (473).
400	Ausbreitung des Judentums über die Welt. Blütezeit der jüdischen Frömmigkeit und Literatur. Weisheitsschulen, Synagoge.
332	Alexander der Große unterwirft Syrien und Palästina. Nach seinem Tode gelangt Palästina zuerst unter die Herrschaft der ägyptischen Ptolemäer (302–198)
von 250 ab	dringt hellenistische Bildung in Palästina ein. Das Judentum macht seinerseits der Welt die Thora durch Übertragung ins Griechische bekannt (»Septuaginta« Abk.: LXX. Übersetzungslegende).

von 198 ab	gewinnen die syrischen Seleukiden, ebenfalls Diadochen Alexanders, die Herrschaft über Palästina.
168	Der Seleukide Antiochus IV. hebt die jüdische Religion auf und entfesselt den makkabäischen Religionskrieg. 165 Neuweihe des Tempels. Chanukka – Fest wird gestiftet. Die Makkabäer erringen auch politische Selbständigkeit. Es bilden sich die religiösen Parteien der Pharisäer, Sadduzäer und Essener. In der Gemeindeleitung gewinnen die Schriftgelehrten immer mehr Boden.
142–63	Palästina selbständig unter den Makkabäern (Hasmonäern). 141 wird Simon Fürst und Hoherpriester. Rom erkennt die hasmonäische Dynastie an. 104–103 Aristobul I. Hoherpriester und König.
63	Pompejus macht den Familienstreitigkeiten der Hasmonäer ein Ende und hebt das Königtum auf. Palästina wird römische Provinz.
37–4	Herodes der Große, der Idumäer (Edomiter), ist unter römischer Oberhoheit König der Judäer. Politische, kulturelle und wirtschaftliche Blütezeit Palästinas. Bau des dritten Tempels.

Beginn der christlichen Zeitrechnung

bis 66	Palästina unter herodianischen Herrschern und römischen Prokuratoren (Landpflegern); bekanntester Prokurator: Pontius Pilatus (26–36).
um 33	Tod Jesu von Nazareth.
30	Blütezeit des Judentums in Alexandria; Zentrum jüdisch-hellenistischer Kultur; Philosoph und Theologe Philo (geb. um 20 v. Chr.).
66	Aufstand der Juden gegen die Römer in Palästina. Beginn des Jüdischen Krieges.
70	Eroberung und Zerstörung Jerusalems durch Titus.
90	Synode zu Jamnia legt den Kanon der heiligen Schriften fest. Herstellung eines normativen Textes (Massora).
132–135	Erneute Aufstände der Juden. Hadrian besiedelt Jerusalem als römische Kolonie (Aelia Capitolina) mit römischem Kultus, nachdem der Aufstand des Bar Kochba niedergeschlagen und den Resten der jüdischen Verwaltung ein Ende gemacht worden ist. Das einstige geistige Zentrum Israels darf hinfort von keinem Juden betreten werden. Nach der ägyptischen und der babylonischen Verbannung oder Heimatferne, beginnt nun die dritte, die »edomitische« Galut.
70–200	Die Mischnalehrer (Tannaim): Jochanan ben Sakkai, Gamaliel von Jabne, Akiba, Meir.
200–500	Die Mischnaerklärer (Amoraim): Juda II. und III., Hillel II.
400	Die Sammlung der palästinensischen Mischnaerläuterungen (Gemara) wird als »Talmud Jeruschalmi« abgeschlossen.
219–500	Die babylonischen Schulen der Juden.
500	Abschluß des »Talmud Babli«. – Damit Ende des Zeitalters der Mischnaerklärer (Amoraim).

500–640	Schlußredaktion des Talmud (Die Saboräer).
638	Die Araber erobern Palästina. Jerusalem wird islamisch.
640–1040	Häupter der Gelehrtenschule (Geonim) im nachtalmudischen Zeitalter.
900–1400	Epoche der Religionsphilosophie: Samuel halevi, Jehuda halevi, Maimonides, Jakob ben Ascher. Blüte des spanischen (sefardischen) Judentums.
1096 ff.	Judenverfolgungen während der Kreuzfahrerzeit.
1099	Kreuzfahrer erobern Jerusalem.
1250–1300	Jüdischer Minnesänger Süßkind von Trimberg.
1350	Im Zusammenhang mit der Pest (»Schwarzer Tod«) taucht der Vorwurf der Brunnenvergiftung auf und führt zu schweren Judenverfolgungen.
1473	Verfolgung der Marranen in Kastilien.
1478	Papst Sixtus IV. bevollmächtigt das spanische Königspaar (Ferdinand und Isabella) zur Einführung außerordentlicher Glaubensgerichte (Inquisition) gegen die Marranen.
1492	Ausweisung aller Juden aus Spanien, nachdem das islamische Granada gefallen ist. 300 000 Juden verlassen Spanien; 1497 Vertreibung auch aus Portugal.
1510	Johann Reuchlin setzt sich für die Erhaltung der hebräischen Literatur ein; er ist der erste gelehrte deutsche Hebraist christlichen Glaubens.
1547	Niederlassung portugiesischer Marranen in Hamburg.
1639	Bildung der großen Gemeinde von Amsterdam. Die dortigen Juden bringen durch ihre Beteiligung an den überseeischen holländischen Unternehmungen den Handel Amsterdams zur Blüte. Die Hamburger Juden begründen den Handel Hamburgs mit Spanien und Portugal.
1648–1649	Niedermetzelung der Juden in der Ukraine anläßlich des Kosakenaufstandes unter Chmelnicki. Untergang von 300 Gemeinden mit 12 000 Opfern.
1632–1677	Spinoza, der Vater der modernen Philosophie.
1200–1600	Kabbala (Jüdische Mystik).
1500–1700	Messianische Bewegungen. 1676 stirbt der Pseudomessias Sabbatai Zwi.
seit 1740	Chassidismus.
seit 1780	Aufklärungsgedanke auch im Judentum: Moses Mendelssohn.
1781	Der preußische Jurist C. W. Dohm schreibt ein Buch über die bürgerliche Verbesserung der Juden in Deutschland.«
1782	Toleranzedikt Josephs II.
1812	Judenemanzipation in Preußen.
1819	Tumulte und Exzesse, die sich über ganz Deutschland verbreiten; besonders in den freien Städten und in Baden und Bayern wird gewütet. Arbeitslose, Handwerksburschen, verschuldete Bauern und Bürger stürmen die Häuser der Juden; Synagogen werden in Brand gesteckt. Die Exzesse dauern vom August bis Oktober, und die Ordnung muß mit Militärgewalt hergestellt werden.

1835	Hamburg: Tumult im Alster-Kaffeehaus zwischen »Bürgerssöhnen« und Juden. Pöbelhaufen schlägt in der Neustadt die Fenster ein.
1848	Baden: Schreckliche Krawalle gegen »Schlösser, Grundherren, Rentämtern, Pfarrhäuser und die Juden«.
1849	Gleichberechtigung der Juden durch die Frankfurter Grundrechte.
ab 1860	besonders bei osteuropäischen Juden Ansiedlung in Palästina erwogen. Der zionistische Gedanke.
1880 ff.	Neue Welle des Antisemitismus: Dreyfus-Affäre in Frankreich, Stoecker-Bewegung in Deutschland, Pogrome in Rußland und Rumänien.
1882 ff.	Erste jüdische Einwanderungswelle (Alijah) nach Palästina zur Rückgewinnung des Landes durch Arbeit. Siedlungsbewegung (Kibbuzim).
1896	Th. Herzls »Judenstaat«. Beginn der zionistischen Bewegung.
1897	Erster Zionistenkongreß in Basel.
1908	Deganja als erste Gemeinschaftssiedlung (Kibbuz) in Palästina.
1909	Tel Aviv (»Frühlingshügel«) als erste jüdische Stadt Palästinas gegründet.
1917	2. November: Balfour-Deklaration.
1920	Beginn des britischen Mandats über Palästina.
1925	Gründung der Hebräischen Universität auf dem Skopusberg in Jerusalem.
1933	1. April: Boykott aller jüdischen Unternehmungen in Deutschland.
7. 4. 1933	Gesetz zur »Wiederherstellung des Berufsbeamtentums«.
21. 4. 1933	Das Schächten wird in ganz Deutschland verboten.
Frühj. 1933	Errichtung der ersten Konzentrationslager (Dachau, Oranienburg u. a.).
22. 9. 1933	Reichskulturkammer-Gesetz. Verbannung der Juden aus dem deutschen Kulturleben.
21. 5. 1935	Wehrgesetz. Nur »Arier« dürfen in die Wehrmacht eintreten.
Sommer 1935	Verstärkte Aktion »Juden unerwünscht«: Schilder an Ortseingängen, Badeanstalten, Cafés, Geschäften usw.
15. 9. 1935	»Nürnberger Gesetze«.
Sommer 1936	Mit Rücksicht auf die ausländischen Besucher der Olympischen Spiele werden antisemitische Schilder vorübergehend entfernt.
22. 4. 1938	Verordnung gegen die »Tarnung jüdischer Gewerbebetriebe«.
17. 8. 1938	Einführung der Vornamen Israel bzw. Sarah für alle Juden.
30. 9. 1938	Approbation jüdischer Ärzte erloschen.
Okt. 1938	Erste Massendeportation aus Deutschland. 23 000 Juden werden nach Polen »abgeschoben«. Anlaß für das Attentat Grynszpans auf v. Rath.
9./10. 11. 1938	Zerstörung der Synagogen und jüdischen Geschäfte. »Kristallnacht«. 30 000–40 000 jüdische Männer werden in die Konzentrationslager gebracht. »Buße« von RM 1 000 000 000.
15. 11.1938	Kein Jude darf nichtjüdische Schulen besuchen.

30. 11. 1938	Jüdische Anwälte müssen ihre Praxis einstellen.
30. 1. 1939	Vor dem Reichstag sagt Hitler »die Vernichtung der jüdischen Rasse in Europa« voraus.
23. 9. 1939	Juden müssen am Tag der Verordnung (Versöhnungstag) ihre Rundfunkgeräte abliefern.
6. 2. 1940	Juden erhalten grundsätzlich keine Kleiderkarte.
31. 7. 1941	Göring beauftragt Heydrich, die Endlösung der Judenfrage vorzubereiten.
1. 9. 1941	Vom 15. 9. an müssen alle über sechs Jahre alten Juden den »Judenstern« tragen.
Herbst 1941	Erste Transporte nach Theresienstadt, als »Reichsaltersheim« getarntes KZ. Deportationen von über 42000 Juden aus Deutschland (sowie großer jüdischer Bevölkerungsteile aus anderen Ländern). Soweit sie nicht schon in Theresienstadt starben, erfolgte sehr häufig Weitertransport in osteuropäische Vernichtungslager.
Oktober 1941	Beginn allgemeiner Deportationen aus dem Reich in Arbeits-, Konzentrations- und Vernichtungslager in Polen.
3. 10. 1941	Juden bedürfen zum Verlassen ihrer Wohnungen und zur Benutzung von Verkehrsmitteln besonderer Erlaubnis.
25. 11. 1941	Vermögen ausgewanderter Juden verfällt dem Reich.
20. 1. 1942	Ministerialbesprechung über die »Endlösung der Judenfrage« in Europa (Wannseeprotokoll).
1. 3. 1942	Hitler-Erlaß schafft Einsatzstab Rosenberg, dem u. a. Beschlagnahme jüdischer Kulturgüter obliegt.
14. 4. 1942	Wohnungen von Juden müssen durch »Judenstern« gekennzeichnet sein.
15. 4. 1942	Juden dürfen keine Haustiere (Hunde, Katzen, Vögel) mehr halten.
24. 4. 1942	Juden dürfen grundsätzlich kein Verkehrsmittel mehr benutzen.
9. 6. 1942	Juden haben »alle entbehrlichen Kleidungsstücke« abzuliefern.
19. 6. 1942	Deportation führender Persönlichkeiten der jüdischen Reichsvertretung nach dem Osten.
1. 7. 1942	Einstellung jeglichen Schulunterrichts für jüdische Kinder »im Hinblick auf die Entwicklung der Aussiedlung der Juden«.
18. 9. 1942	»Auslieferung asozialer Elemente aus dem Strafvollzug an den Reichsführer SS zur Vernichtung durch Arbeit.« Dazu wurden gezählt: »Sicherungsverwahrte, Juden, Zigeuner, Russen und Ukrainer« u. a.
Herbst 1942	Erschießungen von jüdischen Geiseln in Berlin.
1. 7. 1943	Verordnung »Strafbare Handlungen von Juden werden durch die Polizei geahndet«.
Dez. 1942	»Brunner-Aktion« in Berlin (verstärkte Massendeportationen).
27. 2. 1943	»Fabrik-Aktion« (Verhaftung von Juden an ihren Arbeitsplätzen).
10. 6. 1943	Auflösung der Reichsvereinigung der Juden, der letzten jüdischen Organisation in Deutschland.
Herbst 1944	Himmler befiehlt Einstellung der Vernichtungsaktionen.

26. 1. 1945	Auschwitz von der Roten Armee befreit.
15. 4. 1945	Bergen-Belsen von britischen Truppen befreit.
29. 11. 1947	Die UNO schlägt Teilung Palästinas in einen jüdischen und einen arabischen Staat vor.
14. 5. 1948	Proklamation des Staates Israel unter Führung Ben Gurions in Tel Aviv. 15. Mai. Ende des britischen Mandats. Beginn offener Feindseligkeiten zwischen Juden und Arabern. Jüdisch-arabischer Krieg.
25. 1. 1949	Wahlen zum ersten israelitischen Parlament (Knesset). 16. Februar: Chaim Weizmann erster Staatspräsident Israels. Waffenstillstand mit den arabischen Ländern. Israel wird in die Vereinten Nationen aufgenommen.

Der jüdische Kalender

Das Judentum datiert die Erschaffung der Welt ins Jahr 3761 vor Beginn der christlichen Zeitrechnung; die Proklamation des neuen israelitischen Staates (1948) erfolgte nach jener Zählung im Jahre 5708.

Die Kalendertafel des regelmäßigen jüdischen Jahres hat folgenden Inhalt (mit Einschluß der religiösen Feste):

Tischri (September/Oktober), 30 Tage
- 1. Neujahrstag I (Rosch Haschana)
- 2. Neujahrstag II
- 3. Fasten Gedalja
- 10. Versöhnungstag (Jom Kippur)
- 15. Laubhüttenfest I (Sukkot)
- 16. Laubhüttenfest II
- 21. Palmfest (Hoschana rabba)
- 22. Laubhüttenfest VIII (Schemini Azeret)
- 23. Gesetzesfreude (Simchat Thora)

Marcheschwan (Oktober/November), 29 Tage

Kislew (November/Dezember), 30 Tage
- 25. Chanukka I

Tewet (Dezember/Januar), 29 Tage
- 3. Chanukka VIII
- 10. Fasttag (Assara be-Tewet)

Schewat (Januar/Februar), 30 Tage
- 15. Festtag (Chamischa Assar bi-Schewat)

Adar (Februar/März), 29 Tage
- 13. Fasten Esther
- 14. Purim
- 15. Schuschan Purim

Nissan (März/April), 30 Tage
- 15. Pessach I
- 16. Pessach II
- 21. Pessach VII
- 22. Pessach VIII

Ijjar (April/Mai), 29 Tage
- 18. Lag ba-Omer (33. Tag der Omerzählung)

Siwan (Mai/Juni), 30 Tage
- 6. Wochenfest I (Schawuot)
- 7. Wochenfest II

Tammus (Juni/Juli), 29 Tage
- 17. Fasttag (Schiwa-Assar be-Tammus)

Aw (Juli/August), 30 Tage
- 9. Trauer- und Fasttag (Tischa be-Aw)
- 15. Festtag (Chamischa Assar be-Aw)

Elul (August/September), 29 Tage

Statistik

Zahl der Juden in Deutschland

1871	512 153
1880	561 612
1890	567 884
1900	586 833
1910	615 021
1925	564 379
16. 6. 1933	502 799
17. 5. 1939	213 930
1. 5. 1941	168 972
1. 1. 1942	131 823
1. 1. 1943	51 257
1. 4. 1943	31 807
1. 9. 1944	14 544
1. 1. 1960	25000–30000
BRD einschl. West-Berlin	
1. 1. 1979*	33700

* Quelle: Heinz Galinski. in: Neue Zürcher Zeitung v. 3. 3. 1979. Fernausgabe Nr. 51. S. 29

Antisemitische Abgeordnete im Deutschen Reichstag

Wahljahr	Abgeordnetenzahl	Antisemiten	%
1887	397	1	0,25
1890	397	5	1,25
1893	397	16	4,03
1898	397	13	3,26
1903	397	11	2,62
1907	397	21*	5,28
1912	397	12	3.25

* Darunter Vertreter der »Wirtschaftlichen Vereinigung«

Zahlen jüdischer Opfer im Faschismus

Durch das Nachrechnen der Opferzahlen versuchen manche, der deutschen Schuldfrage auszuweichen; man möchte das statistische Material als ungesichert oder übertrieben verwerfen. Besonders an der Sechsmillionenzahl ist viel Kritik geübt worden. Nach Aussage des SS-Sturmbannführers Dr. Hoettl vor dem Nürnberger Gericht hatte der »Judenreferent« des Reichssicherheitshauptamtes, SS Obersturmbannführer Adolf Eichmann, die Zahl selbst vertraulich genannt. Verschiedene, unabhängig voneinander durchgeführte Untersuchungen haben ein Maximum und ein Minimum fixiert:

	Minimum	Maximum
Deutschland (Grenzen 1938)	160 000	180 000
Österreich	58 000	60 000
Tschechoslowakei (1936)	233 000	243 000
Frankreich	60 000	65 000
Belgien	25 000	28 000
Luxemburg	3 000	3 000
Norwegen	700	700
Holland	104 000	104 000
Italien	8 500	9 500
Jugoslawien	55 000	58 000
Griechenland	57 000	60 000
Rumänien (Grenzen vor 1940)	200 000	220 000
Ungarn (Grenzen 1938)	180 000	200 000
Polen	2 350 000	2 600 000
UdSSR (Grenzen vor 1939) und die baltischen Staaten	700 000	750 000
Opfer der Aktion »Endlösung«	4 194 200	4 581 200

Diese Schätzung bezieht sich *nur* auf die Phase der »Endlösung«. Nicht berücksichtigt wurden alle jene Opfer, die mittelbar der nationalsozialistischen Verfolgung zuzuschreiben sind. Darum wird man wahrscheinlich von insgesamt mehr als fünf Millionen jüdischer Opfer ausgehen müssen.

Bevölkerung des Staates Israel

Jahr	Juden	Nichtjuden	Insgesamt
1948	716700[1]	156100	872700
1958	1830200	221500	2031700
1968	2434800	406300	2841100
1976	3020400	555000	3575000

[1] Mai 1948

Israels Juden und Weltjudenheit

Jahr	Weltjudenheit (Ziffern)	Juden in Israel (Ziffern)	% der Juden in der Welt
1882	7700000	24000	0,3
1914	13500000	85000	0,6
1940	16700000	467000	2,8
1945	11000000	564000	5,1
1948	11300000	650000[1]	5,7
1975	14230000	2907000	20,4

[1] Februar 1948

Quelle: Taschenkalender 1977/78 und 1978/79. Jüdischer Nationalfonds. Düsseldorf

Jüdische Gemeinden in der Bundesrepublik und in der DDR

In der Bundesrepublik bestanden 1979 jüdische Gemeinden in folgenden Städten:

Aachen, Amberg, Augsburg, Bad Homburg, Bad Kreuznach, Bad Nauheim, Baden Baden, Bamberg, Bayreuth, Berlin, Bielefeld, Bonn, Braunschweig, Bremen, Darmstadt, Detmold, Dortmund, Düsseldorf, Emden, Essen, Frankfurt, Freiburg, Fulda, Fürth, Gelnhausen, Gelsenkirchen, Göttingen, Hagen, Hamburg, Hannover, Heidelberg, Herford, Hildesheim, Hof, Kaiserslautern, Karlsruhe, Kassel, Koblenz, Konstanz, Köln, Krefeld, Lübeck, Mainz, Mannheim, Marburg, Minden, Mönchengladbach-Rheydt, Mülheim/Duisburg-Oberhausen, München, Münster, Neustadt/Weinstraße, Nürnberg, Offenbach, Oldenburg, Osnabrück, Paderborn, Recklinghausen, Regensburg, Saarbrücken, Seesen/Harz, Straubing, Trier, Weiden, Wiesbaden, Wuppertal, Würzburg.

Die größten Gemeinden sind Berlin, München, Frankfurt, Hamburg und Köln. Die Gemeinden schufen nach 1945 neue Landesverbände. Daraus ging der *Zentralrat der Juden in Deutschland* mit dem Sitz in Düsseldorf hervor, der sich zunächst rechtlicher und politischer Probleme annahm, z. B. der Wiedergutmachung, sich später aber auch religiösen und kulturellen Aufgaben widmete. Die Zentralwohlfahrtsstelle der Juden in Deutschland mit dem Sitz in Frankfurt übernimmt vor allem fürsorgerische Aufgaben.

*Verband der Jüdischen Gemeinden in der Deutschen Demokratischen Republik (K.d.ö.R.)**
Bautzner Straße 20, 8060 Dresden, Telefon 5 00 91

Berlin, Jüdische Gemeinde von Groß-Berlin (K.d.ö.R.), Oranienburger Straße 28, 1040 Berlin, Telefon 4 22 33 27

8060 Dresden, Jüdische Gemeinde (K.d.ö.R.),
Bautzner Straße 20, Telefon 5 00 91

4020 Halle/Saale, Jüdische Gemeinde (K.d.ö.R.), Große Märkerstr. 13, Telefon 2 69 63

9000 Karl-Marx-Stadt, Jüdische Gemeinde (K.d.ö.R.), Stollberger Straße 28, Telefon 3 28 62

7010 Leipzig, Israelitische Religionsgemeinde (K.d.ö.R.), Lohrstraße 10, Telefon 2 10 68

3024 Magdeburg, Synagogen-Gemeinde (K.d.ö.R.), Gröperstr. 1a, Telefon 5 26 65

2700 Schwerin/Meckl., Jüdische Landesgemeinde Mecklenburg (K.d.ö.R.), Schlachterstr. 3–5

Landesverband Thüringen der Jüdischen Gemeinden, (K.d.ö.R.), Sitz: Juri-Gagarin-Ring 16, 5000 Erfurt, Eingang Kartäuserstraße, Telefon 2 49 64

* (K.d.ö.R. = Körperschaft des öffentlichen Rechts)

In der DDR leben insgesamt 600 Juden. Quelle: Heinz Galinski, in: Neue Zürcher Zeitung v. 3. 3. 1979. Fernausgabe Nr. 51. S. 29

Quelle: Taschenkalender 1978/79. Jüdischer Nationalfonds. Düsseldorf.

Die Juden und die Kultur

Jüdische Dichter, Schriftsteller und Gelehrte im deutschen Sprachraum:

Heinrich Heine, Dorothea Schlegel, Ludwig Börne, Ferdinand Lassalle, Karl Marx, Paul Heyse, Fritz Mauthner, Max Nordau, Arthur Schnitzler, Kurt Eisner, Walter Rathenau, Alfred Kerr, Karl Wolfskehl, Gustav Landauer, Jakob Wassermann, Hugo von Hofmannsthal, Karl Kraus, Alfred Polgar, Else Lasker-Schüler, Rudolf Borchardt, Martin Buber, Alfred Döblin, Friedrich Gundolf, Emil Ludwig, Stefan Zweig, Arnold Zweig, Franz Kafka, Max Brod, Lion Feuchtwanger, Felix Braun, Egon Erwin Kisch, Franz Rosenzweig, Rudolf Leonhardt, Kurt Tucholsky, Franz Werfel, Willy Haas, Ludwig Strauß, Ernst Toller, Herbert und Ludwig Marcuse, Walter Mehring, Otto Braun, Bruno Frank, Joseph Roth, Carl Zuckmayer, Paul Celan, Nelly Sachs, Alfred Mombert, Gertrud Kolmar, Ernst Bloch, Theodor W. Adorno, Max Horkheimer, Georg Lukács, Siegfried Bernfeld, Wilhelm Reich, Karl R. Popper, Robert Jungk, Erich Fromm.

Jüdische Künstler

Bildende Künstler: Arthur Segal, Moritz Oppenheim, Hermann Struck, Ludwig Meidner, Jacob Epstein, Max Liebermann, Camille Pisarro, Marc Chagall.

Musiker und Musikinterpreten: Felix Mendelssohn, Giacomo Meyerbeer, Jacques Offenbach, Gustav Mahler, Arnold Schönberg, Leo Blech, Bruno Walter, Artur Rubinstein, Joseph Joachim, Artur Schnabel, Hanns Eisler, Kurt Weill, Leonard Bernstein, Yehudi Menuhin, David und Igor Oistrach.

Bühnenkünstler: Elisabeth Bergner, Max Reinhardt, Ernst Deutsch, Fritz Kortner, Richard Tauber, Joseph Schmidt, Ida Ehre, Lilli Palmer.

Freilich ist vor jeder Verherrlichung des Judentums zu warnen. Juden sind Menschen wie andere; es gibt unter ihnen große Charaktere und Lumpen, Geistesschwache und Genies, und in den Gefängnissen des neuen Staates Israel sind Menschen inhaftiert wie in anderen Ländern. Wenn hier gleichwohl eine Zusammenstellung jüdischer Nobelpreisträger, Künstler und Wissenschaftler erfolgt, so geschieht dies aus zwei Gründen. Einmal hat die Jüdische Gemeinde während des Faschismus im Philo-Lexikon versucht, den Vorwürfen der Zersetzung und Kulturverneinung dadurch zu begegnen, daß sie manche dieser Gestalten als Zeugen jüdisch-deutscher Symbiose beschwor; andererseits wird das Ausmaß der Katastrophe erst deutlich, wenn man angesichts der Namen erkennt, welchen geistigen Substanzverlust das deutsche Volk sich durch die Vertreibung oder Vernichtung seiner jüdischen Bevölkerungsgruppe selbst zufügte. Die unwiderrufliche Beendigung eines tausendjährigen Austausches tritt somit ins Bewußtsein.

Die Genannten haben nicht alle aus der religiösen Überlieferung ihr Dasein gestaltet. Das eigentlich Jüdische ihrer religiösen Prägung könnte daher in diesem oder jenem Fall in Frage gestellt werden. Darauf wurde im apologetischen Philo-Lexikon keine Rücksicht genommen, und sie ist folglich auch hier entbehrlich; jedenfalls gilt als Kriterium, daß die Aufgeführten entweder selbst oder deren Vorfahren aus der Jüdischen Gemeinde hervorgingen.

Jüdische Nobelpreisträger

Abk.: Ch. = Chemie; F. = Friedenspreis; L. = Literatur; M. = Physiologie u. Medizin; Ph. = Physik; W. = Wirtschaftswissenschaft

Jahr	*Sparte*	*Name*	*Lebensdaten*	*Land*
1905	Ch.	● Baeyer, Adolf von	1835 Berlin—1917 Starnberg	Dtschl.
1906	Ch.	● Moissan, Henri	1852 Paris—1907 Paris	Frkr.
1907	Ph.	Michelson, Albert A.	1852 Strelno — 1931 Pasadena	USA
1908	M.	Ehrlich, Paul	1854 Strehlen — 1915 Homburg	Dtschl.
1908	Ph.	Lippmann, Gabriel	1845 Hollerich — 1921 auf Seereise	Frkr.
1908	M.	● Metschnikoff, Ilja	1845 Iwanowa — 1916 Paris	Rußl.
1910	L.	● Heyse, Paul	1830 Berlin — 1914 München	Dtschl.
1910	Ch.	Wallach, Otto	1847 Königsberg — 1931 Göttingen	Dtschl.
1911	F.	Asser, Tobias M. K.	1838 Amsterdam — 1913 Den Haag	Niederl.
1911	F.	Fried, Alfred H.	1864 Wien — 1921 Wien	Österr.
1914	M.	Bárány, Robert	1876 Wien — 1936 Uppsala	Österr.
1915	Ch.	Willstätter, Richard	1872 Karlsruhe — 1942 Locarno	Dtschl.
1918	Ch.	● Haber, Fritz	1868 Breslau — 1934 Basel	Dtschl.
1921	Ph.	Einstein, Albert	1879 Ulm — 1955 Princeton	Dtschl.
1922	Ph.	● Bohr, Niels	1885 Kopenhagen — 1962 Kopenhagen	Dän.
1922	M.	Meyerhof, Otto	1884 Hannover — 1951 Philadelphia	Dtschl.
1925	Ph.	Franck, James	1882 Hamburg — 1964 Göttingen	Dtschl.
1925	Ph.	● Hertz, Gustav	1887 Hamburg	Dtschl.
1927	L.	Bergson, Henri	1859 Paris — 1941 Paris	Frkr.
1930	M.	● Landsteiner, Karl	1868 Wien — 1943 New York	Österr.
1931	M.	● Warburg, Otto H.	1883 Freiburg i. Br. — 1970 Berlin	Dtschl.
1936	M.	Loewi, Otto	1873 Frankfurt/M. — 1961 New York	Österr.
1943	Ch.	Hevesy, George de	1885 Budapest — 1966 Freiburg i. Br.	Schweden
1943	Ph.	Stern, Otto	1888 Sohrau/O.-S. — 1969 Berkeley	USA
1944	M.	Erlanger, Josef	1874 San Francisco — 1965 St. Louis	USA
1944	Ph.	Rabi, Isidor Isaac	1898 Rymanow	USA
1945	M.	Chain, Ernst Boris	1906 Berlin	Engl.
1945	Ph.	Pauli, Wolfgang	1900 Wien — 1958 Zürich	USA
1946	M.	● Muller, Hermann Jos.	1890 New York — 1967 Indianapolis	USA
1947	M.	● Cory, Gerty Theresa	1896 Prag	USA
1950	M.	Reichstein, Tadeus	1897 Wloclawek/Polen	Schweiz
1952	Ph.	Bloch, Felix	1905 Zürich	USA
1952	M.	Waksman, Selman Abraham	1888 Priluki/Ukr.	USA
1953	M.	Krebs, Sir Hans Adolf	1900 Hildesheim	Engl.
1953	M.	Lipmann, Fritz Albert	1899 Königsberg/Pr.	USA
1954	Ph.	Born, Max	1882 Breslau — 1970 Göttingen	Engl.
1958	L.	Pasternak, Boris	1890 Moskau — 1960 bei Moskau	Rußl.
1958	M.	Lederberg, Joshua	1925 Montclair, N. J.	USA
1958	Ph.	Tamm, Igor	1895 Wladiwostok	Rußl.
1959	Ph.	Segré, Emilio	1905 Tivoli/It.	USA
1959	M.	Kornberg, Arthur	1918 Brooklyn, N. Y.	USA
1960	Ph.	Glaser, Donald A.	1926 Cleveland	USA
1961	Ch.	Calvin, Melvin	1911 St. Paul	USA
1961	Ph.	Hofstadter, Robert	1915 New York	USA
1962	Ph.	Landau, L. Davidovich	1908 Baku — 1968 Moskau	Rußl.
1962	Ch.	Perutz, Max Ferdinand	1914 Wien	Engl.
1964	M.	Bloch, Konrad E.	1912 Neiße	USA
1965	Ph.	Feynman, Richard Ph.	1918 New York	USA
1965	M.	● Jacob, François	1920 Nancy	Frkr.
1965	M.	● Lwoff, André	1902 Dept. Allier	Frkr.
1965	Ph.	Schwinger, Julian S.	1918 New York	USA
1966	L.	Sachs, Nelly	1891 Berlin — 1970 Stockholm	Schweden
1966	L.	Agnon, Samuel Josef	1888 Buczacz, Galizien — 1970 Jerusalem	Israel
1967	Ph.	● Bethe, Hans	1906 Straßburg	USA
1967	M.	Wald, George	1906 New York	USA
1968	F.	Cassin, René	1887 Bayonne	Frkr.
1969	Ch.	Luria, Salvador E.	1912 Turin	USA
1969	Ph.	Gell-Mann, Murray	1929 New York	USA
1970	M.	Axelrod, Julius	1912 New York	USA
1970	M.	Katz, Sir Bernard	1911 Leipzig	USA
1970	W.	Samuelson, Paul A.	1915 Gary, Ind.	USA

● kennzeichnet Personen jüd. oder teiljüd. Abst. (oft keine Glaubensjuden) u. solche, die aus dem Jdt. ausgetreten sind (soweit bekannt).

Viele der hier genannten Nobelpreisträger entstammen dem deutschen Kulturkreis; 17 von ihnen mußten emigrieren.

Quelle: *Lexikon des Judentums.* Hrsg. v. J. F. Oppenheimer. Gütersloh 1971. Spalten 589/590

Hebräisches Alphabet: Ursprung, Entwicklung, heutige Schriftarten

Griechisch	Alt-semitisch	Hebr. Quadratschrift	Raschischrift	Schreibschrift	Name	Lautwert	Zahlwert
Α	𐤀	א	א	א	Alef		1
Β	𐤁	ב	ב	ב	Bet	b, w	2
Γ	𐤂	ג	ג	ג	Gimel	g	3
Δ	𐤃	ד	ד	ד	Dalet	d	4
Ε	𐤄	ה	ה	ה	He	h	5
	𐤅	ו	ו	ו	Waw	w(o,u)	6
Ζ	𐤆	ז	ז	ז	Sajin	s	7
Η	𐤇	ח	ח	ח	Chet	ch	8
Θ	𐤈	ט	ט	ט	Tet	t	9
Ι	𐤉	י	י	י	Jod	j (i)	10
Κ	𐤊	כ, ך	כ, ך	כ, ך	Kaf	k, ch	20
Λ	𐤋	ל	ל	ל	Lamed	l	30
Μ	𐤌	מ, ם	מ, ם	מ, ם	Mem	m	40
Ν	𐤍	נ, ן	נ, ן	נ, ן	Nun	n	50
Ξ	𐤎	ס	ס	ס	Samech	ß	60
Ο	𐤏	ע	ע	ע	Ajin		70
Π	𐤐	פ, ף	פ, ף	פ, ף	Pe	p, ph	80
	𐤑	צ, ץ	צ, ץ	צ, ץ	Zade	z	90
	𐤒	ק	ק	ק	Kof	q	100
Ρ	𐤓	ר	ר	ר	Resch	r	200
Σ	𐤔	ש	ש	ש	Schin, Sin	sch, s	300
Τ	𐤕	ת	ת	ת	Taw	t, th	400

Quelle: *Philo-Lexikon, Handbuch des jüdischen Wissens,* Spalte 17/18

Hundert Wörter Hebräisch

Deutsche Bedeutung	*Umschrift*	hebr. Text	Deutsche Bedeutung	*Umschrift*	hebr. Text
Gott	*elohim*	אֱלֹהִים	Festland	*jabascha*	יַבָּשָׁה
Mensch	*adam*	אָדָם	Meer	*jam*	יָם
Mann	*isch*	אִישׁ	Dorf	*kafar*	כְּפָר
Weib	*ischa*	אִשָּׁה	Stadt	*ir*	עִיר
Kopf	*rosch*	רֹאשׁ	Volk	*am*	עָם
Auge	*ájin*	עַיִן	Land	*medina*	מְדִינָה
Leib	*guf*	גּוּף	Boden	*adama*	אֲדָמָה
Herz	*lew*	לֵב	Weg	*derech*	דֶּרֶךְ
Blut	*dam*	דָּם	Feld	*sade*	שָׂדֶה
Geist	*ruach*	רוּחַ	Wald	*jaar*	יַעַר
Seele	*neschama*	נְשָׁמָה	Berg	*har*	הַר
Name	*schem*	שֵׁם	Fluß	*nahar*	נָהָר
Sprache (Zunge)	*laschon*	לָשׁוֹן	Haus	*bájit*	בַּיִת
Feuer	*esch*	אֵשׁ	Garten	*gan*	גַּן
Wasser	*májim*	מַיִם	Stein	*ewen*	אֶבֶן
Himmel	*schamájim*	שָׁמַיִם	Holz, Baum	*ez*	עֵץ
Erde	*érez*	אֶרֶץ	Frucht	*pri*	פְּרִי
Sonne	*schémesch*	שֶׁמֶשׁ	Blume	*pérach*	פֶּרַח
Tag	*jom*	יוֹם	Tier	*chaja*	חַיָּה
Nacht	*lájla*	לַיְלָה	Vieh	*behema*	בְּהֵמָה
Leben	*chajim*	חַיִּים	Fisch	*dag*	דָּג
Tod	*máwet*	מָוֶת	Vogel	*of*	עוֹף
Zeit	*seman*	זְמָן	Brot	*léchem*	לֶחֶם
Ewigkeit (Welt)	*olam*	עוֹלָם	Salz	*mélach*	מֶלַח
Freude	*simcha*	שִׂמְחָה	Öl	*schémen*	שֶׁמֶן
Gram	*jagon*	יָגוֹן	Fleisch	*bassar*	בָּשָׂר
Vertrauen	*emuna*	אֱמוּנָה	Milch	*chalaw*	חָלָב
Hoffnung	*tikwa*	תִּקְוָה	Ei	*beza*	בֵּיצָה
Liebe	*ahawa*	אַהֲבָה	Tisch	*schulchan*	שֻׁלְחָן
Friede	*schalom*	שָׁלוֹם	Bett	*mitta*	מִטָּה
Freiheit	*cherut*	חֵרוּת	Stuhl	*kisse*	כִּסֵּא
Wahrheit	*emet*	אֱמֶת	Schrank	*aron*	אָרוֹן
Gerechtigkeit	*zedaka*	צְדָקָה	Buch	*séfer*	סֵפֶר
			Geld	*késsef*	כֶּסֶף

Hundert Wörter Hebräisch (Fortsetzung)

ja	*ken*	כֵּן	kommen	*bo*	בּוֹא
nein	*lo*	לֹא	gehen	*halach*	הָלַךְ
groß	*gadol*	גָּדוֹל	geben	*natan*	נָתַן
klein	*katan*	קָטָן	nehmen	*lakach*	לָקַח
gut	*tow*	טוֹב	essen	*achal*	אָכַל
böse	*ra*	רַע	trinken	*schata*	שָׁתָה
viel	*harbe*	הַרְבֵּה	schlafen	*jaschen*	יָשֵׁן
wenig	*meat*	מְעַט	stehen	*amad*	עָמַד
kalt	*kar*	קַר	tragen	*nassa*	נָשָׂא
warm	*cham*	חַם	arbeiten	*awad*	עָבַד
leicht	*kal*	קַל	wirken	*paal*	פָּעַל
schwer	*kawed*	כָּבֵד	sprechen	*amar*	אָמַר
voll	*male*	מָלֵא	schreiben	*kataw*	כָּתַב
leer	*rek*	רֵיק	lesen	*kara*	קָרָא
neu	*chadasch*	חָדָשׁ	lernen	*lamad*	לָמַד
alt	*jaschan*	יָשָׁן			
weiß	*lawan*	לָבָן			
schwarz	*schachor*	שָׁחוֹר			

Lesen der Texte nach ↗Alphabet-Tafel und Liste der ↗ Vokalzeichen. Betonung meist auf der letzten Silbe, Ausnahmen durch Akzent bezeichnet.

Quelle: *Philo-Lexikon*, Spalten 277/79

Der vordere Orient 2000–1700

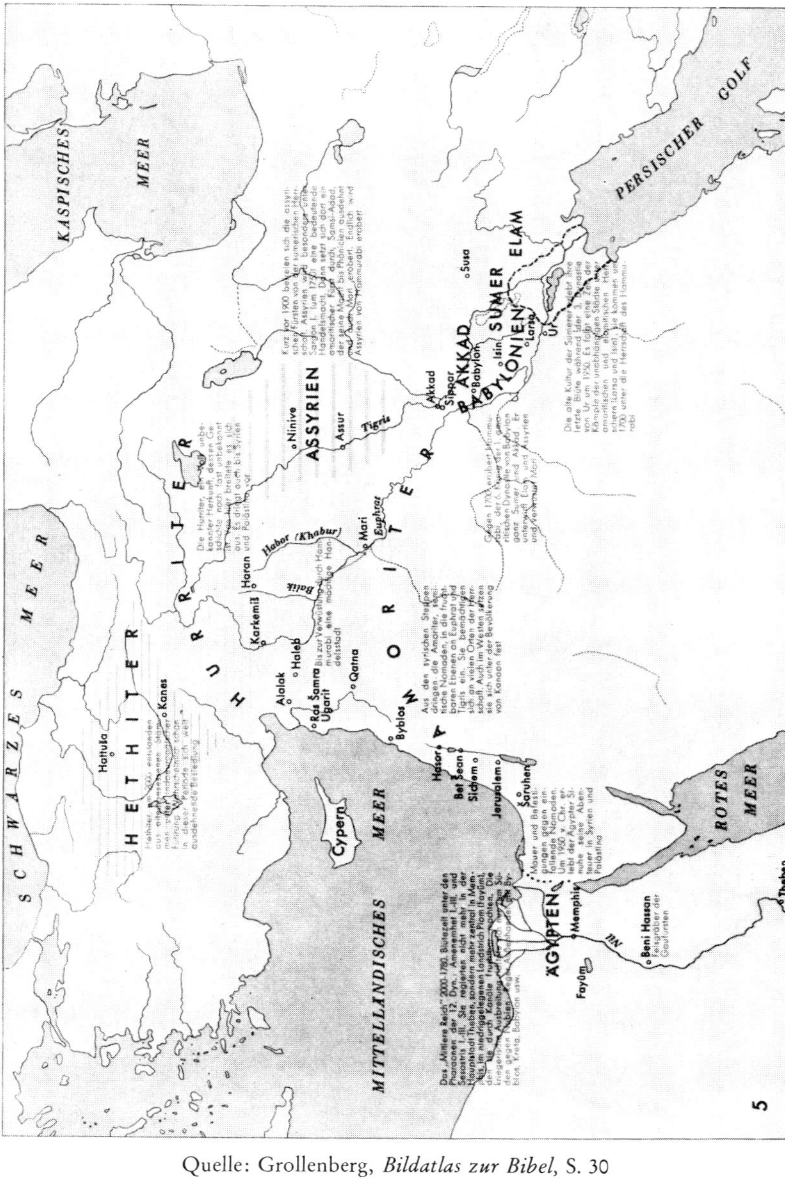

Quelle: Grollenberg, *Bildatlas zur Bibel*, S. 30

Der vordere Orient 1700–1500

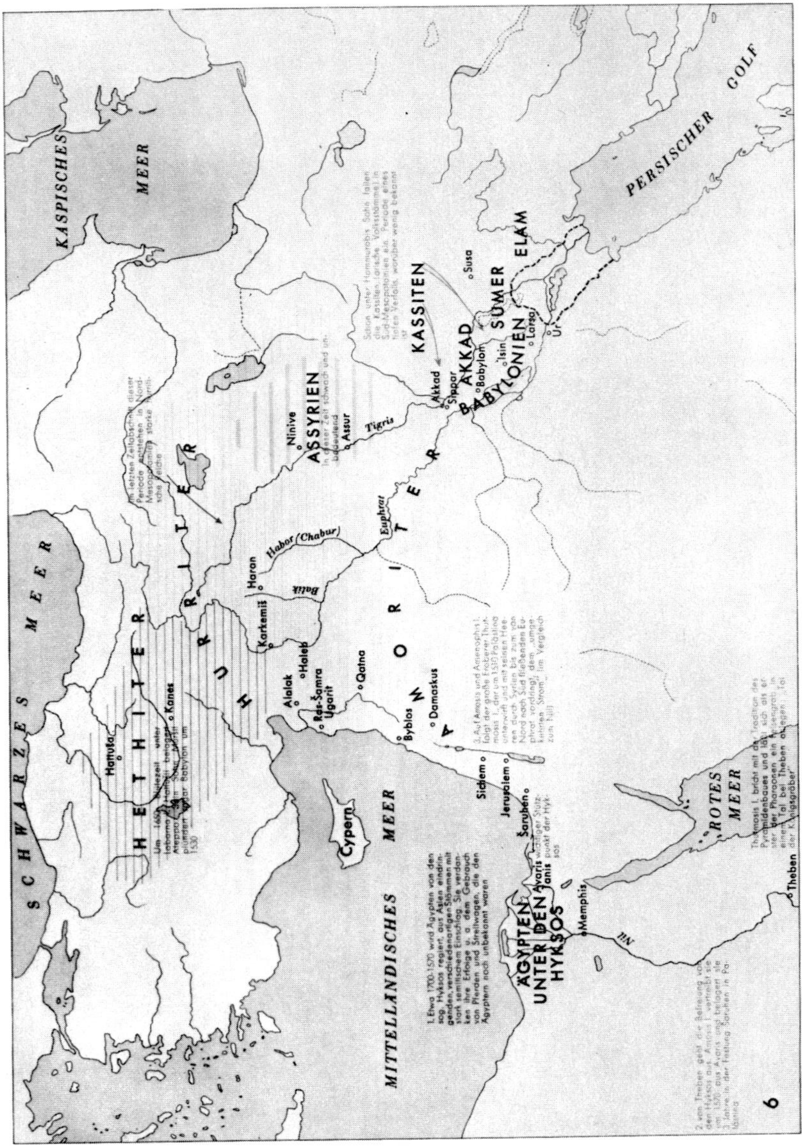

Quelle: Grollenberg, *Bildatlas zur Bibel*, S. 30

Das alte Palästina mit den Idealgrenzen der zwölf Stämme

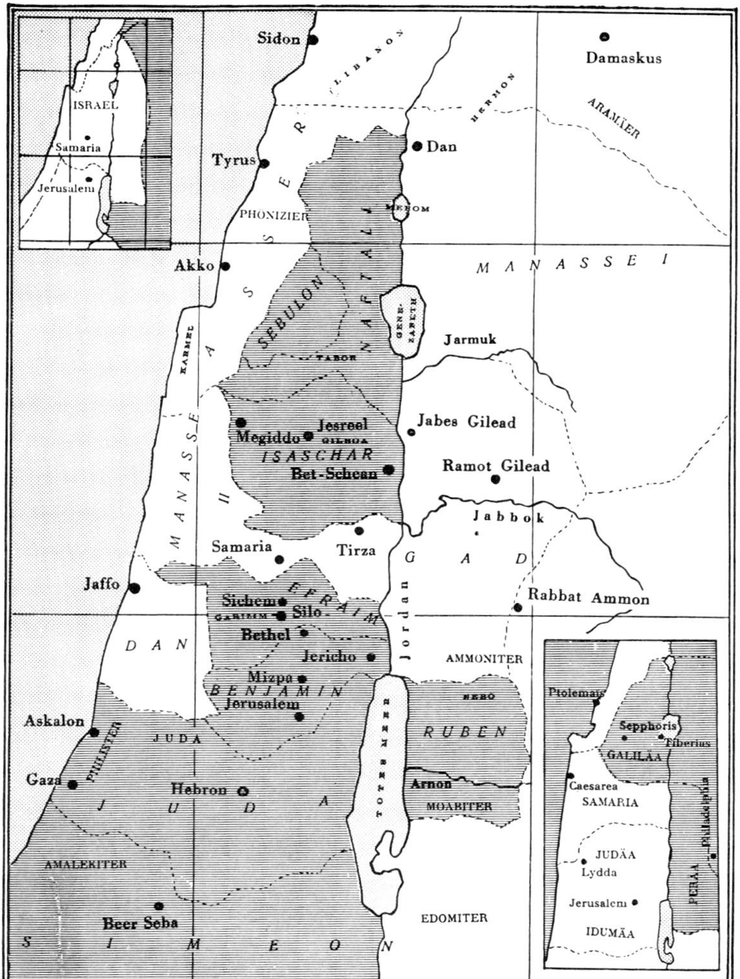

Links oben: Königreiche Israel und Juda
Rechts unten: Palästina in griechisch-römischer Zeit

Quelle: Philo-Lexikon, Spalte 5443

Israel und Juda zur Königszeit

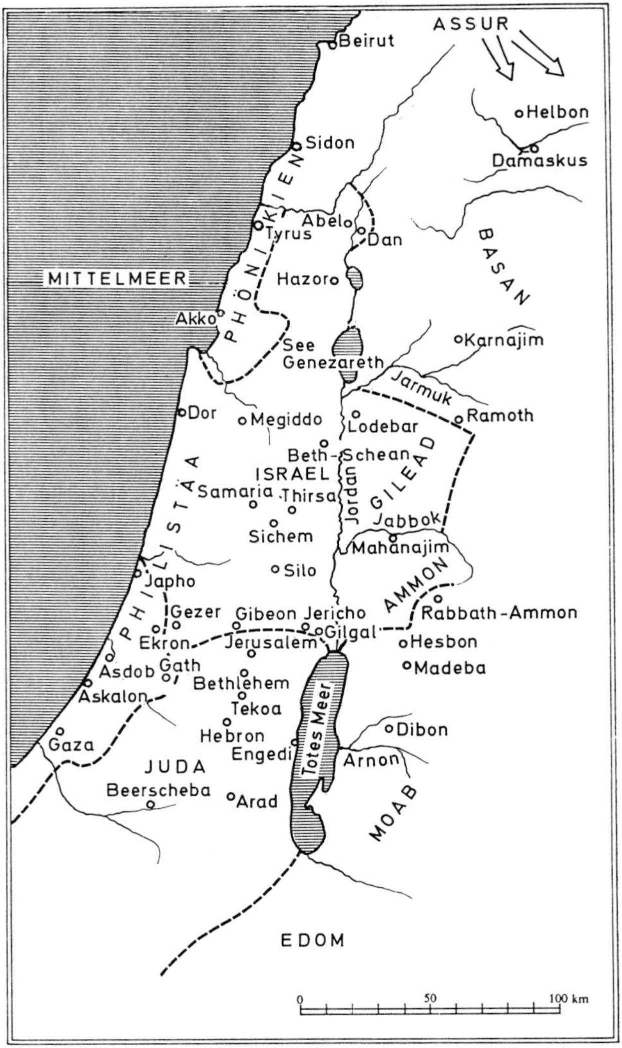

Quelle: Asmussen, *Handbuch der Religionsgeschichte,* S. 63

Jüdische Diaspora im Römischen Reich

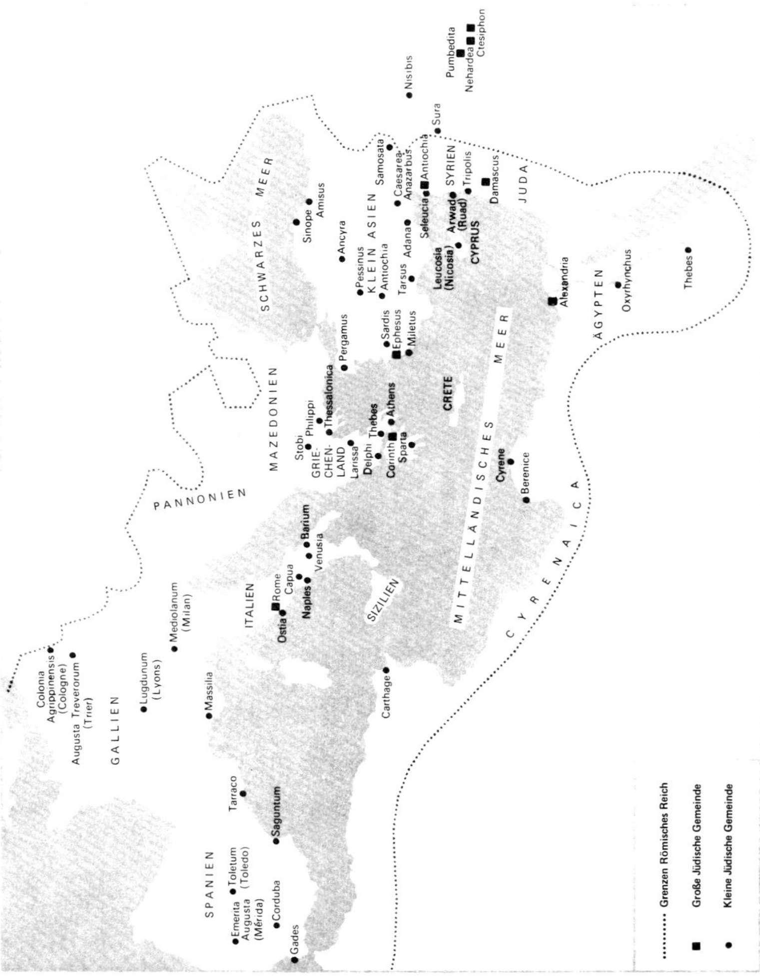

Quelle: *Encyklopaedia Judaica*, Bd. 8. Spalten 643/644

Vertreibung der Juden zwischen 1000 und 1500

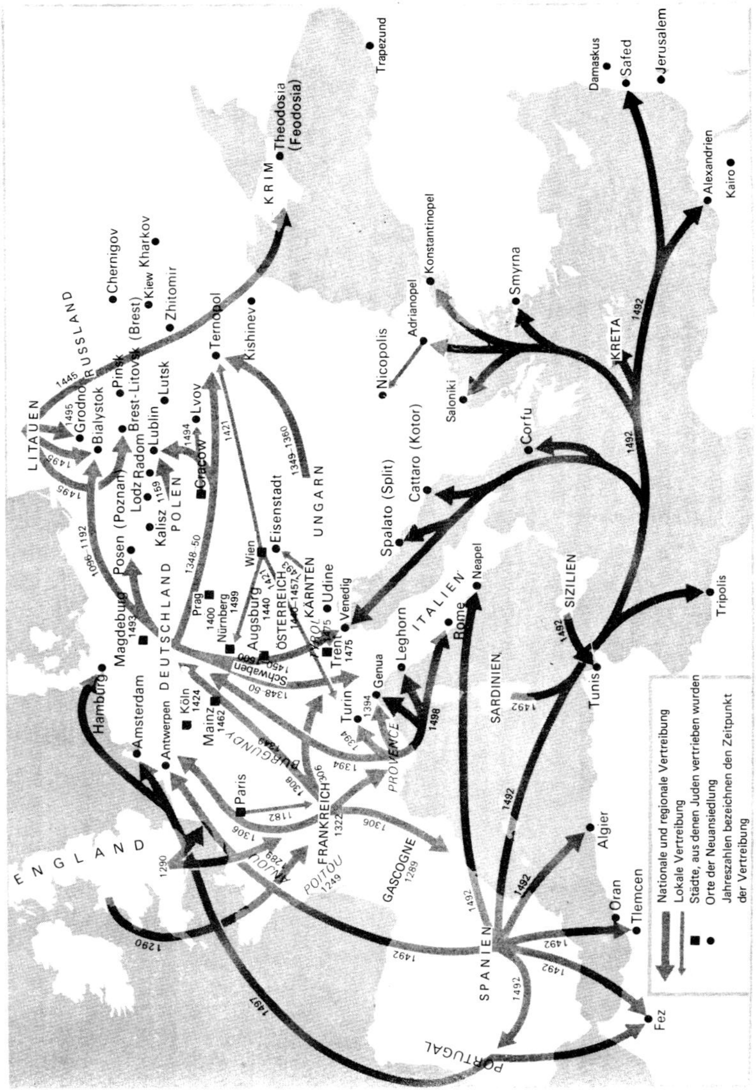

Quelle: *Encyklopaedia Judaica*, Bd. 8. Spalten 689/690

Jüdische Auswanderungen aus Osteuropa 1881–1914

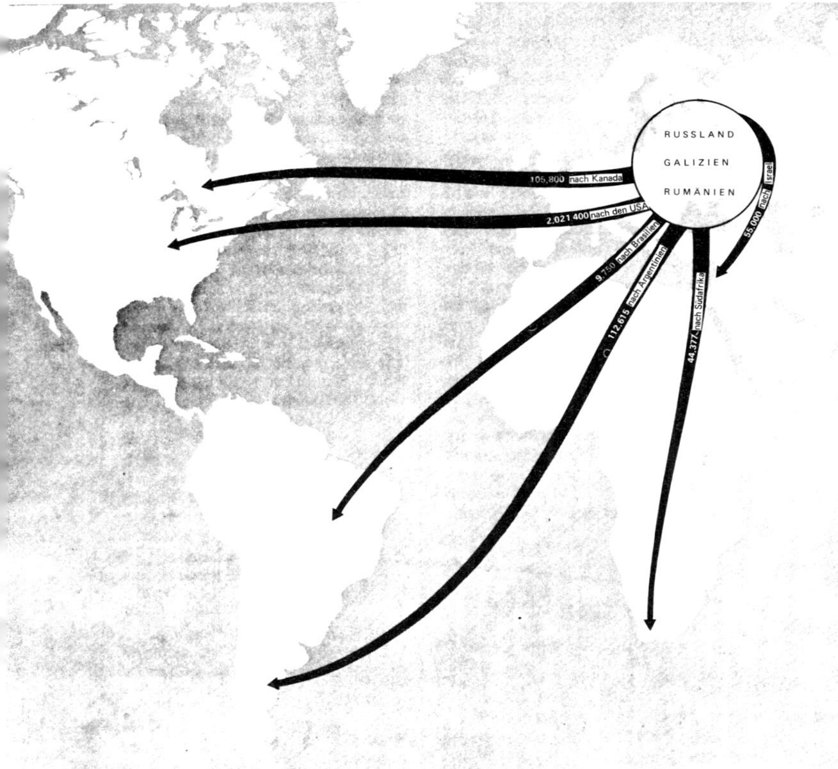

Quelle: *Encyklopaedia Judaica*, Bd. 8. Spalten 729/730

Jüdische Auswanderungen aus Europa 1915–1939

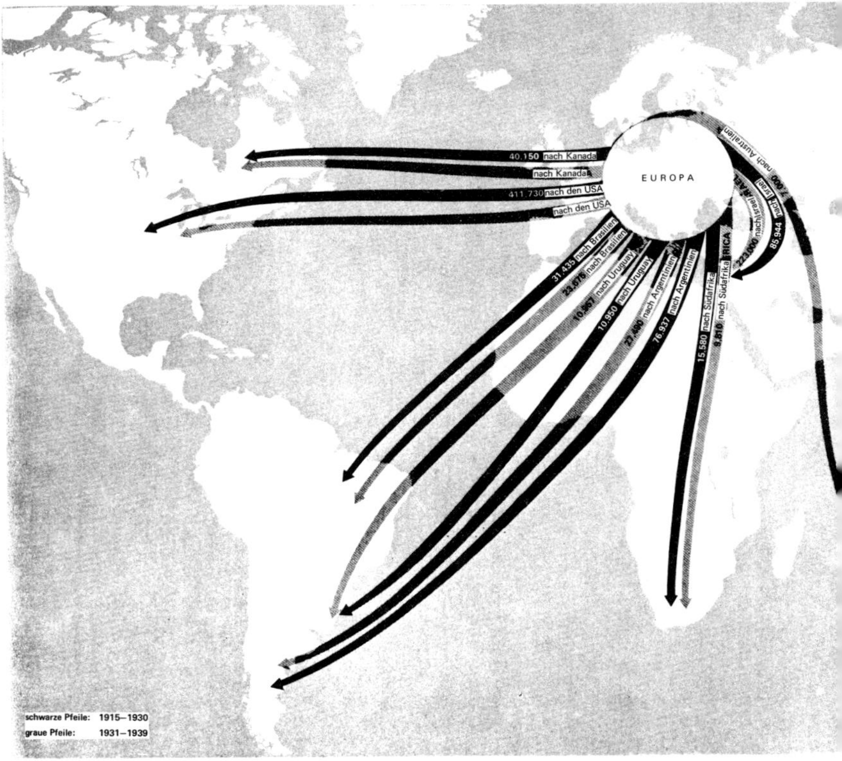

Quelle: *Encyklopaedia Judaica*, Bd. 8. Spalten 753/754

Die deutschen Konzentrationslager

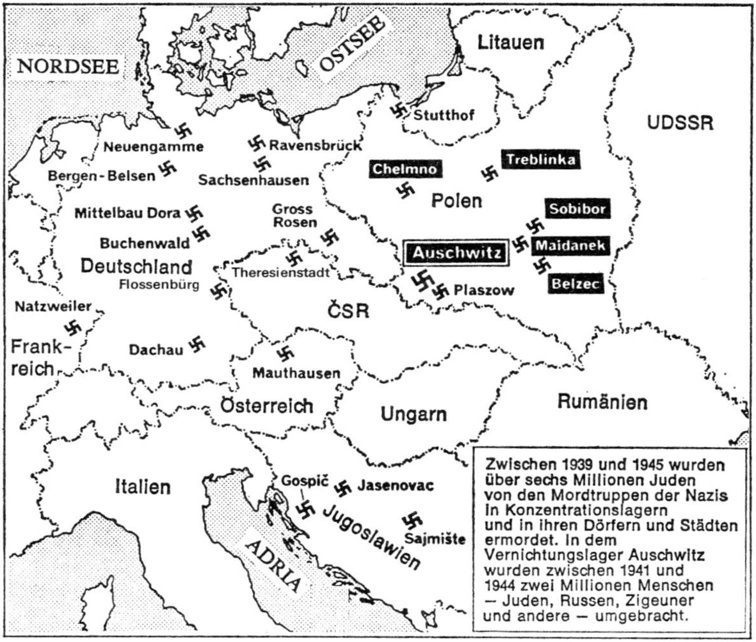

Die schwarz umrandeten KZ-Namen kennzeichnen die Vernichtungslager. In den mit Hakenkreuzen markierten Hauptlagern lebten und starben die Opfer der Nazis unter unvorstellbaren Bedingungen

Quelle: *Die Zeit* vom 2. 2. 1979

Die Grenzveränderungen des Staates Israel seit dem 2. Weltkrieg

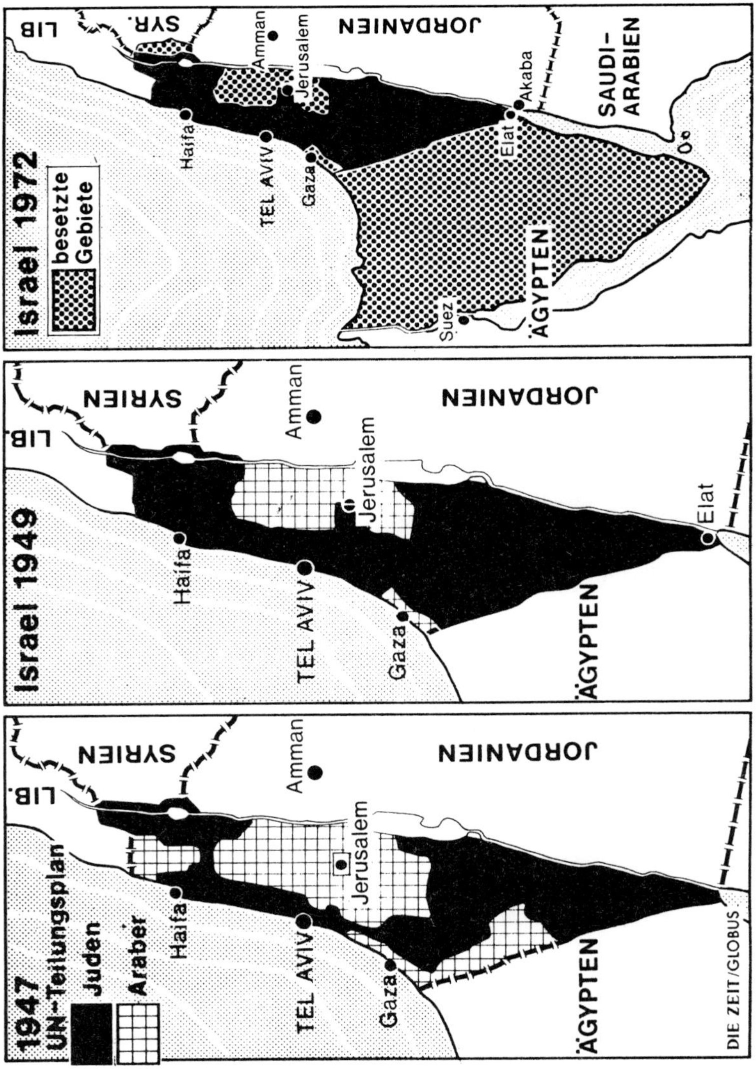

Auswahlbibliographie

Nachweise im Text erscheinen in eckigen Klammern; die Ziffern vor dem Komma bezeichnen die Nummer der Bibliographie, nach dem Komma die Seitenzahlen des betreffenden Werks. Ist die Zahl nach dem Komma eine römische, so wird damit der Band des angegebenen Werkes bezeichnet; darauf folgt an dritter Stelle die Seitenangabe.

1 Adam, U. B.: *Judenpolitik im Dritten Reich.* Düsseldorf 1972.
2 Adler, H. G.: *Die Juden in Deutschland. Von der Aufklärung bis zum Nationalsozialismus.* München 1960.
3 Arendt, H.: *Eichmann in Jerusalem. Ein Bericht von der Banalität des Bösen.* München 1964.
4 dies.: *Elemente und Ursprünge totaler Herrschaft.* Frankfurt 1955.
5 dies.: *Rahel Varnhagen. Lebensgeschichte einer deutschen Jüdin aus der Romantik.* München 1959.
6 dies.: *Die verborgene Tradition.* Frankfurt 1976.
7 Arnsberg, P.: *Die jüdischen Gemeinden in Hessen. Bilder – Dokumente.* Darmstadt 1973.
8 Asmussen, J. P. u. a. (Hrsg.): *Handbuch der Religionsgeschichte.* Bd. 2. Göttingen 1972.
9 Baeck, L.: *Dieses Volk. Jüdische Existenz.* 2 Bde. Frankfurt 1955/1957.
10 ders.: *Wege im Judentum. Aufsätze und Reden.* Berlin 1933.
11 Ben-Chorin, S.: *Die Antwort des Jona.* Hamburg 1956.
12 Ben-Gavriêl, M. Y.: *Israel. Wiedergeburt eines Staates.* München 1957.
13 Bieberstein, J. R. von: *Die These von der Verschwörung 1776–1945. Philosophen, Freimaurer, Juden, Liberale und Sozialisten als Verschwörer gegen die Sozialordnung.* Bern 1976.
14 Blau, B.: *Das Ausnahmerecht für die Juden in Deutschland.* Düsseldorf ²1954.
15 Borries, H. v. (Hrsg.): *Selbstzeugnisse des deutschen Judentums. 1870–1945.* Frankfurt 1962.
16 Bousset, W.: *Jüdisch-christlicher Schulbetrieb in Alexandria und Rom.* Göttingen 1915. Nachdruck: Hildesheim 1975.
17 Buber, M.: *Werke.* 3 Bde. München/Heidelberg 1962/64
18 Cohn, N.: *Die Protokolle der Weisen von Zion. Der Mythos von der jüdischen Weltverschwörung.* Köln/Berlin 1969.
19 Dubnow, S.: *Weltgeschichte des jüdischen Volkes.* 10 Bde. Berlin 1925ff.
20 Ehrlich, E. L.: *Geschichte der Juden in Deutschland.* Düsseldorf ²1958.

21 Eisenstadt, S. N.: *Die israelische Gesellschaft.* Stuttgart 1973.
22 Elbogen, I.: *Der jüdische Gottesdienst in seiner geschichtlichen Entwicklung.* Frankfurt ^{3}1931. Nachdruck Hildesheim 1967.
23 Elbogen, I./Sterling, E.: *Die Geschichte der Juden in Deutschland.* Frankfurt 1966 (Bibliographie).
24 Elon, M.: *Die Israeli. Gründer und Söhne.* München 1972.
25 *Encyklopaedia Judaica.* 16 Bde. Jerusalem 1971/72.
26 Engelmann, B.: *Deutschland ohne Juden. Eine Bilanz.* München 1970.
27 Fritsch, Th.: *Handbuch der Judenfrage. Die wichtigsten Tatsachen zur Beurteilung des jüdischen Volkes.* Leipzig ^{49}1944.
28 Geis, R. R.: *Vom unbekannten Judentum.* Freiburg 1961.
29 Glückel v. Hameln: *Denkwürdigkeiten der Glückel von Hameln.* Aus dem Jüdisch-Deutschen übers. u. hrsg. v. A. Feilchenfeld. Berlin 1914 (Reprint der Ausgabe des Jüdischen Verlags [Berlin 1923] Darmstadt 1979).
30 Goldschmidt, H. L.: *Die Botschaft des Judentums.* Frankfurt 1960.
31 ders.: *Das Vermächtnis des deutschen Judentums.* Frankfurt ^{3}1965.
32 Graetz, H.: *Geschichte der Juden.* 11 Bde. Leipzig 1888 ff.
33 Graupe, H. M.: *Die Entstehung des modernen Judentums. Geistesgeschichte der deutschen Juden 1650–1942.* Hamburg 1969.
34 Grollenberg, L. H.: *Bildatlas zur Bibel.* Deutsche Ausgabe hg. v. H. Eising. Gütersloh 1957.
35 Guttmann, J.: *Die Philosophie des Judentums.* Berlin 1933.
36 Hamburger, E.: *Juden im öffentlichen Leben Deutschlands. Regierungsmitglieder, Beamte und Parlamentarier in der monarchischen Zeit 1848–1918.* Tübingen 1968.
37 Herzl, Th.: *Der Judenstaat. Versuch einer modernen Lösung der Judenfrage.* Köln ^{6}1908.
38 Höss, R.: *Kommandant in Auschwitz. Autobiographische Aufzeichnungen.* Hrsg. v. Martin Broszat. München 1964.
38a Jaspers, K.: *Die Schuldfrage.* Heidelberg 1946.
39 *Judentum im Zeitalter der Aufklärung.* Hrsg. v. Vorstand der Lessing-Akademie. Bremen/Wolfenbüttel 1977. in: *Wolfenbütteler Studien zur Aufklärung.* Bd. IV.
40 *Die jüdischen Gefallenen des deutschen Heeres, der deutschen Marine und der deutschen Schutztruppen 1914–1918. Ein Gedenkbuch.* Hrsg. v. Reichsbund jüdischer Frontsoldaten. Berlin ^{2}1932.
41 *Jüdisches Lexikon. Ein enzyklopädisches Handbuch des jüdischen Wissens in vier Bänden.* Hrsg. v. G. Herlitz und B. Kirschner. Berlin 1927/1930.
42 Kaznelson, S. (Hrsg.): *Juden im deutschen Kulturbereich. Ein Sammelwerk.* Berlin ^{2}1959.
43 Koch, Th. (Hrsg.): *Portraits deutsch-jüdischer Geistesgeschichte.* Köln 1961.
44 Köhler, L.: *Der hebräische Mensch.* Tübingen 1953.
45 Krautheimer, R.: *Mittelalterliche Synagogen.* Berlin 1927.
46 *Kriegsbriefe gefallener deutscher Juden.* Hrsg. vom Reichsbund jüdischer Frontsoldaten. Berlin 1935.
47 Lamparter, E.: *Das Judentum in seiner kultur- und religionsgeschichtlichen Erscheinung.* Gotha 1928.

48 Landmann, S.: *Die Juden als Rasse. Das Volk unter den Völkern.* Olten/Freiburg 1967.
49 dies.: *Der jüdische Witz.* Olten/Freiburg 1960.
50 Liebe, G.: *Das Judentum in der deutschen Vergangenheit.* Jena 1924.
51 Maier, J.: *Geschichte der jüdischen Religion.* Berlin/New York 1972.
52 ders.: *Das Judentum von der biblischen Zeit bis zur Moderne.* München ²1973 (Große Bibliographie).
53 Mann, G.: *Der Antisemitismus. Wurzeln, Wirkung und Überwindung.* München 1960.
54 Massing, P. W.: *Vorgeschichte des politischen Antisemitismus.* Frankfurt 1959.
55 Maurer, W.: *Kirche und Synagoge. Motive und Formen der Auseinandersetzung der Kirche mit dem Judentum im Laufe der Geschichte.* Stuttgart 1953.
55a Mitscherlich, A./Mielke, F.: *Medizin ohne Menschlichkeit.* Frankfurt 1978.
56 Mommsen, Th.: *Auch ein Wort über unser Judenthum.* Berlin 1880.
57 Niekisch, E.: *Das Reich der niederen Dämonen.* Hamburg 1953.
58 Nordau, M.: *Zionistische Schriften.* Köln/Leipzig 1909.
59 Noth, M.: *Geschichte Israels.* Göttingen ³1956.
60 *Philo-Lexikon. Handbuch des jüdischen Wissens.* Berlin/Amsterdam 1937.
61 Poliakov, L.: *Der arische Mythos.* Zürich 1977.
62 Poliakov, L./Wulf, J.: *Das Dritte Reich und die Juden.* Berlin 1955.
63 Prijs, L. (Hrsg.): *Hauptwerke der hebräischen Literatur. Einzeldarstellungen und Interpretationen von Bibel und Talmud bis zur zionistischen Moderne.* München 1978.
64 ders.: *Die jüdische Religion.* Eine Einführung. München 1977.
65 Pross, H.: *Die Zerstörung der deutschen Politik. Dokumente 1871–1933.* Frankfurt 1959.
65a Rauschning, H.: *Gespräche mit Hitler.* Zürich ⁴1940.
66 Reichmann, E.: *Flucht in den Haß. Die Ursachen der deutschen Judenkatastrophe.* Frankfurt (o. J.)
67 Reisner, E.: *Die Juden und das Deutsche Reich.* Erlenbach-Zürich/Stuttgart 1966.
68 Richarz, M. (Hrsg.): *Jüdisches Leben in Deutschland. Selbstzeugnisse zur Sozialgeschichte 1780 bis 1871.* Stuttgart 1976.
69 Rosenzweig, F.: *Der Stern der Erlösung.* 3 Bde. Heidelberg ³1954.
70 Roth, C.: *Geschichte der Juden. Von den Anfängen bis zum neuen Staat Israel.* Teufen o. J.
71 Rudy, Z.: *Soziologie des jüdischen Volkes.* Reinbek 1965.
72 Saller, K.: *Die Rassenlehre des Nationalsozialismus in Wissenschaft und Propaganda.* Darmstadt 1961.
73 Sartre, J. P.: *Betrachtungen zur Judenfrage. Psychoanalyse des Antisemitismus.* Zürich 1948.
74 Schoenberner, G.: *Der gelbe Stern. Die Judenverfolgung in Europa 1933–1945.* Hamburg 1960.
75 Schoeps, H. J. (Hrsg.): *Jüdische Geisteswelt. Zeugnisse aus zwei Jahrtausenden.* Darmstadt/Genf 1953.
76 Scholem, G.: *Die jüdische Mystik in ihren Hauptströmungen.* Frankfurt 1957.

77 Scurla, H.: *Rahel Varnhagen. Die große Frauengestalt der deutschen Romantik.* Düsseldorf 1978.
78 Sievers, L.: *Juden in Deutschland. Die Geschichte einer zweitausendjährigen Tragödie.* Hamburg 1977.
79 Simon, E.: *Aufbau im Untergang. Jüdische Erwachsenenbildung im nationalsozialistischen Deutschland als geistiger Widerstand.* Tübingen 1959.
80 Sombart, W.: *Die Juden und das Wirtschaftsleben.* München 1911.
81 Stemberger, G.: *Geschichte der jüdischen Literatur. Eine Einführung.* München 1977.
82 Sterling, E.: *Er ist wie du. Aus der Frühgeschichte des Antisemitismus in Deutschland. (1815–1850).* München 1956.
83 Strack, H. L.: *Das Blut im Glauben und Aberglauben der Menschheit.* München ^{7}1900. in: Schriften des Institutum Judaicum. Berlin H. 14.
84 Sulzbach, W.: *Die zwei Wurzeln und Formen des Judenhasses.* Stuttgart 1959.
85 Susman, M.: *Das Buch Hiob und das Schicksal des jüdischen Volkes.* Freiburg 1968.
86 *Talmud. Der Babylonische Talmud.* Neu übertragen durch L. Goldschmidt. 12 Bde. Berlin 1964/1967. – Als einbändige Talmudausgabe kann herangezogen werden: *Der Babylonische Talmud.* Ausgewählt, übersetzt und erklärt von R. Mayer. München 1963.
87 Thoma, C.: *Christliche Theologie des Judentums.* Aschaffenburg 1978.
88 Tillich, P.: *Die Judenfrage, ein christliches und ein deutsches Problem.* Berlin 1953.
89 Wassermann, J.: *Mein Weg als Deutscher und Jude.* Berlin 1921.
90 Wehr, G.: *Der deutsche Jude Martin Buber.* München 1977.
91 Weill, J.: *Ernest Weill (1856–1947). Ein Sucher des Absoluten. Rabbiner von Colmar und Oberrhein.* Hrsg. v. G. Schwarz Darmstadt 1979.
92 Weißberg, A.: *Die Geschichte von Joel Brand.* Köln 1956.
93 Weltsch, R. (Hrsg.): *Deutsches Judentum. Aufstieg und Krise. Gestalten, Ideen, Werke. Vierzehn Monographien.* Stuttgart 1963.
94 Zobel, M.: *Das Jahr der Juden in Brauch und Liturgie.* Berlin 1936.
95 Zweig, A.: *Bilanz der deutschen Judenheit. Ein Versuch.* Köln 1961.

Register

(Ziffern in Klammern bezeichnen Anmerkungen).

Almemor 48f.
Altes Testament 36f., 92f.
Amphiktyonie 22, 60
Antike 58ff.
Antisemitismus 15, 57ff., 90, 95ff., 124f., 130
Araber 108ff.
Aschkenasim 34f.
Autodafé 65, 143 *(8)*

Babylonisches Exil 26
Balfour-Deklaration 107, 110
Bar Mizwah 51, 54, 144 *(11)*
Beschneidung 54
Bildung 14f., 51, 55f., 82, 117

Chasan 49
Chasaren 31
Chassidismus 91f., 145 *(12)*
Cheder 51
Christentum 50, 57f., 61ff., 132f., 138

Dekalog 20
Diadochenreiche 28
Diaspora 30ff., 58, 143 *(9)*
Dominikaner 90

Endlösung der Judenfrage 101f.
Erzväter 18f., 143 *(9)*
Exil 26, 98
Exodus 20

Familiennamen (jüdische) 152 *(46)*
Frauen 48, 94, 146 *(16)*

Gaon 33
Gebet 27, 42f., 49
Gemara 37f.
»Generalgouvernement« 13
Getto 55, 69, 86, 150 *(43)*
Gettoaufstand 103
Gola 30
»Goldenes Kalb« 21, 47

Hebräisch 35, 49, 116f., 140, 172f.
Hep-Hep-Krawalle 74f.
Holocaust 134ff.
Humanisten 90

Islam 138
Iwrith 116

Jahwe 18, 21, 39
Jerusalem 24, 29, 107, 112
Jeschiwa 51
Jewish Agency 111
Jiddisch 35, 86
Jom Kippur 46
Judeneid 86, 147 *(20)*
Judenschule 49, 144 *(11)*
Judentracht 86, 150 *(42)*
Judenverfolgungen 85, 87f., 90, 91, 99ff., 150 *(44)*
Jüdischer Krieg 29

Kabbala 91, 151 *(45)*
Kammerknechtschaft 83f.
Kantor 49
Königtum 23f.
Kosmopolitismus 94
Kreuzzugszeit 84f., 150 *(44)*

Laubhütten 45

Makkabäerkriege 28
Marranen 34, 90, 142 *(8)*

Messianismus 29, 39 f., 145 *(12)*
Mischna 37 f., 41
Mission, jüdische 30 f.
Monotheismus 20 f., 25, 39

Neujahrsfest 44 f.

Papsttum 86 f., 90
Passah 20, 45
Palästina 108 ff., 155 *(54)*
Patriarchen 19
Pestzeit 89
Pharisäer 144 *(10)*
Philister 22 ff.
Philosemitismus 124 f.
Pilpul 145 *(11)*
Pogrome 61, 91
Prophetentum 25, 36, 41
Proselyten 30 f.
Protokolle der Weisen von Zion 68, 149 *(33)*
Purim 47

Rabbiner 32, 37, 49, 91, 144 *(10)*
Rasse 78 ff.
Reformbewegung 55
»Reichskristallnacht« 99 f.
Reinheitsvorschriften 51 f.
Religionsunterricht 50 f., 130

Sabbat 43 f.
Salons 94
Samarit(an)er 26 ff., 37, 142 *(8)*
Sanhedrin 32, 149 *(33)*
Sefardim 34 f., 88
Sinai 20
Spanien 33 f.
Sünde 40
Synagoge 32, 48 ff., 81
Schächten 51 f., 147 *(18)*
Schuldfrage 14, 135

Talmud 32, 36 ff., 59, 90, 144 *(11)*
Talmudverfolgungen 90
Tempel 32, 46, 48
Thora 20, 36 f., 143 *(9)*
Tieropfer 46

Versöhnungstag 46 f.

Zeloten 28
Zionismus 105 ff.

Hans Askenasy

Sind wir alle Nazis?

Zum Potential der Unmenschlichkeit
Nachwort von Iring Fetcher
Übersetzung aus dem Amerikanischen
von Gerti von Rabenau

Im Menschen steckt ein Potential an Unmenschlichkeit, dessen unfaßbares Ausmaß unter dem Nationalsozialismus am erschreckendsten sichtbar geworden ist. Menschen ordnen sich im Namen „großer" Ideen barbarischen und kriminellen Befehlen unter.

Gesellschaftliche Institutionen, Politik, Wissenschaften und auch Religion schaffen in den meisten Menschen ein Wertesystem, das Unterordnung und Autoritätshörigkeit weit über Autonomie und Eigenverantwortlichkeit stellt.

200 Millionen Opfer von Kriegen und Verfolgungen allein in diesem Jahrhundert sind eine erschreckende Bilanz. Und heute ist zum erstenmal in der Geschichte das Zerstörungspotential so groß, daß die Vernichtung der Menschheit durch den Menschen selbst möglich geworden ist. Angesichts dieser Tatsache wird es höchste Zeit, sich um ein neues Wertesystem zu bemühen: „Unsere Probleme rühren nicht von biologischen sondern vielmehr von gesellschaftlichen Idioten her; und gesellschaftliche Idioten werden nicht von Genen, sondern von der Gesellschaft erzeugt. Deshalb ist nicht eine biologische sondern eine soziale Therapie angebracht." (Ashley Montagu)

Campus Verlag, Schumannstraße 65, 6000 Frankfurt 1